Hans Putnoki und Bodo Hilgers

Große Ökonomen und ihre Theorien

Hans Putnoki und Bodo Hilgers

Große Ökonomen und ihre Theorien

Ein chronologischer Überblick

2., aktualisierte und erweiterte Auflage

WILEY

WILEY-VCH Verlag GmbH & Co. KGaA

Der Verlag dankt Hans-Dieter Zollondz
für die gute Unterstützung
bei der Realisierung dieses Buchprojekts.

2. Auflage 2013

Bibliografische Information Der Deutschen Bibliothek
Die Deutsche Bibliothek verzeichnet diese Publikation in der Deutschen Nationalbibliografie; detaillierte bibliografische Daten sind im Internet über http://dnb.d-nb.de abrufbar.

Printed in the Federal Republic of Germany

Gedruckt auf säurefreiem Papier.

Satz Kühn & Weyh, Freiburg
Druck und Bindung CPI, Ebner & Spiegel, Ulm
Umschlaggestaltung init GmbH, Bielefeld

ISBN: 978-3-527-50730-6

Für Angelika und Lisa und für alle meine Freunde.

(Hans Putnoki)

Inhaltsverzeichnis

Vorwort

Durch Modelle, mathematisch formuliert, hat sich jeder Ökonom durchkämpfen müssen. Wenigen hat es Spaß gemacht, und wenig ist in den Köpfen hängen geblieben. Denn wer kann ein paar Jahre nach seiner Prüfung noch den Keynesianismus vom Monetarismus unterscheiden oder kennt gar die Unterschiede zwischen Neo- und Neukeynesianismus? Politiker preisen ihren ökonomischen Sachverstand, doch lauscht man ihren Ausführungen, so keimt die Vermutung, dass sie in Wirklichkeit die Unterschiede zwischen angebots- und nachfragepolitischen Maßnahmen nicht wirklich benennen können. Und wer kennt schon den einzigen deutschen Ökonomienobelpreisträger oder weiß, wer die Ceteris-paribus-Klausel in die Ökonomie einführte? Es gibt viel zu lernen, fangen wir an! Mit diesem cartoonistisch geführten Buch sollen die zentralen ökonomischen Theorien sowie die dahinter stehenden Köpfe mit ihren wichtigsten Werken plakativ vorgestellt werden. Das Buch ist populärwissenschaftlich geschrieben und so einfach wie nur möglich gestaltet. Hierbei haben wir stets versucht, die theoretischen Gedanken der einzelnen Ökonomen mit Beispielen zu veranschaulichen. So haben wir beispielsweise die spieltheoretischen Gleichgewichtskonzepte von Neumann/Morgenstern und Nash mit Hilfe des Falles zweier Gaststätten in einem einfachen Ansatz abgebildet. Ähnliches gilt für das Arrow- und das Allais-Paradoxon und das Modigliani/Miller-Theorem. Für das Buch haben wir ferner eine chronologische Ordnung gewählt, denn nur diese verdeutlicht die laufende Weiterentwicklung des ökonomischen Wissens. Was uns hier selbst immer wieder auf das Neue fasziniert, ist das Wissen über das Funktionieren von Märkten. Angefangen mit Adam Smith über Alfred Marshall und Herbert Simon bis hin zu George Akerlof, Michael Spence und Joseph Stiglitz trug jede Ökonomengeneration weitere, neue Erkenntnisse zum besseren Verständnis des Marktprozesses bei. Und wir sind noch lange nicht am Ende. Und dann sind da unsere aktuellen Politiker (in der Regel keine Ökonomen), die fest behaupten, die Zusammenhänge zu kennen, sie seien so oder so. Wenn das Ganze nicht so traurig wäre, möchte man an dieser Stelle laut lachen und ihnen die Worte von John Kenneth Galbraith zurufen: »Sie haben keine Ahnung von ihrer Ahnungslosigkeit.« Noch ein Wort zu den Comics. Da ich, Hans Putnoki, in einer Zeitung für gewöhnlich erst die Comics lese, bevor ich mich an den Rest begebe; weil ich gerne zeichne und da sich Bilder für gewöhnlich besser einprägen als Texte, beginnen wir die Vorstellung eines jeden großen Ökonomen mit einem Minicomic. Zumeist sind das zwei aufeinander folgende Bilder, die ein Element aus dem Werk des zu betrachtenden Ökonomen, zum Beispiel ein Theorem, ein Ausspruch oder vielleicht auch nur eine Lebenssituation karikieren. Im Text selbst wird dann nochmals auf den Comic Bezug genommen, so dass das unter Umständen zunächst unverständlich erscheinende Comic im Nachhinein verständlich wird und der Ökonom besser im Gedächtnis haften bleibt. Nicht zuletzt sollen die Comics aber auch Spaß machen. Das Buch endet mit einem Spiel, in welchem die Vertreter der klassisch liberal geprägten Denkrichtungen gegen die der keynesianisch-interventionistisch geprägten Denkrichtungen antreten. Hier werden nochmals die Eigenarten (Annahmen und Ergebnisse) aller Denkrichtungen von der Klassik bis hin zum Neukeynesianismus in einem kurz gefassten Text und mit Hilfe eines Rugbyspiels vorgestellt.

Danken möchten wir an dieser Stelle auch den vielen Freunden und Kollegen, die uns bei der Erstellung des Werkes tatkräftig unterstützt haben. Besonders zu nennen sind die Professoren Petra Radke, Heike Schwadorf, Friedrich Then Bergh, Wolfgang Fuchs und Karl Heinz Hänssler. Für tatkräftige Unterstützung möchten wir ferner Jutta Hörnlein vom Lektorat des Wiley-VCH Verlags herzlich danken. Jetzt bleibt uns nur noch, dem Leser viel Spaß mit diesem Buch zu wünschen.[1)]

Hans Putnoki
Bodo Hilgers

Vorwort zur 2. Auflage

Alles neu? Nein, aber vieles! Diese 2. Auflage ist zunächst durch eine grundlegende Überarbeitung nahezu aller Cartoons gekennzeichnet. Ferner haben wir sie um eine Reihe weiterer wichtiger Ökonomen, wie James Tobin, James A. Mirrlees, William S. Vickrey, Daniel Kahneman, Vernon L. Smith, Paul R. Krugman und Elinor Ostrom, die einzige Ökonomienobelpreisträgerin, sowie Ernst Fehr erweitert.

Ein zentrales Anliegen dieses Buches ist, wie schon in der ersten Auflage, dem Leser einen einfachen und unterhaltsamen Überblick über das Fach Ökonomie zu geben. Bei der Gestaltung dieser zweiten Auflage lag es uns ganz besonders am Herzen, die neueren Entwicklungen in der Ökonomie aufzunehmen. So haben wir der »Prospect Theory« von Daniel Kahneman und Armos Tversky und den Untersuchungen von Ernst Fehr breiten Raum gewidmet. Interessant sind auch die Arbeiten von Vernon L. Smith, der im Rahmen seiner experimentellen Forschung zeigt, wann freie Märkte das Potenzial haben zu funktionieren und wann eher nicht, wann also staatliche Regulierungen notwendig sind und wann nicht. So ist beispielsweise die aktuelle Krise unter anderem das Ergebnis einer zu geringen Regulierung des Bankensystems. Wie kommen wir wieder raus? Wie lässt sich die Krise bewältigen? Hier stellen wir den Nobelpreisträger von 2008, Paul R. Krugman, vor, der einen einfachen, aber hochriskanten Vorschlag unterbreitet. Wie sein Vorschlag funktioniert und wie riskant dieser Vorschlag ist, das lässt schon das zugehörige Eingangscartoon erahnen. Viel Vergnügen beim Lesen. In dieser 2. Auflage möchten wir noch ganz besonders Herrn Kollegen Jörn Mundt danken, der weit größeren Einfluss auf uns ausübt, als ihm möglicherweise bewusst ist.

Hans Putnoki
Bodo Hilgers

Adam Smith

oder: Die unsichtbare Hand wird es schon richten

Das Cartoon zeigt

Adam Smith, wie er – einer Anekdote zu Folge – nur mit dem Schlafrock bekleidet durch Edinburgh gelaufen sein und dies erst Stunden später bemerkt haben soll. Es nimmt ferner Bezug auf die von Adam Smith beschriebene Unsichtbare Hand, die die Wirtschaft automatisch zum Wohle aller in ihr Gleichgewicht führt.

(1723–1790)

Adam Smith wurde 1723 im schottischen Kirkcaldy bei Edinburgh geboren. Er studierte an den Universitäten in Glasgow (1737–1740) und Oxford (1740–1746). Seine berufliche Laufbahn begann Adam Smith in Edinburgh, wo er zwischen 1748 und 1751 als Privatdozent lehrte. Hier lernte er den Philosophen und Geschichtsschreiber David Hume kennen und erwarb sich einen so hervorragenden Ruf, dass er im Jahre 1751 an die Universität Glasgow berufen wurde, zunächst als Professor für Logik und später auch als Professor für Moralphilosophie. Adam Smith war Einzelkind, schwächlich gebaut und hing zumeist seinen Gedanken nach, so dass seine Zerstreutheit und seine Selbstgespräche bald Stoff für Anekdoten lieferten. So soll er – wie im Eingangscartoon dargestellt – einmal im Schlafrock durch Edinburgh gelaufen sein und dies erst nach Stunden bemerkt haben. 1759 veröffentlichte er sein erstes großes Werk, die *Theorie der ethischen Gefühle*. Dieses Buch trug ihm schlagartig hohes Ansehen ein. Von 1764 bis 1766 begab sich Smith als Tutor und Begleiter des Herzogs von Buccleuch auf eine Reise nach Frankreich. Der Stiefvater des jungen Herzogs, Charles Townshend, ein Bewunderer von Adam Smith, überredete Adam Smith zu dieser Reise, indem er ihm für diese Aufgabe das fürstliche Gehalt von 300 Pfund jährlich bezahlte. Dies entsprach etwa dem doppelten eines damaligen Professorengehalts. Der besondere Anreiz lag aber darin, dass Adam Smith dieses Gehalt auch noch nach Beendigung der zweieinhalbjährigen Reise als lebenslange Rente erhalten sollte. Klar, dass man ein solches Angebot nicht ablehnt, auch wenn man ein Reisemuffel wie Adam Smith war. Nach seiner Rückkehr aus Frankreich arbeitete Adam Smith an seinem zweiten und zentralen Werk, das bis heute in den Bücherschränken aller Ökonomen seinen Platz finden sollte: *An Inquiry into the Nature and Causes of the Wealth of Nations*. In der deutschen Übersetzung heißt es kurz: *Der Wohlstand der Nationen*. Dieses Buch erschien erstmals 1776. Adam Smith, der als Begründer der Nationalökonomie gilt, starb 1790 in Edinburgh.

Der Wohlstand der Nationen ist ein sehr umfangreiches Werk, in welchem Adam Smith quasi durchweg davon ausgeht, dass die Eigenliebe des Menschen das tragende Fundament des Wirtschaftens ist. Die Eigenliebe (Selv-Love) ist die treibende Kraft der persönlichen Entfaltung, die zugleich unbeabsichtigt, die Wohlfahrt des Gemeinwesens oder des Staates fördert. Hierzu bedarf es jedoch noch vier *kontrollierender Kräfte*, die das persönliche

Streben disziplinieren und gegebenenfalls dämpfen. (1) Das Mitgefühl, das hilft, moralische Normen zu finden und zu beachten. (2) Die natürlichen Regeln der Ethik: Regeln, denen man freiwillig zustimmt und zu folgen bereit ist. (3) Ein System positiver Gesetze, deren Einhaltung von einem Staat, notfalls mit Zwang, überwacht wird. (4) Die evolutorische Konkurrenz der freien Marktwirtschaft. Unter diesen Bedingungen ist ein freiwilliger Tausch von Gütern und Ideen möglich. Tauschhandlungen wiederum erlauben eine Spezialisierung in der Produktion. Ein Individuum muss nicht mehr alle Güter seines täglichen Bedarfs selbst herstellen, sondern kann sich auf die Produktion desjenigen Gutes beschränken, welches es am besten herstellen kann. Dieses Gut kann es dann gegen die anderen benötigten Güter eintauschen. Spezialisierung erhöht die Produktivität. Adam Smith beschreibt diesen Sachverhalt an vielen Beispielen, unter anderem wie folgt:

»Ein gewöhnlicher Schmied, der zwar mit dem Hammer umzugehen versteht, aber nicht gewohnt ist, Nägel anzufertigen, wird kaum imstande sein, wie man mir versichert, mehr als zwei- oder dreihundert Nägel am Tag herzustellen und noch dazu recht schlechte, wenn er aus besonderem Anlass dazu gezwungen ist. Ein anderer Schmied, der zwar hin und wieder Nägel macht, aber kein ausgesprochener Nagelschmied ist, kann selbst bei größter Anstrengung selten mehr als 800 bis 1 000 Stück am Tage herstellen. Ich habe nun selbst gesehen, dass von noch nicht zwanzigjährigen Burschen, die nie etwas anderes getan hatten als Nägel zu schmieden, jeder Einzelne über 2 300 Stück täglich herstellen konnte, wenn er sich demnach anstrengte.«[1]

Wie Adam Smith im Weiteren ausführt, lässt sich die Produktivität durch Zerlegung der Arbeiten in einzelne Teilschritte, verbunden mit Arbeitsteilung, noch weiter steigern. Bekannt ist hier sein Stecknadelbeispiel: Die Herstellung von Stecknadeln

»... zerfällt vielmehr in eine Reihe getrennter Arbeitsgänge, die zumeist zur fachlichen Spezialisierung geführt haben. Der eine Arbeiter zieht den Draht, der andere streckt ihn, ein dritter schneidet ihn, ein vierter spitzt ihn zu, ein fünfter schleift das obere Ende, damit der Kopf aufgesetzt werden kann. Auch die Herstellung des Kopfes erfordert zwei oder drei getrennte Arbeitsgänge. Das Ansetzen des Kopfes ist eine eigene Tätigkeit, ebenso das Weißglühen der Nadel, ja selbst das Verpacken der Nadeln ist eine Arbeit für sich. Um eine Stecknadel anzufertigen, sind somit etwa 18 verschiedene Arbeitsgänge notwendig, ... so waren die 10 Arbeiter imstande, täglich etwa 48 000 Nadeln herzustellen, jeder also ungefähr

1) Smith, A., 1776, 2001, Erstes Buch, S. 12.

4800 Stück. Hätten sie indes alle einzeln und unabhängig voneinander gearbeitet, noch dazu ohne besondere Ausbildung, so hätte der einzelne gewiss nicht einmal 20, vielleicht sogar keine einzige Nadel am Tag zustande gebracht.«[2]

Die hergestellten, aber nicht selbst benötigten Güter müssen, da man ja nichts anderes produziert hat, gegen benötigte Güter getauscht werden. Beim Austausch auf dem Markt entsteht ein Preis, der zugleich Entgelt für die an der Produktion beteiligten Faktoren, Arbeit, Boden und Kapital ist. Der Preis informiert und zeigt automatisch den Knappheitsgrad des Gutes an. Denn ist das Angebot kleiner als die Nachfrage, so werden die Anbieter ihre Preise erhöhen und die Güter teuerer verkaufen. Hierdurch geht die Nachfrage zurück. Gleichzeitig aber locken die hohen Preise weitere Anbieter, die jetzt im Verkauf ihrer Ware ein gutes Geschäft sehen. Es fallen also Nachfrager aus und neue Anbieter kommen dazu, und zwar so viele, bis sich letztlich ein Preis herausbildet, bei dem die angebotene Menge genau der nachgefragten Menge entspricht. Der Markt ist geräumt. Für dieses Marktgleichgewicht sorgt somit allein das Gewinn- und Nutzenstreben der Individuen. Adam Smith formuliert das in seinem ersten Buch etwa so: *»Nicht vom Wohlwollen des Metzgers, Brauers und Bäckers erwarten wir das, was wir zum Essen brauchen, sondern davon, dass sie ihre eigenen Interessen wahrnehmen. Wir wenden uns nicht an ihre Menschen- sondern an ihre Eigenliebe …« (S. 17). »Und er wird in diesem wie auch in vielen anderen Fällen von einer unsichtbaren Hand geleitet, um einen Zweck zu fördern, den zu erfüllen er in keiner Weise beabsichtigt hat.«*[3] Diese *unsichtbare Hand* des Marktes, die Angebot und Nachfrage in ein Gleichgewicht bringt und damit zum Wohle aller beiträgt, wurde von Adam Smith eher beiläufig erwähnt. Sie avancierte aber zum Inbegriff klassisch/neoklassischer Politik und seiner Botschaft: Politiker, lass die Finger von Regulierungen und einschränkenden Gesetzen, der Markt reguliert sich selbst.[4] Der Staat braucht also nicht ständig regulierend einzugreifen. Der Markt allein garantiert – unter den obigen vier Bedingungen – die beste Versorgung der Volkswirtschaft. Staatliche Eingriffe sind eher kontraproduktiv und mindern den Wohlstand aller. Dennoch sollte man sich nicht immer – wie unser Eingangscomic zeigt – auf die »unsichtbare Hand« verlassen. Und dies wurde auch von Adam Smith so gesehen. Denn Adam Smith sah den Staat keineswegs als über-

2) Smith, A., 1776, 2001, Erstes Buch, S. 9–10.

3) Smith, A., 1776, 2001, Viertes Buch, S. 26.

4) Die genau Erklärung jedoch, warum Anbieter bei steigenden Preisen zunehmend mehr bereit sind, sich von ihren Waren zu trennen und ihr Angebot zu erhöhen beziehungsweise warum Nachfrager bei sinkenden Preisen mehr Güter nachfragen, konnte von Adam Smith noch nicht geliefert werden. Hier musste man erst noch auf die Neoklassiker → Heinrich Gossen, insbesondere aber auf → Alfred Marshall warten.

flüssig an. Die Bedeutung des Staates und somit auch seine Größe hängen nämlich davon ab, wie stark Moral und Konkurrenz das Selbstinteresse der Individuen disziplinieren. Auch übernimmt der Staat Aufgaben, die der Einzelne nicht oder weniger effizient ausführen kann. Es werden Einrichtungen benötigt, die genug Macht besitzen, um Leib, Leben und Eigentum nach außen und innen zu schützen, Streit gerecht zu schlichten und jene Güter und Dienste anzubieten, die kollektiver Natur sind und die für den Einzelnen keinen ausreichenden Ertrag abwerfen, so dass sie von privater Seite aus nicht angeboten würden.[5)]

Abschließend lässt sich anmerken, dass wohl kaum ein ökonomisches Lehrbuch so häufig zitiert und so unterschiedlich interpretiert wurde wie der *Wohlstand der Nationen* von Adam Smith. Dieses Buch ist so etwas wie das Alte Testament der Ökonomen, in dem man für jedes ökonomische Thema und für jeden ökonomischen Blickwinkel das richtige Zitat findet.

Wichtige Werke und Literaturtipps

Smith, A.: *A Theory of Moral Sentiments*, 1759, deutsche Übersetzung von Walther Eckstein: *Theorie der ethischen Gefühle*, Felix Meiner Verlag, 2. Auflage, Hamburg 2004.

Smith, A.: *An Inquiry into the Nature and Causes of the Wealth of Nations*, 1776, deutsche Übersetzung von Horst Claus Recktenwald: *Der Wohlstand der Nationen*, C. H. Beck Verlag, 9. Auflage, München 2001.

Ballestrem, K. Graf: *Adam Smith*, C. H. Beck Verlag, München 2001.

Koesters, P.-H.: *Ökonomen verändern die Welt. Wirtschaftstheorien, die unser Leben bestimmen*, Goldmann Verlag, 4. Auflage, Hamburg 1982, S. 9–41.

Recktenwald, H. C.: »Adam Smith (1723–1790)«, in: *Klassiker des ökonomischen Denkens I*, hrsg. von Starbatty, J., C. H. Beck Verlag, München 1989, S. 132–155.

Ross, I. S.: *Adam Smith, Leben und Werk*, Verlag Wirtschaft und Finanzen, Düsseldorf 1998.

5) Vgl. hierzu auch: Recktenwald, H. C., 1989, S. 150f.

Adam Smith – Zitate

Adam Smith *Der Wohlstand der Nationen* ist immer für ein Zitat gut. Hier ein paar dieser Zitate aus dem von Horst Claus Recktenwald übersetzten Werk (9. Auflage, München 2001):

Zu Preisen und Zinsen: »Bedarf es beispielsweise in einem Jägervolk doppelt so viel Arbeit, einen Biber zu töten, als einen Hirsch zu erlegen, sollte natürlich im Tausch ein Biber zwei Hirsche wert sein.« (Erstes Buch, 6. Kapitel, S. 42)

»Sobald in einem Land aller Boden in Privateigentum ist, möchten auch die Grundbesitzer, wie alle Menschen, dort ernten, wo sie niemals gesät haben.« (Erstes Buch, 6. Kapitel, S. 44)

»Wird das Kapital hingegen an einen anderen ausgeliehen, bezeichnet man das Einkommen daraus als Zins oder als Nutzen des Geldes. Es ist das Entgelt, das der Schuldner dem Gläubiger dafür zahlt, dass er das Risiko trägt und die Mühe auf sich nimmt, das Kapital einzusetzen. Der andere Teil steht dem Ausleiher zu, der ihm erst die Gelegenheit verschafft, diesen Gewinn zu erzielen.« (Erstes Buch, 6. Kapitel, S. 46)

Ernährungstipps von Adam Smith: »Mir wurde gesagt, dass man in einigen Gegenden in Lancashire der Ansicht sei, Brot aus Hafermehl sei eine kräftigere Nahrung für die arbeitende Bevölkerung als Weizenbrot, und in Schottland habe ich häufig die gleiche Behauptung gehört. Ich habe indes gewisse Zweifel, ob das stimmt. So sind die einfachen Leute in Schottland, die von Hafermehl leben, im Allgemeinen weder so stark noch so stattlich wie die gleiche Bevölkerungsschicht in England, die sich von Weizenbrot ernährt. Sie arbeiten nicht so fleißig und sehen auch nicht so gut aus, und da sich die vornehmen Leute in beiden Ländern nicht auf diese Weise unterscheiden, dürfte die Erfahrung zeigen, dass die Ernährung der einfachen Leute in Schottland der menschlichen Konstitution nicht so zuträglich ist, wie die ihrer englischen Nachbarn aus der gleichen Schicht.« (Erstes Buch, 11 Kapitel, S. 140)

»Der Wunsch nach Nahrung wird bei jedem Menschen durch die Kapazität des Magens begrenzt, während sein Verlangen nach Annehmlichkeit und Verschönerung von Gebäuden, Kleidung und Hausrat nahezu grenzenlos erscheint.« (Erstes Buch, 11 Kapitel, S. 143)

»Mit zunehmend besserer Ernährung ... wird auch die Zahl der Arbeiter größer ...« (Erstes Buch, 11 Kapitel, S. 143)

Zu Staat und Regulierungen: »Ein Staatsmann, der es versuchen sollte, Privatleuten vorzuschreiben, auf welche Weise sie ihr Kapital investieren sollten, würde sich damit nicht nur, höchst unnötig, eine Last aufbürden, sondern sich auch gleichzeitig eine Autorität anmaßen, die man nicht einmal einem Staatsrat oder Senat, geschweige denn einer einzelnen Person getrost anvertrauen könnte, eine Autorität, die nirgendwo so gefährlich wäre wie in der Hand eines Mannes, der, dumm und dünkelhaft genug, sich auch noch für fähig hielte, sie ausüben zu können.« (Viertes Buch, 2. Kapitel, S. 27)

»Mithin lenkt jede staatliche Regulierung die Erwerbstätigkeit eines Landes von ertragreichen Wirtschaftszweigen in weniger ertragreiche, was dann letztlich nicht zu dem vom Gesetzgeber beabsichtigten Anstieg sondern zu einem Rückgang im Tauschwert des jährlichen Ertrages führt.« (Viertes Buch, 2. Kapitel, S. 28)

Über Reisen, Universitäten und Bildung: »In England wird es immer üblicher, junge Menschen unmittelbar nach dem Schulabschluss auf Reisen ins Ausland und nicht auf eine Universität zu schicken. ... Ein junger Mann, der mit siebzehn oder achtzehn Jahren ins Ausland geht und mit einundzwanzig zurückkehrt, ist seit seinem Fortgehen drei bis vier Jahre älter geworden, und in diesem Alter ist es schon außergewöhnlich, wenn er in einer solchen Zeitspanne keinerlei Fortschritte macht. Gewöhnlich erwirbt er sich auf seinen Reisen einige Kenntnis in ein oder zwei Fremdsprachen, die aber selten ausreicht, die Sprachen hinlänglich zu sprechen oder zu schreiben. Andererseits kehrt er häufig überheblicher, ohne feste Grundsätze, haltloser und unfähiger, ein Studium oder eine Berufsausbildung ernsthaft zu betreiben, zurück, als wenn er diese kurze Zeit zu Hause geblieben wäre. ... Nur der Misskredit, in den sich die Universitäten selbst gebracht haben, konnte eine so unvernünftige Sitte, wie das Reisen in so jungen Jahren, überhaupt aufkommen lassen.« (Fünftes Buch, 1. Kapitel, S. 72)

»Ohne die öffentlichen Bildungseinrichtungen wäre es unmöglich, dass jemand, der mit Fleiß und der nötigen Begabung den nach den Zeitumständen vollkommensten Bildungsgang durchlaufen hat, so bar jeglichen Allgemeinwissens in die Welt tritt, wie dies der Fall ist.« (Fünftes Buch, 1. Kapitel, S. 77)

Zu Großbritannien und der amerikanischen Unabhängigkeit: »Und wenn eine der Provinzen des britischen Reiches nicht dazu gebracht werden kann, dass sie zum Unterhalt des ganzen Empires beiträgt, dann ist es sicherlich für die Briten an der Zeit, dass sie sich von den Kosten für die Verteidigung dieser Provinzen im Kriegsfalle entlasten und im Frieden keinerlei Beitrag mehr zu deren Zivil- oder Militärregierung leisten sollten. Großbritannien sollte künftighin seine Ansichten und Pläne der tatsächlichen Mittelmäßigkeit seiner Lage anzupassen trachten.« (Fünftes Buch, 3. Kapitel, S. 235)

Unverzichtbar

oder: Die letzte Bitte

Wie hieß der Jurist, Philosoph und Ökonom,
der sich hat »ausstopfen« (auto-ikonisieren) und in einer
Vitrine des University College London ausstellen lassen?

(1748–1832)

Jeremy Bentham wurde 1748 in London geboren. Er besuchte die Westminster School und das Queens College in Oxford. Nach seinem Jurastudium wurde er 1769 in die Anwaltschaft berufen. Seine finanzielle Unabhängigkeit erlaubte es ihm sein Leben dem Forschen und Schreiben zu widmen.

Jeremy Bentham starb 1832. Seinem Willen entsprechend, wurde er – wie es unser Comic zeigt – nach seinem Tode auto-inkonisiert, angezogen und im Hallengang des von ihm gegründeten University College London in einer Vitrine aufgestellt. Er steht dort heute noch, außer zu Sitzungsterminen der Universitätsleitung, zu denen er hingerollt wird, um dort die Position des Vorsitzenden einzunehmen.

Benthams Hauptinteresse galt den Rechtswissenschaften, wobei die Rechtstheorie sein Interesse auf Fragen der Moral und Politik lenkte. Seine Arbeiten auf diesen Gebieten ließen Bentham zum Begründer des britischen Utilitarismus werden. Bentham baute sein philosophisches System auf zwei Prinzipien auf, dem »Assoziationsprinzip« und dem »Prinzip des größtmöglichen Glücks«. Letzteres rechtfertigt seine Eingliederung unter die Ökonomen. Aber zunächst zum Assoziationsprinzip. Das Assoziationsprinzip ist im Grunde nichts anderes als die moderne Lehre vom bedingten Reflex (Pawlow) auf die Entstehung von Ideen, bezogen auf die Ideenassoziation. Das Prinzip des größtmöglichen Glücks, so behauptet Bentham, bedeutet, dass sich alle Gesetze, die alten und die modernen an einem einzigen ethischen Prinzip, dem Nutzen, ausrichten sollten. Das heißt, ob ein Gesetz gut oder schlecht ist, soll nur an seinem Nutzen festgemacht werden, nur an der Antwort auf die Frage, ob es die gesellschaftliche Wohlfahrt erhöht oder nicht. In seinen nutzentheoretischen Überlegungen erweist sich Bentham somit als ein Vorläufer der Wohlfahrtsökonomen. Auch → Gary S. Becker, Nobelpreisträger von 1992, scheint einer seiner direkten geistigen Nachfahren zu sein. Bentham argumentierte nämlich bereits wie folgt: Alle Individuen versuchen ihren Nutzen, den Überschuss ihres Vergnügens über ihr Leid, zu maximieren. Ferner ist er der Ansicht, dass alle menschlichen Aktivitäten ausschließlich aus Nutzenüberlegungen heraus resultieren. Gesetzestreues Verhalten, der Wunsch nach Freiheit, aber auch Altruismus, Askententum, Liebe oder Vertrauen, alles resultiert aus individuellen *Kosten-Nutzen-Überlegungen* (Pleasure and Pain Calculations). Im Rahmen dieser Überlegungen erahnte Bentham bereits das Prinzip des *abnehmenden Grenznutzens*, das heißt je größer das anfängliche Vermögen und der damit verbundene Nutzen einer Person ist, desto kleiner wird der Nutzenzugewinn einer weiteren Vermögenseinheit sein. Dies will heißen, zusätzliche 100 Euro bringen einem Armen mehr zusätzlichen Nutzen als einem Millionär. Wenn aber alle Aktionen nur danach bewertet werden sollen, ob sie den gesellschaftlichen Nutzen erhöhen oder nicht, dann stellt sich die Frage, was ist der gesellschaftliche Nutzen? Für Bentham war es die Summe allen individuellen Nutzens, wobei der Nutzen eines jeden Individuums, unabhängig von seiner Stellung, gleich zu gewichten ist. Da der Einzelne am besten weiß, wodurch sein Nutzen erhöht wird, lehnt Bentham staatliche Eingriffe im Prinzip ab, außer in den Fällen, in denen die individuellen Aktivitäten die Nutzen anderer Individuen negativ tangieren. Im Zusammenhang mit dem abnehmenden Grenznutzen hat er aber auch erkannt, dass eine Umverteilung von den Reichen zu den Armen, den gesamtgesellschaftlichen Nutzen – als Summe der Einzelnutzen – erhöhen würde. Bei Umverteilungsmaßnahmen, beispielsweise durch Steuererhebung und Transferzahlungen, gelte es jedoch, die mit der Steuererhebung (und Transferzahlung) verbundene negative Anreizwirkung zu beachten. Diesen Gedanken finden wir in der Begründung der Lafferkurve[1] und in vielen finanzwissenschaftlichen Schriften.

Wichtige Werke und Literaturtipps

Bentham, J.: *A Fragment on Government*, 1776. Wiederabgedruckt in: *Cambridge Texts in the History of Political Thought*, Cambridge University Press, Cambridge u. a.1988.

Bentham. J.: *An Introduction to the Principles of Morals and Legislation*, 1780, 1789. Wiederabgedruckt in: *The Principles of Morals and Legislation*, Prometheus Books, Amherst New York 1988.

Hume, L. J.: *Bentham and Bureaucracy*, Cambridge University Press, Cambridge u. a. 2004.

1) Vgl. Kapitel »Das Spiel«.

Der Vorschlag

Oder: Wie stoppt man die Bevölkerungsexplosion

Wie hieß der Reverend, der ein düsteres Bild der Bevölkerungsentwicklung Großbritanniens zeichnete und dessen Vorschläge zur Vermeidung der Bevölkerungsexplosion 1834 eine Trennung nach Geschlecht vorsahen?

(1766–1834)

Thomas Robert Malthus wurde 1766 als sechstes von sieben Kindern bei Guilford in England geboren. Nach seiner voruniversitären Ausbildung, die er von zwei Privatlehrern erhielt, trat er 1784 in das Jesus College der Universität Cambridge ein. Er erwies sich als ausgesprochen begabter Student und erhielt eine Reihe von Preisen und Ehrungen, so auch den Titel eines »Ninth Wrangler«, eine Ehrung als der neuntbeste Mathematikstudent seines Jahrgangs. Nach seinem Studium blieb er zunächst in Cambridge und wurde zum Geistlichen ordiniert. Im Jahr 1798, in dem Jahr, in dem er Gemeindepfarrer in Albury wurde, erschien sein erstes Buch: *An Essay on the Principle of Population, as it Affects the Future Improvement of Society, with Remarks on the Speculations of Mr. Godwin, M. Condorcet, and other Writers.* Sein polemischer Stil kam gut an, und das Buch erregte großes Aufsehen. Malthus wurde schlagartig berühmt. 1803 erschien dann die zweite, erweiterte Auflage seines Buches, in welcher er sich von den polemischen Angriffen verabschiedete und seine Bevölkerungstheorien empirisch zu untermauern begann. Kurz darauf, im Alter von 38 Jahren, heiratete er seine Cousine Harriet Eckersall und setzte – entgegen seinen Bevölkerungstheorien – mehrere Kinder in die Welt[1]. Problematisch für ihn war hierbei nur der aus der Heirat resultierende Verlust seines Fellowship am Jesus College. Glücklicherweise erhielt er schon ein Jahr später, 1805, die weltweit erste Professur für Politische Ökonomie am neu gegründeten College der East India Company. Thomas Robert Malthus, der diese Professur bis zu seinem Tode 1834 behielt, war somit der erste Inhaber des ersten Lehrstuhls für Volkswirtschaftslehre.

In seinem zentralen Werk entwickelte Malthus sein *Bevölkerungsgesetz,* wonach sich die Bevölkerung alle 25 Jahre, sofern keine Hemmungen eintreten, verdoppelt, während sich das Nahrungsangebot nur in arithmetischer Reihe erhöht. Malthus war sich über die Richtigkeit seiner Aussage offensichtlich so sicher, dass er hierzu weder eine theoretische noch eine empirische Begründung lieferte. Hinsichtlich der Hemmungen, die diese Entwicklung verlangsamen und letzten Endes stoppen, unterteilte er in positive und präventive Hemmungen. Zu den positiven Hemmungen (*Positive Checks*) zählte er alle Faktoren, die die Sterberate erhöhen, wie unge-

1) Na ja, es waren nur drei, aber für einen Pfarrer zur damaligen Zeit ganz ordentlich sunde Beschäftigung, schlechte Kinderpflege, Krankheiten, Epidemien und äußerste Armut. Zu den präventiven Hemmungen (*Preventive Checks*) rechnet er alle bewusst ergriffenen Maßnahmen zur Vermeidung der aufgezeigten Entwicklung, also Maßnahmen zur Verringerung der Geburtenrate, wie sexuelle Enthaltsamkeit, aber auch Abtreibungen, denen er als ehemaliger Pfarrer natürlich ablehnend gegenüberstand. Malthus stellte sich die Entwicklung wie folgt vor:[2)]

Jahre vom Ausgangszeitpunkt:	0	25	50	75	100
Entwicklung der Bevölkerung in Mrd.:	1	2	4	8	16
Entwicklung der Gütermenge:	1	2	3	4	5
Entwicklung des Pro-Kopf-Einkommens:	1	1	0,75	0,5	0,31

Ausgehend von einem »goldenen Zeitalter«, in dem Kapital noch keine große Rolle spielte und der Boden frei verfügbar war, konnten die Menschen bei wachsender Bevölkerung einfach neues Land besiedeln und mit ihrer Produktion genauso fortfahren wie zuvor. Verdoppelte sich die Bevölkerung, verdoppelte sich die Wirtschaftsleistung. Das Pro-Kopf-Einkommen blieb konstant. Das »goldene Zeitalter« endete aber spätestens dann, wenn aller Boden besiedelt war. Denn jetzt beginnt das Pro-Kopf-Einkommen der Arbeiter bei weiterhin wachsender Bevölkerung zu sinken. Es wird solange sinken, bis das Hemmnis der äußersten Armut greift, bis die Bevölkerung an ihrem Existenzminimum, Malthus nennt es Subsistenzminimum, angelangt ist. Erst dann bleibt die Bevölkerungszahl nahezu stabil. Denn würden sich die Menschen jetzt noch weiter vermehren, so müsste ein Teil von ihnen mangels ausreichender Ernährung verhungern, bis sich die verbleibenden Menschen wieder am Existenzminimum befänden. Würde die Anzahl der Menschen aus irgendeinem Grunde jedoch stärker schrumpfen, so hätten die verbleibenden Menschen wieder mehr Nahrung zur Verfügung, woraufhin sie sich sogleich wieder bis zum Subsistenzminimum vermehren würden. Malthus prognostizierte der Menschheit also ein rohes und widriges *Leben am Rande des Existenzminimums*, bei welchem – und hier kommt dann später Charles Darwin ins Spiel – nur die Besten überleben.

In seiner Wirtschaftstheorie, den *Principles of Political Economy* von 1820 betonte Malthus, im Gegensatz zu den übrigen führenden Klassikern, die Bedeutung der Nachfrageseite, auch lehnte er das → Saysche Theorem aus empirischer Sicht ab. So deutete er die Absatzkrisen in England nach Beendigung der napoleonischen Kriege anders als die Klassiker → Jean-Baptiste

2) Malthus, Th. R, 1798, 2004, S. 17.

Say (1767–1832) und → David Ricardo (1772–1823), die hierin nur eine vorübergehende Unstimmigkeit sahen, als einen allgemeinen Nachfragemangel, dem man am besten durch öffentliche Arbeitsmaßnahmen und öffentliche Investitionen begegnen sollte. Die Arbeiten von Thomas Robert Malthus fanden auch einen direkten Niederschlag in der britischen Wirtschafts- und Sozialpolitik. So wurde 1834 das von Malthus Vorstellungen geprägte Armengesetz verabschiedet. Zwar wurde Großbritannien, um der Bevölkerungsexplosion entgegen zu wirken, nicht nach Geschlecht geteilt, wie es unser Eingangscomic zeigt, aber dieses Gesetz sah doch immerhin eine Geschlechtertrennung für die Insassen von Arbeitshäusern vor. Ferner regelte dieses Gesetz die Abschaffung der Familienhilfe und beseitigte die staatliche Unterstützung gesunder Arbeiter. Ziel dieser gesetzlichen Maßnahme war, neben der Senkung der Sozialausgaben, die Eindämmung des Bevölkerungswachstums. Die Menschen sollten vom frühen Heiraten abgehalten und somit die Zahl der Geburten reduziert werden.

Wichtige Werke und Literaturtipps

Malthus, Th. R.: *An Essay on the Principle of Population, as it Affects the Future Improvement of Society, with Remarks on the Speculations of Mr. Godwin, M. Condorcet, and other Writers*, 1789. Nachdruck mit einer Einleitung von Geoffrey Gilbert, Oxford University Press, New York 2004.

Malthus, Th. R.: *An Essay on the Principle of Population, on a View of its Past and Present Effects on Human Happiness, with an Inquiry into our Prospects Perspecting the Future Removal or Mitigation of Evils which it Occasions*, 2. Edition, very much enlarged, London 1803.

Malthus, Th. R.: *Principles of Political Economy Considered with a View to their Practical Application*, London 1820, deutsche Übersetzung von V. Marinoff: *Grundsätze der Politischen Ökonomie*, Berlin 1910.

Steinmann, G.: »Thomas Robert Malthus (1766–1834)«, in: *Klassiker des ökonomischen Denkens I*, hrsg. von Starbatty, J., C. H. Beck Verlag, München 1989, S. 156–171.

Zank, W.: »Lob der Enthaltsamkeit«, in: *Die großen Ökonomen*, hrsg. von Piper, N., Schäffer-Poeschel Verlag, Stuttgart 1996, S. 44–49.

Das Nasenmützchen

oder: »Manche Leute geben Geld aus, das sie nicht haben, für Dinge, die sie nicht brauchen, um damit Leute zu beeindrucken, die sie nicht mögen!«

Was sagte nochmal das Saysche Theorem und Thorstein Bunde Veblens »Theorie der feinen Leute«?

(1767–1832)

Jean-Baptiste Say wurde 1767 als Sohn eines Kaufmanns in der Nähe von Lyon geboren. Als Lehrling arbeitete er im elterlichen Betrieb und wurde zur weiteren kaufmännischen Ausbildung nach London geschickt. Hier lernte er die Anfänge der industriellen Revolution kennen. Nach einer kurzen Dienstzeit in der Revolutionsarmee arbeitete er in verschiedenen Stellungen als kaufmännischer Mitarbeiter und ferner als Herausgeber einer Zeitschrift. 1799 – in der Frühzeit der napoleonischen Herrschaft – wurde er in das »Tribunat« berufen, dessen Aufgabe darin bestand, die Gesetzgebung zu beaufsichtigen und über die Einhaltung der Verfassung zu wachen. Entscheidend für seine wissenschaftliche Laufbahn und sein gesamtes späteres Werk war der Kontakt mit dem Buch von → Adam Smith. *Der Wohlstand der Nationen* weckte sein Interesse an der Volkswirtschaftslehre. Ab 1815 hielt er selbst ökonomische Vorlesungen, auch wurde ihm 1830 am Collège de France der erste in Frankreich eingerichtete Lehrstuhl für Politische Ökonomie angeboten. Seine Gesundheit war jedoch bereits soweit geschwächt, dass er ablehnen musste. Er starb 1832 an den Folgen eines Schlaganfalls.

Bezeichnend für Say war seine liberale und angebotsorientierte Grundhaltung. Die Aufgabe eines guten Staates sah er lediglich darin, die Produktion zu stimulieren[1]. Ansonsten stand er der Staatstätigkeit eher ablehnend gegenüber. Staatskonsum, also staatliche Ausgaben für Verwaltung und Sicherheit, war für ihn eine Zerstörung von Werten, ein Verlust von Reichtümern. Der Staat war für Say kein Produzent von öffentlichen Gütern. Im Gegenteil, er verhalte sich wie eine Räuberbande, die den ehrbaren Kaufleuten Geld stehle und ihnen dann noch sage, dass sie sich nicht zu beschweren bräuchten, da das Geld ohnehin wieder bei ihnen zum Güterkauf ausgegeben werde, was obendrein noch eine Aufmunterung für ihre Industrie sei.[2] Kurzum Say plädierte für einen schwachen Staat mit geringen Steuern. Denn zu hohe Steuern zerstören das Fundament der Steuerkraft und geringe Steuersätze erhöhen die Steuereinnahmen. Say nahm somit bereits den der Lafferkurve[3] zugrunde liegenden Gedanken vorweg. Bekannt wurde Jean-Baptiste Say aber eher durch das bereits im Cartoon

1) Vgl. Say, J-B., 1836, 2001, S. 139.
2) Vgl. Krelle, W., 1989, S. 181.
3) Siehe hierzu auch den Abschnitt über die Ultraklassizisten, Kapitel »Das Spiel«.

angesprochene *Saysche Theorem*. Im »Original« findet man es im 15. Kapitel seines erstmals 1803 erschienenen Werkes *Traité dÉconomie Politique*: »Produkte kauft man mit Produkten, und das zum Kauf dienende Geld muss selbst erst mit irgendeinem Produkt eingetauscht werden.« 4) Aus der uns vorliegenden englischsprachigen Version würden wir wie folgt übersetzen: »... es ist die Produktion, welche die Nachfrage nach Produkten erzeugt.«5) In den Lehrbüchern finden wir das Saysche Theorem dann zumeist wie folgt formuliert: »*Jedes Angebot schafft sich seine Nachfrage*«. Durch die Produktion von Gütern entsteht natürlich auch Einkommen. Einkommen, das an die eingesetzten Produktionsfaktoren Arbeit und Kapital fließt. Dieses Einkommen wird dann wiederum zum Kauf der produzierten Güter verwendet. Geld ist in diesem Prozess nur Mittel zum Zweck. Wer Geld einnimmt, verwendet das Eingenommene zum Kauf anderer Produkte; und der, der Geld spart, investiert entweder selbst oder verleiht das gesparte Geld für die Investitionen anderer. Diese einfache Argumentation ist jedoch nicht ganz richtig. Denn danach stammt die gesamte Nachfrage ausschließlich aus den Erlösen von angebotenen Gütern und Leistungen (einschließlich Faktorleistungen). Das aber würde bedeuten, so Wilhelm Krelle, »dass es keine unfreiwillige Arbeitslosigkeit geben könnte und ebenso keine Konjunkturschwankungen, da jedes Angebot von allein den Absatz der produzierten Waren sicherstellen würde – jedenfalls bei einem geeigneten Preissystem.«6) Wirtschaftskrisen sind somit nicht denkbar. Schlussendlich gebe es nur eine Wirtschaftsform, in der das Saysche Theorem zutrifft, »die Naturaltauschwirtschaft«7). Das Saysche Theorem gilt für die heutige Wirtschaft nicht! Dennoch finden wir viele der Neoklassik nahe stehende Ökonomen, die das Saysche Theorem immer wieder gerne zitieren.

4) Say, J.-B., 1803; 1830.
5) Say, J.-B., 1836, 2001, S. 133.
6) Krelle, W., 1989, S. 183.
7) Dort, so Krelle, ist die Kassenhaltung Null, weil es ja kein Geld gibt, und somit kann sich die Kassenhaltung auch nicht ändern. Ebenso gibt es kein allgemeines Preisniveau, sondern nur Austauschrelationen, die den Preisrelationen entsprechen. In einer Geldwirtschaft kann das Say'sche Gesetz nur im Gleichgewicht eines stationären Zustandes gelten, bei dem das Preisniveau konstant ist, es keinen technischen Fortschritt gibt und die Angebots- und Nachfragefunktionen sich nicht ändern. Dann bleibt auch die Kassenhaltung konstant. Vgl. Krelle, W., 1989, S. 183.

(1857–1929)

Thorstein Bunde Veblen wurde 1857 als Sohn norwegischer Einwanderer im US-Bundesstaat Wisconsin geboren. Von zwölf Kindern war er das sechste. 1881 begann er ein Philospohiestudium an der Johns-Hopkins-University. Drei Jahre später, 1884, promovierte Veblen in Philosophie an der Universität in Yale. Enttäuscht vom konventionellen Lehrbetrieb und der Welt zog er sich anschließend zurück. Sieben Jahre war von ihm weder etwas zu lesen noch zu hören. Erst 1891 tauchte Veblen wieder auf und lehrte fortan Nationalökonomie in Chicago. Im Jahr 1900 trat er dann eine Stelle als Assistenzprofessor an. Mehr erreichte er übrigens nie. Später lehrte er in Stanford (1906–1909), Missouri (1911–1818) und zuletzt – von 1918 bis 1927 – an der New School for Social Research in New York. Er starb 1929 in Menlo Park, Kalifornien, an Herzversagen. Veblens bekanntestes Buch ist sein erstmals 1899 veröffentlichtes Werk: *Theorie der feinen Leute – Eine ökonomische Untersuchung der Institutionen*; im Original *The Theory of the Leisure Class*. Hierin widerspricht er der zu seiner Zeit herrschenden neoklassischen Theorie. Denn nach seiner Auffassung sind Menschen absolut unfähig, rational zu handeln. Instinkte und Institutionen[8)] steuern das menschliche Handeln. Neid und Raub, von Zeit zu Zeit gemildert durch den Wunsch zu kreativem Handeln, sind die Grundlage allen menschlichen Strebens. Jeder möchte mehr haben, mehr sein als der andere. Aber Haben allein genügt nicht, man muss der Umwelt auch zeigen, was man hat. So postulierte Veblen, dass reiche Leute teure Güter nicht wegen ihres Gebrauchswerts schätzen, sondern vor allem deswegen, weil ärmere sie sich nicht leisten können. Daher steigt die Nachfrage nach Luxusgütern mit ihrem Preis. Dieser Effekt, der sicherlich auch bei der Frau des Professors in unserem Eingangscomic eine kaufentscheidende Rolle gespielt hat, wird nach Thorstein Bunde Veblen auch als *Veblen-Effekt* bezeichnet. Aber Reichtum kann auch anders, nämlich durch demonstratives Nichtstun zur Schau gestellt werden. Besonders reich ist man offensichtlich dann, wenn man nicht nur selbst nichts tut, sondern auch andere für sich »Nichtstun« lassen kann. Dies bezeichnet Veblen als stellvertretende

8) Unter dem Begriff Institutionen versteht er verfestigte Denkgewohnheiten, die vor allem auf Beharrung im Bestehenden abzielen. Durch ihre verfestigten Denkmuster behindere letztlich die »Geschäftswelt« die »Industriewelt« hinsichtlich der Realisation potenzieller Möglichkeiten.

Muße. Dokumentiert wird diese Muße unter anderem, indem man sich selbst, seine Frau und gegebenenfalls die Diener mit derartigen Kleidungsstücken und Accessoires (wie zum Beispiel mit Korsett, Livree und langen Fingernägeln) ausstattet, dass offensichtlich keine ernsthafte Tätigkeit mehr ausgeführt werden kann. Reiche Leute, insbesondere wenn ihr Reichtum ererbt wurde, sind für Thorstein Bunde Veblen gesellschaftlich schädlich. Er schreibt:

»Nur der hochwohlgeborene Edelmann und der Raufbold pflegen ihre Zuflucht zu Schlägereien als dem universalen Lösungsversuch für alle Meinungsverschiedenheiten zu nehmen. ... Wie in vielem anderen so stimmt der Charakter der Oberklasse auch in dieser Hinsicht mit dem Charakter der Kriminellen, der untersten Schicht, überein; beide weisen nämlich auch im Erwachsenenleben Züge auf, die für Kindheit und Jugend sowie für die frühen kulturellen Stadien normal sind.[9)]«

Die bei den Hochwohlgeborenen zum Stillstand gekommene geistige Entwicklung ist für Thorstein Bunde Veblen verantwortlich für die Teilnahme des Adels und der Reichen an jeglichen dummen »Heldentaten«, die zum Krieg und sonstigem Unfug führen können. Reste barbarischen Temperaments und somit eine gewisse geistige Zurückgebliebenheit entdeckt Thorstein Bunde Veblen aber auch bei Sportbegeisterten, Jägern[10)], Glücksspielern[11)] und natürlich auch bei den religiösen Führern.[12)] Auch wenn man mit der Ansicht Veblens nicht immer ganz einverstanden sein kann und zeitweise den Kopf schüttelt – ein wahrer Kern bleibt!

Wichtige Werke und Literaturtipps

Say, J.-B.: *Traité d'èconomie politique ou simple exposition de la manière dont se forment, se distribuent et se consomment les richesses.* 1. Aufl. Paris 1803; zit. nach der 6. Aufl. Paris 1841. Deutsche Übersetzung 1807 von Jacob und von Morstadt unter dem Titel: *Ausführliche Darstellung der Nationalökonomie oder der Staatswirtschaft*, 3. Aufl., Heidelberg 1830. Englische Übersetzung: *A Treatise on Political Economy*, (ursprünglich publiziert 1836) with a new introduction by Munir Quddus und Salim Rashid, Transaction Publishers, New Brunswick und London 2001.

Veblen, Th. B.: *The Theory of the Leisure Class*, 1899. Deutsche Übersetzung von Suzanne Heintz und Peter von Haselberg: *Theorie der feinen Leut., Eine ökonomische Untersuchung der Institutionen*, Fischer Verlag, 6 Auflage, Frankfurt/ Main 2000.

Krelle, W.: »Jean-Baptiste Say (1767–1832)«, in: *Klassiker des ökonomischen Denkens I*, hrsg. von Starbatty, J., C. H. Beck Verlag, München 1989, S. 172–187.

9) Veblen, T. B., 1899, 2000, S. 239–242.
10) Veblen, T. B., 1899, 2000, S. 244.
11) Veblen, T. B., 1899, 2000, S. 264.
12) Veblen, T. B., 1899, 2000, S. 281ff.

Theoreme der Volkswirtschaftslehre

Theoreme sind Lehrsätze einer wissenschaftlichen Disziplin. Dabei handelt es sich um Aussagen, die durch Anwendung von Deduktionsregeln aus den einer Theorie zugrunde liegenden unmittelbar einleuchtenden Grundsätzen (Axiomen) gewonnen wurden. Einige wichtige Theoreme der Volkswirtschaftslehre werden im Folgenden dargestellt.

Coase-Theorem

Es besagt, dass Marktversagen auf Grund externer Effekte nicht nur durch staatliche Eingriffe, sondern auch durch private Verhandlungen beseitigt werden kann. Voraussetzung dafür ist ein umfassendes System von eindeutigen und einklagbaren Verfügungs- und Nutzungsrechten. Dabei kommt es nicht darauf an, wem die Verfügungsrechte zugewiesen sind. Allerdings müssen Verhandlungen zwischen den Betroffenen möglich und die Transaktionskosten hinreichend niedrig sein. Wären zum Beispiel alle Rechte an der Umwelt privatisiert und eindeutig zugeteilt, so könnte der Staat auch die Bewirtschaftung des Gutes Umwelt getrost den Marktkräften überlassen. Der Umweltverschmutzer würde den Besitzer des jeweiligen Umweltrechts für die Verschmutzung (Nutzung) kompensieren. Das Coase-Theorem findet beispielsweise Anwendung beim Handel mit Umweltzertifikaten. Vgl. → Coase, R.,: »The Problem of Social Cost«, in: *Journal of Law and Economics* 1960, S. 1–44.

Cobweb-Theorem

Rationales Handeln bei irrationalen Erwartungen. Das Cobweb-Theorem beschreibt die Preis-Mengen-Anpassung auf einem vollkommenen Markt, wobei es sich bei dem zugrunde liegenden Gut um ein verderbliches (mindestens aber schwer zu lagerndes) Gut handelt, zu dessen Produktion eine gewisse Zeit erforderlich ist. Diese Annahmen haben zur Folge, dass sich die Anbieter des Gutes hinsichtlich der produzierten Menge am Preis der Vorperiode orientieren müssen. War zum Beispiel der Preis für Schweinefleisch niedrig, dann werden die Bauern nur wenige Schweine großziehen und ein kleines Angebot auf den Markt bringen. Bei einem knappen Angebot aber kann es sein, dass die jetzt zu große Nachfrage den Preis stark nach oben treibt. Der hohe Preis wird zukünftig wieder für ein größeres

Angebot an Schweinefleisch sorgen. Und wieder trifft ein großes Angebot auf eine kleine Nachfrage, wodurch der Preis erneut fallen wird. Das Cobweb-Theorem zeigt somit, dass sogar auf einem Markt für ein einzelnes Gut und unter normal verlaufenden Angebots- und Nachfragefunktionen bei zeitlich verzögerten Anpassungsreaktionen ein Gleichgewichtspreis verfehlt werden kann (Schweinezyklus).

Faktorpreisausgleichstheorem

Ist eine von Paul A. Samuelson präzisierte Fassung der Faktorproportionentheorie. Hiernach kann der Außenhandel neben dem Ausgleich der Güterpreise auch einen Ausgleich der Faktorpreise herbeiführen, und zwar ohne dass es hierzu einer internationalen Arbeits- und Kapitalmobilität bedarf. Für einen vollständigen Faktorpreisausgleich dürfen jedoch keine Transportkosten, Zölle oder andere Handelshemmnisse vorliegen. Vgl. → Samuelson, P. A.: »International Trade and the Equalisation of Factor Prices«, in: *Economic Journal* 58, 1948, S. 163–184.

Fisher-Hirschleifer-Theorem

Unter der Annahme eines vollkommenen Kapitalmarktes und unter Sicherheit können, so zeigt das Theorem, Konsum- und Investitionsentscheidungen voneinander getrennt werden. Produktions- beziehungsweise Investitionsentscheidungen des Unternehmens lassen sich von den Konsumentscheidungen der Individuen trennen. Fisher, I.: *The Theory of Interest*, London 1930.

Heckscher-Ohlin-Theorem

Das Theorem besagt: In einer Welt mit zwei Ländern, in denen jeweils zwei Güter mit zwei Produktionsfaktoren hergestellt werden – bei vollkommener Konkurrenz auf allen Märkten – das Inland in dem einen Gut einen komparativen Vorteil besitzt und dieses Gut daher exportiert, da es den relativ reichlicher vorhandenen Produktionsfaktor relativ intensiv im Produktionsprozess dieses Gutes einsetzt. Das andere Gut wird entsprechend importiert. Kurz gesagt: Ein kapitalreiches Land exportiert kapitalintensive Güter und importiert arbeitsintensive Güter. Im Unterschied zum Ricardo-

Theorem geht das Heckscher-Ohlin-Theorem von identischen Produktionstechnologien in beiden Ländern aus. Der Grund für vorteilhaften internationalen Handel besteht allein in den unterschiedlich relativen Faktorausstattungen der Länder. Das → Leontief-Paradox widerspricht aufgrund empirischer Beobachtungen allerdings diesem Theorem. Vgl.: Ohlin, B.: *Interregional and International Trade*, Cambridge 1933.

Haavelmo-Theorem

Das Theorem besagt, dass eine Steuererhöhung, deren Einnahmen sofort wieder für Waren und Dienstleistungen ausgegeben werden, nicht neutral auf das Sozialprodukt wirken, sondern positiv auf das Sozialprodukt wirken. Konkret bedeutet das, das Volkseinkommen nimmt im gleichen Maße zu, wie das Budget wächst. Dies gilt selbstverständlich nur unter sehr engen Prämissen. Haavelmo, T.: »Multiplier Effects of a Balanced Budget«, in: *Econometrica*, Vol. 13, 1945, S. 311–318.

Hotelling-Theorem

Das Theorem beschreibt die optimale Positionierung einer Partei. Dies geschieht jedoch nur unter sehr einschränkenden Voraussetzungen. Die wichtigsten Voraussetzungen sind: 1. Es gibt nur zwei unter Wettbewerb stehende Parteien. 2. Die Programme der Parteien lassen sich eindeutig auf einer eindimensionalen Skala abbilden, etwa von politisch ganz links bis hin zu politisch ganz rechts. 3. Die Wähler verfügen über eingipflige Präferenzen hinsichtlich der Wahlprogramme[1)] und 4. die Wahlbeteiligung liegt bei 100 Prozent. Unter diesen Bedingungen lässt sich zeigen, dass die Parteien rationalerweise ihr Programm an der Medianwählerposition ausrichten sollten. Bei Gleichverteilung der Wählerhäufigkeiten ihr Programm also genau in die politische Mitte legen sollten. Denn würde eine Partei davon abweichen, so erhielte die jeweils andere Partei die Stimmenmehrheit. Vgl. hierzu: Hotelling, H.: »Stability in Competition«, in: *Economic Journal* 39, 1929, S. 41–57.

1) Vgl. hierzu auch → Nobelpreis 1972.

Maximin-Theorem

Ein Theorem aus der Spieltheorie. Der Akteur wählt jene Strategie, die ihm das (garantierte) Minimum, das ihm der Gegenspieler nicht nehmen kann, maximiert. Vgl. hierzu im Einzelnen: Waldegrave, J.: *Minimax solution of a 2-person, zero-sum game, reported in a letter from P. de Montmort to N. Bernouilli,* übersetzt und kommentiert von: H. W. Kuhn in W. J. Baumol and S. Goldfeld (Hrsg.): *Precursors of Mathematical Economics,* London School of Economics, London 1968, S. 3–9.; → Neumann, J. v. und Morgenstern, O.: *Theory of Games and Economic Behavior,* 1. Auflage, Princeton, 1944, 16. Auflage, Princeton University Press, Princeton and Oxford 2004.

Ricardo-Theorem

Das Theorem der komparativen Kosten. Dieses Theorem zeigt, dass es sich für ein in der Produktivität eindeutig überlegenes Land, das alle Güter billiger erzeugen kann als das Ausland, dennoch im Allgemeinen lohnt, mit dem Ausland Handel zu treiben. Dies ist theoretisch immer dann der Fall, wenn das Ausland in der Produktion eines Gutes einen relativen (komparativen) Produktionsvorteil aufweist. Vgl. hierzu im Einzelnen: → Ricardo, D.: *Principles of Political Economy and Taxation,* London 1817. Nachdruck in: *Great Minds Series,* Prometheus Books, Amherst, New York 1996, S. 94.

Rybczynski-Theorem

Das Rybczynski-Theorem besagt, dass wenn in einer Volkswirtschaft die Faktorausstattung mit einem Produktionsfaktor zunimmt, sich dann die Produktion desjenigen Gutes überproportional erhöht, in dessen Produktion dieser Produktionsfaktor produktionsintensiv ist, während die Produktion anderer Güter abnimmt. Das heißt, sofern ein relativ kapitalreiches Land in der Weltwirtschaft schneller Kapital akkumuliert als relativ kapitalarme Länder, steigt die Produktion kapitalintensiver Güter im Vergleich zu den Arbeitsintensiven, und die »Terms of Trade« fallen. Dies kann dazu führen, dass das kapitalakkumulierende Land insgesamt einen Wohlfahrtsverlust erleidet (Bhagwati, J. H.: »Immiserizing Growth: A Geometrical Note«, in: *Reviev of Economic Studies,* Vol. 25, 1958, S. 201–205). Rybczynski,

T. M.: »Factor Endowments and Relative Commodity Prices«, in: *Economica*, Vol. 22, 1955, S. 336–341.

Saysche Theorem

Das ScayscheTheorem besagt: Das Angebot schafft sich seine Nachfrage! Grundlage des Sayschen Theorems ist der einfache Wirtschaftskreislauf, wonach jede Produktion zu einem Einkommen in gleicher Höhe führt. Und mit Hilfe des Einkommens werden die produzierten Güter erworben und konsumiert. Aber auch eine Ersparnis ändert nach Ansicht der Klassiker nichts daran, dass die Nachfrage in Höhe des gesamten Einkommens erhalten bleibt. Denn die ersparte Geldmenge wird auf den Kreditmärkten angeboten und von den Unternehmen zum Kauf von Investitionsgütern verwendet. Die Gleichheit von Sparen und Investieren wird hierbei durch den Zinssatz bewirkt. Wird beispielsweise vermehrt gespart, so würde auf Grund des gestiegenen Kapitalangebots der Zinssatz sinken, wodurch die Investitionstätigkeit zunähme. Das Saysche Theorem ist jedoch nicht ohne Widerspruch. Zum einen konnte bislang kein signifikanter Zusammenhang zwischen Ersparnis und Zinshöhe nachgewiesen werden. Zum anderen hängt die Investitionsnachfrage nicht allein von Zinshöhe, sondern auch noch von Umsatz- und Gewinnerwartungen ab. Vgl.: → Say, J.-B.: *Traité d'èconomie politique ou simple exposition de la manière dont se forment, se distribuent et se consomment les richesses.* 1. Aufl. Paris 1803; Englische Übersetzung: *A Treatise on Political Economy*, (ursprünglich publiziert 1836) with a new introduction by Quddus, M. und Rashid, S.: *Transaction Publishers*, New Brunswick und London 2001, S. 133.

Separationstheorem (Tobin-Separation)

Die Tobin-Separation stellt eine Erweiterung der Fisher-Separation (des Fisher-Hirschleifer-Theorems) dar. Auf einem vollkommenen Kapitalmarkt, unter Unsicherheit und unter Existenz eines risikolosen Zinssatzes ist die Zusammensetzung eines aus unsicheren Anlagen bestehenden optimalen Portfolios von der Risikoneigung des Investors unabhängig. Die Frage der Risikopräferenz und die Frage der Investitionspolitik können getrennt voneinander behandelt werden. Die Risikoneigung des jeweiligen Investors determiniert lediglich die Zusammensetzung des individuellen Portfolios aus Marktportfolio und risikoloser Anlage. Vgl.: → Tobin, J.: »Liquidity Preference as a Behavior towards Risk«, in: *Review of Economic Studies*, 1958, S. 65–68.

Stolper-Samuelson-Theorem

Die Preiserhöhung eines international gehandelten Gutes führt zu einer überproportionalen Faktorpreissteigerung, des Faktors, der in der Produktion dieses Gutes relativ intensiv eingesetzt wird. Der Faktorpreis des anderen Faktors sinkt. Es besagt demnach, dass nicht alle Faktoreinkommen durch internationalen Handel steigen. Nach dem Stolper-Samuelson-Theorem erhöhen Zölle die Einkommen für relativ knappe Güter und senken die Einkommen für relativ reichlich vorhandene Güter. Die Begründung ist einfach. Im Falle der knappen Güter sorgen Zölle für eine Marktabschottung nach außen, wodurch den inländischen Anbietern die Konkurrenz des Auslands erspart bleibt. Im Falle reichlich vorhandener Güter entgeht den inländischen Unternehmen der Auslandsmarkt (zumindest teilweise), wodurch sie ihre Güter weiterhin im Inland unter hoher Konkurrenz verkaufen müssen. Das drückt die Preise und somit die Faktoreinkommen. Vgl. Stolper, W. und → Samuelson, P. A.: »Protection and Real Wages«, in: *Review of Economic Studies*, Vol. 9, 1941, S. 58–73.

Unmöglichkeitstheorem von Arrow

Das Unmöglichkeitstheorem besagt, dass es kein Verfahren zur Aggregation individueller Präferenzen gibt, das eine transitive Ordnung (A>B und B>C, dann muss auch gelten A>C) ergibt und die vier Bedingungen (Pareto-Prinzip, Demokratie-Prinzip, keine Beschränkung der zulässigen individuellen Präferenzen und die Unabhängigkeit von irrelevanten Alternativen) beinhaltet. Dies bedeutet, dass keine Wohlfahrtsfunktion gebildet werden kann, wenn mehr als zwei Alternativen zur Auswahl stehen und mindestens einer der Abstimmenden eine mehrgipflige Präferenzstruktur hat. Vgl. hierzu den Abschnitt zu Arrow, K. J.. Vgl. aber auch zum Beispiel Wigger, B. U.: *Grundzüge der Finanzwissenschaft*, Berlin, Heidelberg u. a., 2004, S 104 ff.

Das Leben ist komparativ

Oder: Hommage an Gaymanns beste Hühner

Komparativ ist eben nicht absolut!

Was besagte nochmal das Theorem der komparativen Vorteile und von welchem Ökonomen stammt es?

(1772–1823)

David Ricardo wurde 1772 als Sohn sephardischer Juden in London geboren. Gerade volljährig, heiratete er Priscilla Ann Wilkinson, eine Frau christlichen Glaubens. Deshalb wurde er nicht nur aus der jüdischen Gemeinde, sondern auch aus seinem Elternhaus verstoßen und für tot erklärt. Fortan betete man für ihn wie für einen Toten. Sein anfängliches Vermögen von 800 Pfund vermehrte er an der Börse auf 700 000 Pfund, was ihn zu einem der reichsten Männer Englands werden ließ. Zur Politischen Ökonomie kam er jedoch eher zufällig. Bei einem Besuch in Bath, wo seine Frau 1799 in Behandlung war, entdeckte er in einer Leihbücherei das Smithsche Werk: *Der Wohlstand der Nationen*. Dieses Werk fesselte ihn derart, dass er sich intensiv mit der Politischen Ökonomie befasste. Seine ersten Arbeiten veröffentlichte er 1809 und 1810. Hierin untersuchte er die Wirkung der Abkehr Großbritanniens vom Goldstandard. Ricardo schrieb zudem weitere wichtige Abhandlungen über die Rolle der Zentralbank als Emittentin von Papiergeld und seinen Plan für die *Etablierung einer unabhängigen Zentralbank*. Im Zeichen des klassischen, ja vielleicht sogar schon an der Schwelle des neoklassischen Denkens, steht Ricardos *Essay on the Influence of the Price of Corn on the Profits of Stock*[1]. Dieser Beitrag enthält im Kern eine Theorie der Einkommensverteilung, die er in seinem 1817 erschienen Werk *Principles of Political Economy and Taxation*[2] ausbaute und auf eine solide logische Grundlage stellte. Während diese wissenschaftlichen Leistungen heute weitgehend in Vergessenheit geraten sind, wird der Name David Ricardo heute immer noch im Zusammenhang mit seiner *Theorie der komparativen Kosten* genannt. Den Inhalt dieses Theorems verdeutlicht Ricardo am Beispiel des Kleidungs- und Weinhandels zwischen England und Portugal.[3] Dies war damals nahe liegend, denn zwischen 1703 und 1842 bestand zwischen England und Portugal ein Abkommen, das den zollfreien Austausch von britischem Tuch und portugiesischem Wein vorsah. Angenommen, England benötigt zur Kleiderherstellung 100 Arbeitskräfte pro Jahr und zur Weinherstellung 120 Arbeitskräfte, während Portugal zur Herstellung der gleichen Menge Klei-

1) Ricardo, D., An Essay on the Influence of Low Price of Corn on the Profits of Stock, London 1815. Wiederabgedruckt in Sraffa (1951–73), Bd. 4.

2) Vgl.: Ricardo, D., 1817, 1996.

3) Vgl.: Ricardo, D., 1817, 1996, S. 94.

dung und Wein jeweils 90 beziehungsweise 80 Arbeitskräfte benötigt. Portugal kann beide Produkte, Kleidung und Wein, mit geringerem Arbeitsaufwand, also absolut gesehen günstiger herstellen. Dennoch lohnt sich, wie David Ricardo gezeigt hat, für Portugal der Handel mit England. Denn relativ (komparativ) gesehen, kann England Kleidung günstiger als Portugal herstellen. Und dies wiederum lässt es sinnvoll erscheinen, dass sich jedes Land auf die Produktion desjenigen Gutes spezialisiert, das es am relativ günstigsten herstellen kann. Was wiederum Handel voraussetzt. So müsste England ohne Handel 100 Arbeitskräfte in der Kleiderproduktion beschäftigen, um – sagen wir – 1 000 Kleider herzustellen. Es müsste ferner 120 Arbeitskräfte für die Weinherstellung abstellen und könnte damit – sagen wir wieder – 1 000 Fass Wein erzeugen. Portugal hingegen könnte mit 90 Arbeitskräften 1 000 Kleidungsstücke und mit 80 Arbeitskräften 1 000 Fass Wein produzieren. Insgesamt würden beide Länder 2 000 Kleider und 2 000 Fass Wein herstellen. Der komparative Vorteil Englands in der Kleider- und Portugals in der Weinproduktion erlaubt es jedoch, die Gesamtproduktion noch weiter zu erhöhen. Würde sich England nämlich auf die Kleiderproduktion konzentrieren, so könnte es mit seinen 220 Arbeitskräften c. p. 2 200 Kleidungsstücke herstellen. Denn jede Arbeitskraft kann zehn Kleider herstellen. Entsprechendes gilt für Portugal. Würde Portugal seine 170 Arbeitskräfte allein in die Weinproduktion stecken, so könnte es, da eine Arbeitskraft (1 000 Fass dividiert durch 80 Arbeitskräfte) 12,5 Fass Wein produzieren kann, 170 Arbeitskräfte mal 12,5 Fass = 2 125 Fass Wein herstellen. Spezialisiert sich also jedes Land auf das Produkt, dass es komparativ mit dem geringsten Faktoreinsatz erstellen kann, so können England und Portugal zusammen 2 200 statt 2 000 Kleidungsstücke und 2 125 statt 2 000 Fass Wein herstellen. Der damit notwendig gewordene Handel lohnt sich also, da er den einzelnen Ländern erlaubt, sich auf ihre relativen Produktionsstärken zu konzentrieren. Und somit profitiert auch das Land, das alle Güter kostengünstiger herstellen kann, sofern nur das andere Land einen komparativen Vorteil besitzt. Das Theorem der komparativen Vorteile zeigt also, dass sich Handel lohnt, und sich letzten Endes beide Volkswirtschaften auf einem höheren Wohlfahrtsniveau befinden. Im Beispiel stehen nach Handel mehr Wein und mehr Kleidungstücke zur Verfügung. Hiermit wirkt Handel wie eine Erhöhung der Produktivität oder eine Vermehrung der Faktoreinsatzmengen. Ricardo unterstellt hierbei aber – wie alle Klassiker – Vollbeschäftigung. Das heißt er unterstellt, dass die in der einen Branche freiwerdenden Arbeitskräfte sofort in der anderen Branche eine Anstellung finden. Sind die Arbeitskräfte und die Unternehmen hingegen nicht vollkommen flexibel, so dass die in der einen Branche freigesetzten Arbeitskräfte nicht sofort wieder in der anderen Branche unterkommen, entsteht strukturelle Arbeitslosigkeit.[4] Die positive Wirkung des Freihandels kann daher zumindest kurzfristig fragwürdig sein. Dennoch enthält das Theorem des komparativen Vorteils eine in doppelter Hinsicht sehr hoffnungsvolle Botschaft. Einerseits besagt das Theorem, dass auch Länder, die in der Produktion aller Produkte einen Produktivitätsnachteil haben, gewinnbringend am internationalen Handel teilnehmen können. Andererseits liegt es aber auch im Interesse der Länder mit einem Produktivitätsvorteil, mit den Ländern Handelsbeziehungen aufzunehmen, die über eine weniger produktive Technologie verfügen. Internationaler Handel ist kein Nullsummenspiel, in dem der eine gewinnt was der andere verliert, sondern bietet vorteilhafte Handelsmöglichkeiten für alle Beteiligten. Das Theorem der komparativen Kostenvorteile ist grundsätzlich auf jede Art Arbeitsteilung anwendbar. Arbeitsteilung zwischen Ländern, Regionen, Unternehmen und Personen.[5] Und wenn es zwischen Huhn und Adler eine Arbeitsteilung gäbe, dann wäre das Theorem der komparativen Vorteile auch hier anwendbar. Das Huhn würde fliegen und der Adler sehen. Hier sind wir uns aber nicht so ganz sicher.

Wichtige Werke und Literaturtipps

Ricardo, D.: *Principles of Political Economy and Taxation*, erstmals 1817 in London veröffentlicht. Nachdruck in: *Great Minds Series*, Prometheus Books, Amherst, New York 1996.

Kurz, H. D.: »Geiz der Natur«, in: *Die großen Ökonomen*, hrsg. von Nikolaus Piper, Schäffer-Poeschel Verlag, 2. Auflage, Stuttgart 1996, S. 37–43.

Eltis, W.: »David Ricardo (1772–1823)«, in: *Klassiker des ökonomischen Denkens I*, hrsg. von Joachim Starbatty, C. H. Beck Verlag, München 1989, S. 188–207.

4) Vgl. hierzu auch das Kapitel »Arten der Arbeitslosigkeit«.

5) Das allgemeine Theorem der Arbeitsteilung lautet: Organisiere die Arbeitsteilung so, dass die Summe der Opportunitätskosten jeder Tätigkeit ein Minimum ergibt.

Die Unterdrückung des Mannes

oder: warum klare Ansagen so wichtig sind!

Welcher Ökonom beschäftigte sich schon sehr früh mit dem Problem der Unterdrückung der Hälfte der Mitglieder unserer Gesellschaft, der Frauen?

(1806–1873)

John Stuart Mill wurde 1806 in London geboren. Sein Vater James Mill, ein bekannter Ökonom und enger Freund David Ricardos, begann schon früh damit, seinen Sohn auf die ökonomische Laufbahn vorzubereiten. Mit drei Jahren wurde John Stuart Mill von seinem Vater in Griechisch unterrichtet und mit dreizehn hielt ihm sein Vater auf langen Spaziergängen Vorlesungen in Politischer Ökonomie, die John Stuart anschließend schriftlich zusammenfassen musste. Ferien gab es keine, für Freunde blieb keine Zeit und gespielt wurde mit Büchern. Kurzum, John Stuart Mill hatte eine ziemlich freudlose Jugend und litt mit etwa 20 Jahren unter einer schwere Depression. Nachdem er seine Depression überwunden hatte, traf er Harriet Taylor, die Frau seines Lebens, leider schon verheiratet. Zwanzig Jahre lang trafen sich John Stuart Mill und Harriet Taylor, schrieben sich Briefe, reisten und wohnten sogar zusammen. Wenn man ihren Briefen trauen kann, dann war alles nur platonisch. Später, nach dem Tod ihres Mannes, konnte John Stuart Mill Harriet heiraten, die Frau, die er später als Inspirator seiner besten Gedanken bezeichnete. Als seine Frau 1858 starb, füllte ihre Tochter Helen die inspiratorische Lücke. Unter ihrer Mitarbeit veröffentlichte er ein Buch über die Unterdrückung der Frauen (*Die Hörigkeit der Frau*). In unserem Cartoon haben wir den Sachverhalt vielleicht ein wenig verdreht. John Stuart Mill starb 1873 in seinem Haus in der Nähe Avignons.

1848 erschien sein Hauptwerk *Principles of Political Economy, with some of their Applications to Social Philosophy*. Den großen Erfolg verdankte es vor allem seiner guten Lesbarkeit. Das Buch selbst lehnt sich in weiten Strecken an die Werke der Klassiker Adam Smith und David Ricardo an. Bezüglich des menschlichen Verhaltens, wenn Menschen ihrem eigenen Interesse nachgehen und dabei in Wettbewerb zueinander treten, hatte John Stuart Mill nicht sehr viel hinzuzufügen. Er erkannte aber bereits, dass die Preisbestimmung für Güter- und Faktordienste als integrierter Prozess zu sehen ist. Leider bot er diese wichtige Erkenntnis nur als isolierte Feststellung auf ein Ricardianisches Modell montiert an, was sein Werk, so Neil de Marchi[1], unentschlossen und inkohärent erscheinen lässt.

Mit seinen *Principles* verfolgt er vor allem zwei Ziele. Einmal wollte er die Lücken füllen, die seine Vorgänger offen gelassen hatten, so behandelte er

1) Marchi, Neil de, 1989, S. 266–290.

in seinem Werk zum Beispiel auch die Folgen der Kolonialisation. Ferner band er die ökonomischen Prinzipien in größere gesellschaftliche Zusammenhänge, wie Sozialphilosophie und Sozialpolitik, ein. Mit seinen Untersuchungen zu nationalökonomischen Methodenfragen ist er darüber hinaus noch zum Erkenntnistheoretiker der liberalen Schule geworden. Für Mill gab es zwei zentrale Dinge: Erstens die Freiheit des Einzelnen und zweitens ein »gutes Auskommen« der Bevölkerung.[2] Der Begriff der Freiheit stand für ihn nicht nur für die Meinungsfreiheit und deren Verbreitung, sondern auch für die Freiheit der Berufswahl. Jeder sollte sich seinen Beruf gemäß seiner komparativen Vorteile auswählen können, was einen effizienten Faktoreinsatz bewirkt. Ein »gutes Auskommen« und nicht etwa größter materieller Wohlstand war Mills Ideal. Natürlich ging Mill auch davon aus, dass Menschen lieber mehr als weniger wohlhabend sind. Aber dennoch sollte die Produktion nicht maximiert werden. Der Grund ist einfach: Maximierung der Produktion würde auch die Heranziehung von Faktoren mit geringerer Produktivität bedeuten, so dass ihre Profitrate das »faktische Minimum« (genug für die Wiederbeschaffung, aber nicht genug für die Erzielung einer Nettoersparnis) erreicht. In einem kapitalistischen Wirtschaftssystem würde sich dann an dieser Stelle ein stationärer Zustand einstellen. Mill sah nun aber keinen Grund, warum man nicht bereits an einem früheren Punkt stoppen sollte. Seiner Ansicht nach gibt es eine optimale Bevölkerungszahl – *»eine gewisse Dichte ist absolut notwendig für den vollständigen Genuss der Vorteile der sozialen Gemeinschaft«*[3]. Eine Zunahme der Bevölkerung über diesen Punkt hinaus und die damit notwendig werdende Heranziehung immer schlechterer Böden würde das Pro-Kopf-Einkommen immer stärker zurückführen. Der optimale Gesamtertrag liegt also irgendwo unter dem Maximum. Für Mill bedeutete dies, dass eine Profitrate und somit auch eine Reallohnrate gesellschaftlich gewählt werden muss, die dieses »gute Auskommen« der Bevölkerung bestimmen. Daneben müsste auf gesetzlicher Grundlage eine Besitzstreuung herbeigeführt werden, die genau jene Verhaltensweisen auslösen und die Bevölkerung auf dem gewählten optimalen Stand verharren lässt. Dies bedeutete jedoch keinen Sozialismus. Ohne Anreiz kein Fleiß. Mills Ansicht nach sollte jeder »die Früchte seines eigenen oder des Fleißes seiner Vorfahren erhalten.«[4]

In seiner abschließenden Würdigung führt Neil de Marchi aus:

2) Vgl. Marchi, Neil de, 1989, S. 281f.

3) Speech on »Population«, delivered at the Co-operation Society Debates, repr. in: *The Journal of Adult Education* IV, 1929, S. 45f.

4) Vgl. zu diesem Abschnitt insbesondere: Mill, J. S., 1848, 1976, S. 746–751.

»Damals (und seither) galt er weniger als ›tiefer‹ oder origineller Denker denn als feinsinniger Kopf. Es ist wohl kaum möglich, irgendwelche besonderen Wandlungen politischer, sozialer oder selbst wirtschaftspolitischer Art zu finden, die auf Mill zurückgingen; sein Beitrag lag darin, dass er gängige Ideen aufnahm und sie auf eine neue Weise zusammensetzte, so dass andere, die über die Probleme des Tages nachsannen, sie in einem neuen ›wahren‹ Licht sehen sollten. ... In Übereinstimmung damit kann es nicht überraschen, wenn wir zu dem Schluss gelangen, dass Mills größter Einfluss darin lag, andere zu ermutigen, so wie er es über Mrs. (Harriet) Taylors Einfluss auf sich selbst sagte, ›kühner und zugleich vorsichtiger vorwärts zu streben‹.[5)]

Wichtige Werke und Literaturtipps

Mill, J. St.: *Principles of Political Economy, with some of their Applications to Social Philosophy,* London 1848, Wiederabgedruckt: Augustus M. Kelley Publishers, Fairfield, New Jersey 1976.

Mill, J. St., Tayler, Harriet und Taylor, Helen: *Die Hörigkeit der Frau,* aus dem Englischen von Jenny Hirsch, U. Helmer Verlag, Frankfurt a. M. 1990.

Hollander, S.: *The Economics of John Stuart Mill,* 2 Vol., Toronto 1985.

Marchi, Neil de: »John Stuart Mill«, in: *Klassiker des ökonomischen Denkens I,* hrsg. von Starbatty, J., C. H. Beck Verlag, München 1989, 266–290.

5) »Autobiography«, reprinted, with a preface by Harold Laski and some unpublished speeches by Mill, London 1924, in: *The Collected Works of John Stuart Mill,* ed. by Robson, J. M. Toronto, Vol. I., 1963, S. 161.

Selbstversuch

oder: Ich hätte doch nicht nur Bier trinken sollen!

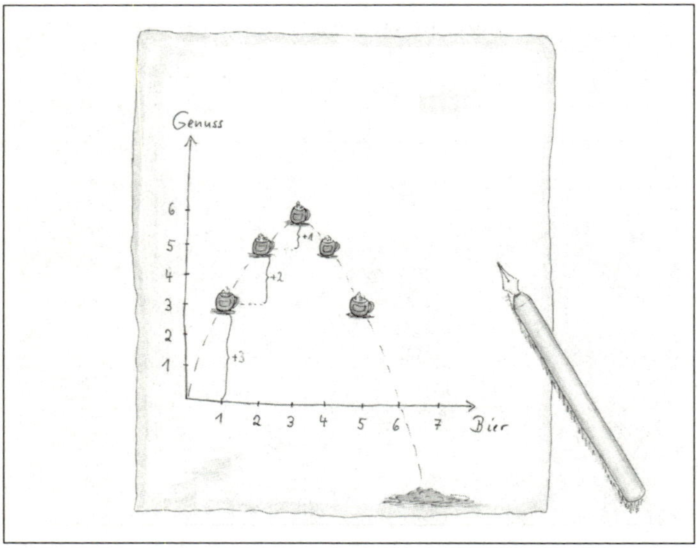

Von welchem Ökonomen stammen zwei wirtschaftliche Gesetze, die heute seinen Namen tragen: Das Gesetz des abnehmenden Grenznutzens und das Gesetz vom Ausgleich des Grenznutzens des Geldes?

Hermann Heinrich Gossen wurde 1810 in Düren geboren. Sein Vater, Josef Gossen, war Steuereinnehmer zunächst in französichen, später in preußischen Diensten. 1824 gab er seine Stellung auf, um sich der Verwaltung des seiner Frau gehörenden Gutes Muffendorf bei Godesberg zu widmen. Der Sohn, Hermann Heinrich, besuchte das Gymnasium in Köln, Bonn und Düren. Später, ab 1829 studierte er Rechts- und Naturwissenschaften in Bonn und zeitweise auch in Berlin. Im Jahre 1834 bestand er das Referendariatsexamen und trat im gleichen Jahr als Referendar in Köln in den Staatsdienst ein. Nachdem er die große Staatsprüfung abgelegt hatte, wurde er 1844 zum Regierungsassessor ernannt und 1845 nach Erfurt versetzt. Mit dem Tod seines Vater 1847 verabschiedete sich Hermann Heinrich Gossen aus dem Staatsdienst, um sich seiner eigentlichen Neigung, der ökonomischen Forschung zu widmen. Im Jahre 1853 beendete er sein Werk *Entwicklung der Gesetze des menschlichen Verkehrs und der daraus fließenden Regeln für menschliches Handeln*. Das Buch war seiner Zeit voraus, vielleicht aus diesem Grunde, eventuell aber auch wegen der seinerzeit schwer verständlichen mathematischen Form[1], vermutlich auch aufgrund des arroganten Stils wurde es von der Fachwelt nicht beachtet. Denn Gossen verglich sich bereits in der Vorrede mit Kopernikus und schrieb:

»Was einem Kopernikus zur Erklärung des Zusammenseins der Welten im Raum zu leisten gelang, das glaube ich für die Erklärung des Zusammenseins der Menschen auf der Erdoberfläche zu leisten. Ich glaube, dass es mir gelungen ist, die Kraft, und in großen Umrissen das Gesetz ihrer Wirksamkeit zu entdecken, welche das Zusammensein der Menschen möglich macht und die Fortbildung des Menschengeschlechts unaufhaltsam bewirkt.«[2]

Wenig später weist er zudem darauf hin, dass er – wohl als Erster – die Gesetze Gottes richtig zu interpretieren wisse.[3]

Von der Nichtbeachtung seines Buches schwer depremiert, zog er es im Jahre 1858 selbst aus dem Verkehr und nahm sich noch im selben Jahr das Leben. Selbstmord mag zwar die aufrichtigste Form der Selbstkritik sein, hier kam sie jedoch etwas verfrüht, denn zwanzig Jahre nach seinem Tod, in den siebziger Jahren des 19. Jahrhunderts, erkannte man, dass weder Walras noch Menger, sondern Gossen die Theorie des Grenznutzens als

1) Fritz Behrens vertritt allerdings die These, dass es nicht die mathematische Form, sondern gesellschaftliche Ursachen waren, die Gossens Schrift unbeachtet ließen. Behrens, F., 1949.
2) Gossen, H. H., 1854/ 1967, S. V.
3) Gossen, H. H., 1854/ 1967, S. 4.

erster entdeckt hatte.[4] Heute tragen die beiden wichtigsten hieraus resultierenden Gesetze seinen Namen.

Das *Erste Gossensche Gesetz*, das Gesetz des abnehmenden Grenznutzens. Hermann Heinrich Gossen formuliert dieses Gesetz wie folgt:

»Die Größe eines und desselben Genusses nimmt, wenn wir mit Bereitung des Genusses ununterbrochen fortfahren, fortwährend ab, bis zuletzt Sättigung eintritt.«[5]

Schauen wir uns hierzu das vierte Bild des Eingangskomik an. Hier finden wir den Nutzen, den die einzelnen Biere unserem Hermann Heinrich stiften[6]. Das erste Bier bringt einen Nutzen von 3, das zweite Bier erhöht den Nutzen auf 5 und der letze Schluck des dritten Bieres steigerte ihn auf 6. Mit dem vierten Bier geht der Gesamtnutzen wieder auf 5 zurück und sinkt mit jedem weiteren Bierchen, bis er beim siebten Bier negativ wird (hier lässt sich Hermann Heinrich nochmal alles durch den Kopf gehen). Ein rational handelnder Entscheidungsträger würde aber keine sieben Biere trinken, er hört spätestens mit Erreichen des Nutzenmaximums, also beim dritten Bier auf. Schaut man sich die Nutzenzuwächse an, dann stellt man fest, dass der Nutzenzuwachs, der Grenznutzen, mit jedem weiteren Bier sinkt. Während das erste Bier noch einen Grenznutzen von 3 stiftet, bringt das zweite Bier nur noch einen Grenznutzen von 2, das dritte von 1, das vierte Bier liefert keinen weiteren Nutzenzuwachs mehr, im Gegenteil, es reduziert den Nutzen wieder auf 5, das heißt es hat einen Grenznutzen von –1. Dieses Gesetz des abnehmenden Grenznutzens wird als Erstes Gossensche Gesetz bezeichnet.[7]

Das *Zweite Gossensche Gesetz* beschreibt den optimalen Konsumplan eines Haushalts. Gossen selbst formulierte es wie folgt:

»2. Der Mensch, dem die Wahl zwischen mehreren Genüssen frei steht, dessen Zeit aber nicht ausreicht, alle vollaus sich zu bereiten, muss, wie verschieden auch die absolute Größe der einzelnen Genüsse sein mag, um die Summe seines Genusses zum Größten zu bringen, bevor er auch nur den größten sich vollaus bereitet, sie alle teilweise bereiten, und zwar in einem solchen Verhältnis, dass die

4) Die Grenznutzentheorie wurde in den 1870er Jahren eingebracht, und zwar nahezu gleichzeitig von: → Léon Walras (1834–1910), Begründer der Lausanner Schule; William Stanley Jevons (1835–1882), angloamerikanischer Begründer der Grenznutzentheorie; Carl Menger (1840–1921), Begründer und führender Vertreter der österreichischen Grenznutzentheorie.

5) Gossen, H. H., 1854, 1967, S. 4–5.

6) Hier wird unterstellt, dass man das Wohlbefinden (den Nutzen) von Menschen in einer Einheit messen kann, und zwar ähnlich wie man Fieber mit einem Thermometer messen kann.

7) Gossen, H. H., 1854, 1967, S. 11, geht in seinem Werk davon aus, dass der Grenznutzen maximal Null werden kann.

Größe eines jeden Genusses in dem Augenblick, in welchem seine Bereitung abgebrochen wird, bei allen noch die gleiche bleibt.«[8)]

In der modernen Ökonomie wird dieses Gesetz als Gesetz vom Ausgleich des Grenznutzens des Geldes bezeichnet. Der Haushalt befindet sich dann im Optimum, wenn der Grenznutzen des Geldes für alle Güter gleich ist. Der Grenznutzen des letzten ausgegeben Euros muss für das Gut 1 genauso groß sein, wie der Nutzenzuwachs, den der letzte für das Gut 2 ausgegebene Euro bietet et cetera, und zwar für alle Güter. Das Verhältnis von Grenznutzen zu Preis muss für alle Güter gleich sein. Solange bei einer bestimmten Aufteilung der Konsumsumme auf die einzelnen Güter diese Gleichheit des Grenznutzen des Geldes noch nicht erreicht ist, lohnt es sich, eine Veränderung der Aufteilung der Konsumsumme vorzunehmen.

Hermann Heinrich Gossen formulierte noch einen *dritten Lehrsatz*, man könnte ihn bezeichnen als *das Gesetz des neuen Genusses.* Dieses Gesetz fand vermutlich auf Grund seiner Trivialität keine weitere Beachtung. Es lautet:

»3. Die Möglichkeit, die Summe des Lebensgenusses zu vergrößern, wird unter den noch vorhandenen Umständen dem Menschen jedesmal dann gegeben, wenn es gelingt, einen neuen Genuß, sei dieser auch an und für sich noch so klein, zu entdecken, oder irgend einen bereits bekannten durch die Ausbildung seiner selbst, oder durch Einwirkung auf die Außenwelt zu steigern.«[9)]

Lesenswert ist Gossens Werk jedoch nicht nur der Gesetze wegen, sondern auch hinsichtlich seiner Anmerkungen zu den Irrtümern, denen »Staatsmänner, Nationalökonomen, Moralisten und Pädagogen verfallen sind.«[10)] Hier findet man unter anderem eine scharfsinnige und für die damalige Zeit sehr fortschrittlich Darstellung der Arten der Arbeitslosigkeit.[11)] Als erstes Beispiel für das Entstehen von Arbeitslosigkeit führt Gossen die Puderfabrikanten und Perückenmacher an, die, nach der französischen Revolution (1789), als das Pudern und das Perückentragen aus der Mode kam, ihre Produktion einstellen mussten und arbeitslos wurden. Dies entspricht einer durch Nachfrageverschiebung herbeigeführten strukturellen Arbeitslosigkeit. Sein zweites Beispiel betrachtet die Zunft der Handspinner, die mit der Erfindung der Baumwollspinnmaschine arbeitslos wurden, da die Spinnmaschine die Arbeitsproduktivität eines Handspinners um das

8) Vgl.: Gossen, H. H., 1854, 1967. S. 12. Aber vgl. hierzu auch die nachfolgenden Ausführungen Gossens.

9) Gossen, H. H., 1854, 1967, S. 21.

10) Gossen, H. H., 1854, 1967, S. 148 ff.

11) Gossen, H. H., 1854, 1967, S. 150–158.

»Hundert- und Mehrfache« steigerte. Dies wiederum entspricht einer technologischen Arbeitslosigkeit. Da, wie Gossen weiter ausführt, diese Entwicklungs- und Veränderungsprozesse niemals aufhören werden, leitet er hieraus die Forderung ab, freigesetzten Arbeitskräften »ausreichend Hülfe« zu gewähren, sobald wie möglich in andere Produktionszweige zu wechseln.

Wichtige Werke und Literaturtipps

Gossen, H. H.: *Entwicklung der Gesetze des menschlichen Verkehrs, und der daraus fließenden Regeln für menschliches Handeln*, Braunschweig 1854, Nachdruck: Liberac N. V. Publishers, Amsterdam 1967.

Behrens, F.: »Hermann Heinrich Gossen oder die Geburt der ›wissenschaftlichen Apologetik‹ des Kapitalismus«, in: *Leipziger Schriften zur Gesellschaftswissenschaft*, 1. Heft, Leipzig 1949.

Arten der Arbeitslosigkeit

In der Volkswirtschaftslehre unterscheidet man verschiedene Arten der Arbeitslosigkeit. Sie sind jedoch – insbesondere in der Praxis – nicht eindeutig gegeneinander abgrenzbar. Man unterscheidet

Natürliche Arbeitslosigkeit

Arbeitslosenrate, bei der die Kräfte auf die Löhne und die Preise ausgeglichen sind. Der Reallohn bleibt konstant, denn der lohnsatzsenkende Einfluss der Arbeitslosigkeit wird genau durch ihren preissenkenden Einfluss ausgeglichen, so dass das Verhältnis von Nominallohnsatz/Preisniveau, also der Reallohn, unverändert bleibt.

Friktionelle und saisonale Arbeitslosigkeit

Arbeitslosigkeit, die durch Jobfluktuationen und Wanderungsbewegungen der Menschen zwischen Regionen bedingt ist. Die Arbeitsplätze sind vorhanden, auch haben die Arbeitskräfte die gewünschten Qualifikationen. Es braucht nur eine gewisse Zeit, bis Arbeitnehmer und Arbeitgeber zusammen finden. Diese Arbeitslosigkeit wird auch als Sucharbeitslosigkeit bezeichnet. Die saisonale Arbeitslosigkeit tritt in Folge saisonaler Bedarfsschwankungen auf. Beispielsweise werden im Winter auf dem Bau weniger Arbeitskräfte benötigt als im Sommer. Ähnliches gilt für die Landwirtschaft; auch hier werden während der Erntezeit mehr Arbeitskräfte benötigt als im Winter.

Keynesianische oder Konjunkturelle Arbeitslosigkeit

In allen Branchen, Regionen und Berufen geht die allgemeine Nachfrage und hiermit verbunden auch die Arbeitsnachfrage zurück. Die konjunkturelle Arbeitslosigkeit ist somit die Reaktion auf einen zeitlich befristeten Rückgang der gesamtwirtschaftlichen Nachfrage nach Gütern und Dienstleistungen. (Vgl. auch das Kapitel »Konjunkturelle Wellen«).

Strukturelle Arbeitslosigkeit

Als strukturelle Arbeitslosigkeit wird in seiner *weitesten Abgrenzung* der ganze Rest verstanden, also die Arbeitslosigkeit, die nicht auf friktionelle und saisonale sowie auf konjunkturelle Faktoren zurückzuführen ist. Eine *engere Abgrenzung* interpretiert die strukturelle Arbeitslosigkeit als Summe der sich aus dem Strukturwandel heraus ergebenden Nachfrageüberschüssen auf den Arbeitsteilmärkten. So werden etwa durch Nachfrageverschiebungen Arbeitskräfte in bestimmten Märkten (zum Beispiel Gossens Perückenmacher oder allgemein ungelernte Arbeitskräfte) freigesetzt, während auf anderen Arbeitsmärkten (zum Beispiel im technischen Bereich) Arbeitskräfte gesucht werden. Das Problem liegt darin, dass die Arbeitskräfte aufgrund ihrer unterschiedlichen Qualifikation nicht so ohne weiteres aus dem einen in den anderen Bereich wechseln können. Die strukturelle Arbeitslosigkeit ist umso größer, je schneller sich der strukturelle Wandel vollzieht. Struktureller Wandel entsteht durch Nachfrageverschiebungen im Land selbst, aber auch durch Produktionsverschiebungen, die mit der Integration von Märkten und den damit verbunden Produktionsverlagerungen einhergehen (Nutzung komparativer Vorteile → Ricardo, D.).

Wachstumsdefizitäre Arbeitslosigkeit

Hierein packt man den ganzen Rest an Arbeitslosigkeit, sofern man im Rahmen der strukturellen Arbeitslosigkeit von der engeren Abgrenzung ausgegangen ist. Im Einzelnen wird hier unterschieden:[1] Stagnationsarbeitslosigkeit, hervorgerufen durch eine anhaltende Verlangsamung des Wirtschaftswachstums; technologische Arbeitslosigkeit, hervorgerufen durch eine Beschleunigung des arbeitssparenden technischen Fortschritts (Gossens Spinnerbeispiel); Hochlohnarbeitslosigkeit, hervorgerufen durch zu hohe Löhne; demographische Arbeitslosigkeit, hervorgerufen durch ein zunehmendes Arbeitskräfteangebot in der Volkswirtschaft, zum Beispiel durch Zuwanderungen oder geburtenstarke Jahrgänge, die auf den Arbeitsmarkt drängen.

1) Musel, G. und Pätzold, J., Grundfragen der Wirtschaftspolitik, Franz Vahlen Verlag, 6. Auflage, München 2005, S. 73–90.

Das berühmte Manifest

Oder: Ein Gespenst geht um in Europa

Wo findet man den Satz »Ein Gespenst geht um in Europa, das Gespenst des Kommunismus«?

(1818–1883)

Karl Heinrich Marx wurde 1818 in Trier an der Mosel geboren.[1] Zwischen 1835 und 1841 studierte er in Bonn, Berlin und Jena Rechtswissenschaften, Medizin und zuletzt vor allem Philosophie, worin er auch promovierte. Nach einer kurzen Dozentur in Bonn arbeitete Marx zunächst als Mitarbeiter und später auch als Chefredakteur bei der *Rheinischen Zeitung für Politik, Handel und Gewerbe* in Köln. 1843 heiratet er seine Jugendfreundin Jenny von Westfalen, und als im gleichen Jahr die *Rheinische Zeitung für Politik, Handel und Gewerbe* verboten wurde, emigrierte Marx mit seiner Frau nach Paris. Dort lernte er den Industriellen Friedrich Engels kennen. Nach seiner Ausweisung aus Frankreich veröffentlichten Marx und Engels 1848 in Brüssel das *Kommunistische Manifest*, dessen erster Satz lautet: »Ein Gespenst geht um in Europa – das Gespenst des Kommunismus.« Nach seiner Ausweisung aus Köln und Paris ging Marx nach London, wo er bis zu seinem Tode 1883 in zumeist ärmlichen Verhältnissen lebte. Seine Wohnung in der Dean Street 28 im Londoner Stadtviertel Soho wurde von einem Polizeiagenten wie folgt beschrieben: »In der ganzen Wohnung ist nicht ein gutes Stück Möbel. Alles ist zerbrochen, zerfetzt, zerschlissen. In der Mitte des Salons steht ein altväterlicher großer Tisch, mit Wachsleinen behangen. Auf diesem liegen Manuskripte, Bücher und Zeitungen neben Spielzeug, einem Nähkorb und Tassen mit zerkerpten Rändern. Ein Stuhl steht auf drei Beinen, auf einem anderen, der heil zu sein scheint, spielen die Kinder kochen.«[2] Kurz, Marx litt Zeit seines Lebens unter Geldmangel, er selbst schrieb: *»Ich glaube nicht, dass unter solchem Geldmangel je über ›das Geld‹ geschrieben worden ist.«*[3] Aber unter Geldmangel hätte der Doktor der Philosophie nicht leiden müssen, nur wollte er keine feste Arbeit annehmen. Er selbst schrieb: *»Ich muss meine Ziele durch dick und dünn verfolgen und darf der bürgerlichen Gesellschaft nicht erlauben, mich in eine Geldmaschine zu verwandeln.«* Zum anderen erbte er von einem »Kampfgefährten« 800 Pfund, was damals einem ordentlichen Jahresgehalt entsprach. Ferner schrieb Marx mehrere hundert Artikel, die je mit 2 Pfund entlohnt wurden. Sein Problem lag also weniger darin, dass er über kein Geld verfügte, sondern eher darin, dass weder er noch seine Frau mit Geld umgehen konnten. Denn hatten sie mal welches, lebten sie auf

1) Vgl. zum Folgenden auch: Ott, A. E., 1989, S. 7ff.
2) Kösters, P.-H., 1982, S. 77–78.
3) Kösters, P.-H., 1982, S.77.

Das berühmte Manifest

großem Fuß und gönnten sich Kaviar und erlesene Weine. Die Familie Marx hatte auch eine Haushälterin, Helene Demuth, die von Marx in »andere Umstände« versetzt wurde. Um dem Zorn seiner Frau zu entgehen, überredete Marx seinen Freund Friedrich Engels, die Vaterschaft anzuerkennen.

Mit der Entstehung von Manufakturen und ihrer Fortentwicklung hin zu Fabriken fand eine wachsende Arbeitsteilung statt. Die Menschen produzieren nicht mehr ein Produkt von Anfang bis Ende, sondern verrichten nur noch Teilschritte des Produktionsprozesses. Hierdurch kann sich jeder auf bestimmte Tätigkeiten spezialisieren und der Produktionsprozess kann effektiver organisiert werden, wodurch sich die Produktivität erhöht. Der Arbeiter jedoch wird vom Produkt seiner Arbeit zunehmend entfremdet. Er bietet kein Produkt mehr an, sondern nur noch seine Arbeitskraft, die vom Unternehmer wie eine Ware gekauft wird. Die Arbeit wird zur Ware, die Arbeit wird zur Lohnarbeit. Nach Marx ist die Arbeitskraft, die im Kapitalismus die Form der Lohnarbeit angenommen hat, die Quelle des gesellschaftlichen Reichtums, die Quelle aller Wertschöpfung. Diese Werstschöpfung wird den Arbeitnehmern jedoch nur zu einem Teil in Form ihres Lohnes zugestanden. Der Rest wird von Marx als Mehrwert bezeichnet und fließt den Eigentümern des Kapitals, den Kapitalisten, zu. Marx definiert diesen Mehrwert selbst wie folgt:

»Die zu 100 Pfd. Sterl. gekaufte Baumwolle wird zum Beispiel wieder verkauft zu 100 + 10 Pfd. Sterl. Die vollständige Form dieses Prozesses ist daher G (Geld) – W (Ware) – G' (Geld + Δ Geld), das heißt gleich der ursprünglich vorgeschossenen Geldsumme vermehrt um einen Zuwachs. Diesen Zuwachs oder den Überschuss über den ursprünglichen Wert nenne ich – Mehrwert.«[4)]

Aber wie kann aus Geld mehr Geld – Mehrwert – werden? Marx unterscheidet hier prinzipiell drei Möglichkeiten: 1. Als Leihkapital: Geld wird verliehen und mit Zinsen zurückgezahlt. 2. Als Handelskapital: Durch günstigen Kauf und teueren Verkauf entsteht Mehrwert. 3. Als Produktionskapital: Mit Geld werden Produktionsmittel und Arbeitskraft gekauft, hiermit werden neue Waren produziert und für mehr Geld verkauft. Aus volkswirtschaftlicher Sicht, so Marx, kann aus Leihkapital kein Mehrwert entstehen. Denn was der Verleiher gewinnt, das wird dem Leiher entzogen. Entsprechendes gilt für das Handelskapital, was der Verkäufer gewinnt, verliert der Käufer. Die einzige Möglichkeit, Mehrwert zu schaffen, bleibt demzufolge das Produktionskapital, denn hier wird eine neue Ware geschaffen. Aber

4) Marx, K., 1867, 1957, S. 115. Die Anmerkungen in Kursivschrift dienen der Erklärung und sind im ursprünglichen Text nicht enthalten.

welcher Faktor oder welche Faktoren schaffen diese neue Ware? Bei der Betrachtung der Produktionsfaktoren unterscheidet Marx Produktionsmittel wie Maschinen und Material und menschliche Arbeitskraft. Da aber die Produktionsmittel ihrerseits durch menschliche Arbeitskraft entstanden sind, sind sie nichts anderes als »*geronnene Arbeit*«. Bleibt letztlich nur ein mehrwertschaffender Produktionsfaktor übrig, die menschliche Arbeit. Akzeptiert man diesen Gedanken, wird der Wert einer Ware letztlich durch den zu ihrer Reproduktion erforderlichen Arbeitsaufwand bestimmt. Damit Arbeitskräfte verfügbar sind, müssen sie am Leben erhalten und reproduziert werden. Hierzu benötigen sie eine bestimmte Menge an Waren, deren Wert man in Arbeitseinheiten angeben kann. Für den Unternehmer sind dies Kosten, Reproduktionskosten, die unabhängig von den geleisteten Arbeitsstunden anfallen. Andererseits produziert jede geleistete Arbeitsstunde eine bestimmte Menge an Waren und schafft somit einen bestimmten Wert. Lässt der Kapitalist die eingekauften Arbeitskräfte nun länger arbeiten, als es zur Deckung ihrer Reproduktionskosten erforderlich ist, entsteht ein Mehrwert. Dieser Mehrwert ist das alleinige Produkt der Arbeit. Dennoch fühlt sich der Kapitalist bei der Aneignung dieses Mehrwerts im Recht, denn er hat ja die Arbeitskräfte als Ware gekauft und sie zu ihrem Tauschwert entlohnt. Der Kapitalist versucht nun die Profitrate – sie entspricht dem Verhältnis von Mehrwert zum Gesamtaufwand für Arbeitskraft, Maschinen und Rohstoffe – zu maximieren. Dieser Drang des Kapitalisten zur Steigerung des Mehrwerts ist die Triebfeder für den technischen Fortschritt. Marx geht davon aus, dass die Profitrate mit steigendem Aufwand für den technischen Fortschritt sinkt, der marktwirtschaftliche Wettbewerb aber dafür sorgt, dass zunehmend mehr Geld in technischen Fortschritt und Kapitalbildung investiert werden muss. Die hierdurch sinkenden Profitraten lassen nur solche Betriebe überleben, die in Massen produzieren. Große Fabriken verdrängen die kleinen. Unternehmen machen Konkurs, Arbeitskräfte werden entlassen, die gesamtwirtschaftliche Nachfrage sinkt, wodurch weitere Unternehmen in Absatzschwierigkeiten geraten und so weiter. Es folgt die Krise. Nach Marx ist die Ursache der Krise offensichtlich, sie liegt im marktwirtschaftlichen Wettbewerb, in der »*Anarchie des Marktes*«. Die Lösung des Problems liegt in einer bewussten gesellschaftlichen Planung der Produktion.

Wie wir heute wissen, ist das mit einer bewussten gesellschaftlichen Planung verbundene Problem – welche Güter sollen von wem, in welchen Mengen und für wen produziert werden – so groß, dass es bis heute wohl von keiner zentralen Planungsabteilung »optimal« gelöst werden kann. Ganz abgesehen von der Frage, ob dies die zentrale Planungsbehörde wollte. Zudem wissen wir, dass unter vollkommenen Wettbewerb das Marktergebnis keineswegs ein anarchistisches sein muss. Im Gegenteil, wie → Léon Walras, → Vilfredo Pareto, → Paul A. Samuelson, → Kenneth J. Arrow und → Gérard Debreu gezeigt haben, führt der nicht gestörte Markt unter vollkommenem Wettbewerb zu einem stabilen, Pareto-effizienten Ergebnis. Problematisch hieran ist nur, dass die erforderlichen Bedingungen des vollkommenen Wettbewerbs in der Realität nur unzureichend erfüllt sind. Der Gedanke des Kommunismus ist also keineswegs tot!?

Wichtige Werke und Literaturtipps

Marx, K.: Das Kapital. Kritik der politischen Ökonomie, Band 1, Hamburg 1867. Band 2 (*Der Zirkulationsprozess des Kapitals*) und Band 3 (*Der Gesamtprozess der kapitalistischen Produktion*) wurden erst nach seinem Tode von Friedrich Engels 1885 beziehungsweise 1894 herausgegeben. Im Zusammenhang ausgewählt und eingeleitet von Kautsky B., Alfred Kröner Verlag, Stuttgart 1957.

Marx, K. und Engels, F.: *Manifest der Kommunistischen Partei*, London 1848, Wiederabgedruckt in: Karl Marx, Friedrich Engels: *Ausgewählte Werke in sechs Bänden*, Verlag Marxistische Blätter, Frankfurt a. M. 1970, Band 1, S. 415–463.

Kösters, P.-H.: *Ökonomen verändern die Welt. Wirtschaftstheorien, die unser Leben bestimmen*, Goldmann Verlag, 4. Auflage, Hamburg 1982, S. 77–78.

Ott, A. E.: »Karl Marx (1818–1883)«, in: *Klassiker des ökonomischen Denkens II*, hrsg. von Starbatty, J., C. H. Beck Verlag, München 1989, S. 7–35

Der Walrasianische Auktionator

oder: Alle Märkte müssen in ein simultanes Gleichgewicht!

Mit welchem Namen ist in der Ökonomie das Bild des Auktionators verbunden, der für alle Märkte stets den markträumenden Preis findet?

(1834–1910)

Léon Walras wurde 1834 als Sohn eines Ökonomen in Evreux (Normandie) gebohren. Mit 19 Jahren bewarb er sich als Student an der damals renomiertesten naturwissenschaftlichen Hochschule Frankreichs, der Ecole Polytechnique, wurde jedoch auf Grund mangelnder Mathematikkenntnisse zweimal abgewiesen. Er studierte dann an der Ecole des Mines. Nach dem Abschluss seiner Studien ging Walras bis zu seinem 36. Lebensjahr (1870) verschiedenen Beschäftigungen nach, die mit seinem formalökonomischen Interesse wenig oder nichts gemein hatten. So versuchte er sich als Autor, arbeitete unter anderem bei einer Eisenbahngesellschaft und bei Banken. 1860 nahm er in Lausanne an einem Kongress über Besteuerung teil. Hier musste er einen so hervorragenden Eindruck hinterlassen haben, dass er – ohne nochmals dort gewesen zu sein – zehn Jahre später (1870) auf einen Lehrstuhl für Politische Ökonomie an die Universität Lausanne berufen wurde. Walras behielt diesen Lehrstuhl bis er sich 1892 aus gesundheitlichen Gründen, aufgrund »nervöser Erschöpfung«, zurückziehen musste. Sein Nachfolger wurde → Vilfredo Pareto. Walras arbeitete weiterhin im Bereich der Wirtschaftstheorie, widmete sich aber zunehmend auch seinen Hobbies, dem Angeln und dem Sammeln von Münzen. Er starb 1910 in Clarens am Genfer See.

Walras erste Entdeckung war das Gesetz des abnehmenden Grenznutzens: »Mit jedem weiteren Stück Brot, das ein hungriger Mensch zu sich nimmt, schwindet der Wert, den er dem jeweils nächsten Bissen beimisst.« Allerdings blieb der Ruhm der Entdeckung des Grenznutzens Walras verwehrt. Denn wie sich später herausstellte, war es der Deutsche → Herrmann Heinrich Gossen, der bereits zwanzig Jahre zuvor (1853/54) diese Idee publizierte. Walras unbestrittene Pionierleistung liegt jedoch in der Entwicklung einer Theorie des Allgemeinen Gleichgewichts, welches er in der elften Lektion seines 1874 erschienenen Buches *Eléments d'économie politique* darstellte. Im so genannten Walrasianischen Gleichgewichtssystem befinden sich unter der Annahme vollständiger Konkurrenz alle Märkte im Gleichgewicht. Dies bedeutet, dass sich auf jedem Markt der vollkommen flexible Preis stets so einstellt, dass die angebotene Menge der nachgefragten Menge entspricht. Hierbei ist die Frage der Existenz und der Eigenschaft eines markträumenden Gleichgewichts von der Frage, wie dieses zustande kommt, zu trennen. Die Frage der Existenz eines Preisvektors, der simultan alle Märkte räumt, beantwortete Walras durch Vergleich der Anzahl der endogen bestimmten Preise und der Gleichungen. Stimmen beide in ihrer Anzahl überein, so argumentierte er, existiere ein allgemeines Marktgleichgewicht. Heute weiß man, dass dies nur für lineare Gleichungssysteme, nicht aber für nichtlineare Gleichungssysteme richtig ist. Exakt mit dieser Fragestellung setzten sich achtzig Jahre später → Kenneth Arrow[1)] und Gerard Debreu auseinander. Ist nun der Existenzbeweis erbracht, stellt sich die Frage, wie dieser markträumende Preisvektor zustande kommt. Walras bediente sich hierzu – wie in unserem Comic veranschaulicht – eines hypothetischen Auktionators, der zunächst irgendeinen Preis ausruft und dann die sich zu diesem Preis gewünschten beziehungsweise geplanten Angebots- und Nachfragemengen sammelt. Stellt er fest, dass das geplante Angebot größer ausfällt als die geplante Nachfrage, so wird er einen geringeren Preis ausrufen, so dass die angebotene Menge zurückgenommen und die nachgefragte Menge erhöht wird. Dies macht er solange, bis das geplante Angebot genau der geplanten Nachfrage entspricht. Nach und nach wird er das für alle Märkte tun. Und erst wenn alle Märkte im Gleichgewicht sind, das geplante Angebot also stets der geplanten Nachfrage entspricht, dann wird er zum markträumenden Preis den Tausch zulassen. Komplex ist dieses Verfahren, weil die Märkte untereinander durch Preissignale verbunden sind. Jedes geplante Angebot und jede geplante Nachfrage hängt nicht nur vom eigenen Preis, sondern auch von allen anderen Preisen aller anderen Märkten ab. So ist der Existenzbeweis eines Preisvektors, bei dem alle Märkte simultan im Gleichgewicht sind, keineswegs trivial. Walras ist mit dieser Analyse nichts weniger gelungen als zu zeigen, unter welchen Bedingungen eine Gesellschaft, die auf dem Werturteil der individuellen Freiheit des Einzelnen aufgebaut ist, nicht in ein ökonomisches Chaos führt, sondern in einem gesellschaftlich wünschenswerten Zustand mündet. Unter welchen Bedingungen der individuelle Egoismus – gemäß Adam Smith – dem Gemeinwohl zugutekommt. An dieser Stelle setzten auch die Arbeiten von → Vilfredo Pareto – seinem Nachfolger auf dem Lausanner Lehrstuhl – an. Darüber hinaus besteht das Verdienst von Walras darin, die Mathematik als unerlässliches Analyseinstrument in der Ökonomie durchgesetzt zu haben.

1) Arrow, Kenneth J., 1959: »Toward a Theory of Price Adjustment«, in: *The Allocation of Economic Resources: Essays in Honor of B. F. Haley*, edited by M. Abramovitz, Stanford University Press, S. 41–51; Arrow, Kenneth J., Debreu, Gérard, 1954: »Existence of an Equilibrium for a Competitive Economy«, in: *Econometrica*, Vol. 22, S. 265–290; Arrow, K. J., Hahn, F. H.: *General Competitive Analysis*, San Francisco: Holden-Day, 1971.

Wichtige Werke und Literaturtipps

Walras, L.: *Eléments d'économie politique pure*, Ire Edition, Lausanne, Paris und Basel 1874–1877, von John Jaffé ins Englische übersetzt als: *Elements of Pure Economics or the Theory of Social Wealth*, Homewood Ill., 1954.

Walras, L.: *Théorie mathématique de la richesse sociale*, Lausanne 1883.

Debreu, G.: »*Theory of Value*« New York, John Wiley & Sons, 1959.

Felderer, B.: »Léon Walras (1834–1910)«, in: *Klassiker des ökonomischen Denkens II*, hrsg. von Joachim Starbatty, C. H. Beck Verlag, München 1989, S. 59–75.

Neues aus der Hirnforschung!

oder: Warum der Volkswirt die Ceteris-Paribus-Klausel braucht!

Neues aus der Hirnforschung!

(1842–1924)

Alfred Marshall wurde 1842 in London geboren. 1861 schrieb er sich am St. John College in Cambridge für Mathematik ein. Sein Studium schloss er 1865 als zweitbester seines Jahrganges ab. Mit seiner Lehrtätigkeit in Cambridge begann 1868 Marshalls offizieller Einzug in die Ökonomie. Nach neun Jahren musste er jedoch aufgrund seiner Hochzeit mit Mary Paley, einer ehemaligen Studentin, Cambridge verlassen. Denn in Cambridge und Oxford galt für Gelehrte noch bis 1881 das Zölibat. 1877 zog Marshall daher nach Bristol. Dort übernahm er eine Professur am neu gegründeten University College und wurde sogleich ihr Prinzipal. Ein Nierenleiden Anfang der achtziger Jahre zwang ihn dazu, sein Amt als Rektor niederzulegen und sich einem längeren Genesungsurlaub zu unterziehen. Wieder genesen, nahm Marshall 1883 zunächst den Ruf der Universität Oxford an, wechselte jedoch schon kurz darauf (1885) zurück nach Cambridge, wo mittlerweile das Zölibat aufgehoben war. Sein zentrales Werk *Principles of Economics* veröffentlichte er 1890, zu diesem Zeitpunkt waren seine Ansichten durch die Vorlesungen schon längst bekannt. Alfred Marshall starb 1924.[1)]

Marshall gelang es, die objektive Wertlehre der Klassiker mit der subjektiven Wertlehre der Neoklassiker (Grenznutzenlehre von → Herrmann Heinrich Gossen, Stanley Jevons, Carl Menger, → Léon Walras und ergänzend Vilfredo Pareto) zu verbinden. Nach Ansicht der Klassiker entsprach der Preis einer Ware ihren Herstellungskosten. Denn die Produzenten, die ihre Gewinne maximieren wollen, bieten bei steigenden Herstellungskosten genau so viel an Ware an, bis der Verkaufserlös der letzten produzierten Wareneinheit gerade noch die Herstellungskosten deckt. Anders die Grenznutzentheoretiker. Ihrer Ansicht nach entspricht der Wert beziehungsweise der Preis eines Gutes dem individuellen Grenznutzen, den dieses Gut stiftet. So wurde bereits im → Gossen-Beispiel gezeigt, dass das jeweils nächste Bier zwar den Gesamtnutzen erhöht, der Nutzenzuwachs, der Grenznutzen, aber abnehmend ist. Für das erste Glas Bier wird unser Proband daher relativ viel zu zahlen bereit sein. Für das zweite Glas jedoch schon weniger, für das dritte noch weniger. Die Zahlungsbereitschaft sinkt

1) Vgl. zu diesem Abschnitt auch: Rieter, H., 1989, Band II, S. 139–146.

mit dem fallenden zusätzlichen Nutzen, den das jeweils nächste Glas bietet. Marshall brachte nun beide Gedankenstränge zusammen, indem er die Verhaltensannahmen auf Anbieter- und Nachfragerseite in das bekannte Diagramm mit einer steigenden (inversen) Angebots- und einer fallenden (inversen) Nachfragefunktion setzte. Betrachten wir hierzu eines der Beispiele von Alfred Marshall.[2] Auf dem Kornmarkt gelten die folgenden preisabhängigen Angebots- und Nachfragebeziehungen:

Preis in Schilling	**Verkaufsangebot der Anbieter**	**Nachfrage der Käufer**
37s	1000 quarters	600 quarters
36s	700 quarters	700 quarters
35s	600 quarters	900 quarters

Bei einem Preis von 35 Schilling wären die Anbieter bereit, 600 quarters Korn[3] zu liefern, während zu diesem Preis 900 quarters nachgefragt würden. Es besteht also ein Nachfrageüberschuss von 900 – 600 = 300 quarters. Die Nachfrager konkurrieren um das knappe Angebot. Über kurz oder lang wird ein höherer Preis (36 Schilling) verlangt beziehungsweise geboten. Zu diesem höheren Preis sind mehr Anbieter bereit, sich von ihrer Ware zu trennen oder langfristig gesehen, mehr Korn anzubauen. Das Angebot wird steigen.[4] Im Beispiel um 100 quarters. Aber auch auf der Nachfrageseite zeigt der höhere Preis Wirkung. Denn der höhere Preis verlangt (gemäß der → Gossenschen Gesetze) einen entsprechend höheren Grenznutzen der Konsumenten, der wiederum mit geringerem Konsum korrespondiert. Im Beispiel sinkt die Nachfrage um 200 quarters. Jetzt ist ein Preis erreicht, bei welchem das Angebot gleich der Nachfrage ist. Ein Gleichgewichtspreis, bei welchem der (monetär bewertete) Grenznutzen der letzten nachgefragten Teileinheit – der subjektive Wert also – dem objektiven Wert, den Grenzkosten der letzten angebotenen Teileinheit, entspricht. Stellt man nun die sich bei den unterschiedlichen Preisen ergebenden Angebots- und Nachfrageverläufe des Beispiels grafisch dar, so ergeben sich die in Abbildung M1 dargestellten Funktionsverläufe. Das Marktgleichgewicht entspricht jenem Punkt, in dem sich Angebot und Nachfrage

2) Marshall, A., 1890, 1997. S. 148 ff.
3) 1 quarter entspricht 1,14 Liter.
4) Für die Bauern lohnt es sich also langfristig, weitere schlechtere Felder zu bebauen, beziehungsweise kurzfristig weniger Korn für das nächste Jahr aufzubewahren.

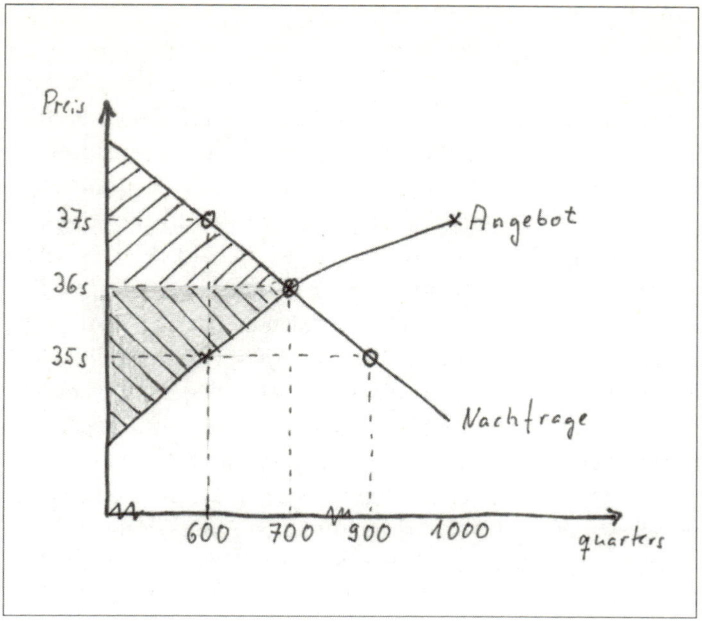

Abbildung M1

schneiden: Bei einem Preis von 36 Schilling und einer Menge von 700 quarters. Ein Blick auf das Beispiel zeigt aber noch viel mehr. Ein Teil des Angebots (600 quarters) wären schon für 35 Schilling verkauft worden. Da der Marktpreis aber bei 36 Schilling liegt, erhält der betreffende Anbieter einen Schilling pro quarter mehr, als es bedurft hätte, damit er sich von seiner Ware trennt. Dieser zusätzliche Betrag wird von Marshall als Produzentenrente bezeichnet. Ein zusätzlicher Gewinn für die Produzenten, den es für das Angebot nicht bedurft hätte. Bei der Betrachtung der in Abbildung M1 skizzierten Angebotsfunktion fällt auf, dass sich einzelne Anbieter schon zu noch niedrigeren Preisen von ihrem Korn getrennt hätten. Ihre Produzentenrente fällt entsprechend höher aus. Somit erweist sich die gesamte unterhalb des Marktpreises und oberhalb der Angebotskurve liegende Fläche als (Marshallsche-)Produzentenrente (dunklere, rechtsschraffierte Fläche in Abbildung M1). Ähnliches gilt für die Nachfrager, die bereit gewesen wären, mehr als den Marktpreis für Korn auszugeben. Sie erhalten eine so genannte Konsumentenrente (linksschraffierte Fläche in Abbildung M1). Ein zusätzlicher Nutzen für den oder die Konsumenten, für den sie zu zahlen bereit wären, aber nichts bezahlen müssen. Das Konzept der

Produzenten- und Konsumentenrente ist heute zentraler Bestandteil wohlfahrtstheoretischer Überlegungen. Weiterentwicklungen stammen unter anderem von Nicholas Kaldor, → Sir John R. Hicks und → Amartya K. Sen.

Zurückkommend auf unser Cartoon: Marshall führte die *Ceteris-paribus-Klausel* in die Wirtschaftswissenschaften ein. Ohne die Ceteris-paribus-Klausel, die heute jeder Student der Volkswirtschaftslehre in den Vorlesungen mehrmals zu hören bekommt, wären volkswirtschaftliche Untersuchungen nur schwer möglich. So wird in volkswirtschaftlichen Untersuchungen zumeist nur ein Einflussfaktor variiert, während alle übrigen Faktoren – und das sind zumeist viele – Ceteris-paribus, das heißt konstant, gesetzt werden. Auf diese Art kann man in der Analyse den Einfluss des einen Faktors von den Einflüssen der übrigen Faktoren getrennt betrachten. Die Ceteris-paribus-Klausel trennt die Ökonomen in zwei Lager. Die einen, die aufgrund der Ceteris-paribus-Klausel partialanalytisch argumentieren wie zum Beispiel die Arbeitsmarktökonomen, die sehr häufig die Rückkoppelungseffekte des Arbeitsmarktes auf andere Märkte ausblenden, und jene Ökonomen, die mit allgemeinen Gleichgewichtsmodelle arbeiten, wie beispielsweise auf dem Gebiet der Klassischen Außenhandelstheorie. Der Unterschied zwischen Partialanalyse und allgemeiner Gleichgewichtsanalyse besteht in der Gültigkeit der Ceteris-paribus-Klausel. Im Unterschied zur Partialanalyse wird in allgemeinen Gleichgewichtsmodellen allen auftretenden Effekten Rechnung getragen. Auf die Ceteris-paribus-Klausel wird in diesen Modellen verzichtet. Abschließend bleibt noch anzumerken, dass in der Ökonomie »eigentlich alles schon bei Marshall steht«[5]. und es somit auch nicht verwundert, dass Alfred Marshall zu den meistzitierten Ökonomen zählt.

Wichtige Werke und Literaturtipps

Marshall, A.: *Principles of Economics*, 1890. Nachgedruckt in: *Great Minds Series*, Prometheus Books, Amherst New York 1997.

Oltmanns, T.:. »Ökonomie gegen die Armut«, in: *Die Großen Ökonomen*, hrsg. von Nikolaus Piper, Schäffer-Poeschel Verlag, Stuttgart 1996, S. 75–81.

Rieter, H.: »Alfred Marshall (1842–1924)«, in: *Klassiker des ökonomischen Denkens II*, hrsg. von Starbatty, J., C. H. Beck Verlag, München 1989, S. 135–157

5) Vgl.Corry B., Alfred Marshall, International Encyclopedia of the Social Sciences, Vol. 10, S. 25 (-33).

Neues aus der Hirnforschung!

Villa Angora

oder: Der empirische Beweis

Von wem stammen die 80/20-Regel und das berühmte Optimum, das seinen Namen trägt?

Vilfredo Pareto oder Fritz Wilfried Pareto, so sein eigentlicher Name, wurde 1848 als Kind eines italienischen Vaters und einer französischen Mutter in Paris geboren. Mit der Amnestierung seines patriotischen Vaters, der für die Einigung Italiens eintrat und daher vorübergehend nach Frankreich ins Exil musste, kehrte Vater Pareto, jetzt mit Familie, nach Italien zurück. Nach Absolvierung des Gymnasiums studierte Vilfredo Pareto in Turin Ingenieurwissenschaften. Den Ingenieurberuf übte er fast zwanzig Jahre lang aus.

(1848–1923)

Nebenher verwandte er aber mindestens genauso viel Zeit für das Studium der Ökonomie. Mit 41 Jahren heiratete er »Dina«, eine zwölf Jahre jüngere russische Comtesse. Auf Grund seiner ökonomischen Begabung wurde er von Maffeo Pantaleoni (1857–1924), einem seinerzeit bekannten italienischen Ökonomen, dem in Lausanne lehrenden → Léon Walras empfohlen. 1893 trat er dessen Nachfolge an. Die Professur bereitete ihm jedoch bald Verdruss. Zwar hatte Pareto bis zu 56 Studenten, während Walras zum Schluss nur noch sechs Studenten aufzuweisen hatte, aber die Studenten taten damals schon das, was sie noch heute tun, sie lernten nur, was sie unbedingt zur Prüfung brauchten. Für einen an seinem Fach begeisterten Professor ist das natürlich demotivierend. Zudem brannte ihm noch seine Frau mit dem Koch des Hauses durch. Armer Pareto. Zum Glück erhielt er eine Erbschaft von 2 Millionen Lire in Gold, die es ihm ermöglichte, sich von seinen Lehrverpflichtungen befreien zu lassen. Fortan konnte er sich nur noch der Wissenschaft und seinen Katzen widmen. Er kaufte sich ein Anwesen am Genfer See, das er mit einer wachsenden Zahl Angorakatzen teilte und nannte es »Villa Angora«. Inwieweit ihn diese Angorakatzen, mit denen er auch Gespräche geführt haben soll, in seinen Forschungsarbeiten inspirierten, bleibt natürlich im Dunkeln. Jedenfalls gehört die im Cartoon skizzierte 80/20-Regel mit zu seinen zentralen empirischen Entdeckungen.[1] Vilfredo Pareto starb 1923 in Genf.

Beginnen wir mit der 80/20-Regel. Zu Paretos zentralen empirischen Arbeiten gehört die Entdeckung der nach ihm benannten »Kurve der Einkommensverteilung«. Diese »Kurve« müsse, so Pareto, durch die Natur der Menschen bedingt sein, also in ihren unterschiedlichen Fähigkeiten und Begabun-

1) Vgl. Eisermann ; G., 1989 II, S. 170 und die dort angegebene Literatur.

gen liegen. Die Talente seien oft so ungleich verteilt, dass in der Regel 80 Prozent der gefangenen Fische auf 20 Prozent der Fischer entfallen, 80 Prozent des Firmenumsatzes auf 20 Prozent der Verkäufer, 80 Prozent des Einkommens auf 20 Prozent der Bürger oder – wie in unserem Cartoon – 80 Prozent des gefressen Futters auf 20 Prozent der Katzen[2]. Dieser empirische Befund wird auch als *80/20-* oder *Pareto-Regel* bezeichnet. Pareto selbst wies diese Verteilung mit einer solchen Fülle empirischen Materials nach, dass zum Beispiel Eisermann aufführt, »... es gäbe kein zweites Wirtschaftsgesetz, das auf einem so umfangreichen Erfahrungsmaterial aufgebaut sei.«[3] Noch heute finden wir diese Einkommensverteilung – und zwar nicht nur in den weniger entwikkelten Ländern, wie Brasilien und Indien –, sondern auch in den Industriestaaten.

Vilfredo Pareto, Soziologe und Ökonom, entdeckte parallel zu anderen Ökonomen[4] das Konzept der *Indifferenzkurven*, also die Beziehung aller Relationen zweier Güter, die dem betrachteten Individuum den gleichen Nutzen stiften. Ferner griff Pareto das walrasianische Gleichgewichtsmodell auf und erzielte hier wichtige theoretische Fortschritte. Er entwickelte das *»Pareto-Kriterium«*, nachdem ein Gleichgewichtszustand erreicht ist, wenn es kein Gesellschaftsmitglied mehr gibt, dessen Nutzen erhöht werden kann, ohne den Nutzen eines Anderen zu reduzieren. Modern formuliert, sind zu markträumenden Preisen die Zielfunktionen – Nutzenfunktionen der Konsumenten und Gewinnfunktionen der Unternehmen – aller Marktteilnehmer maximiert. Mit dem Pareto-Kriterium löste er ein heftig diskutiertes Problem der Nutzentheoretiker auf elegante Art und Weise. Das Pareto-Kriterium fordert nämlich nicht den Nutzenvergleich verschiedener Personen. Mag es noch einsichtig erscheinen, einem Millionär 100 Euro wegzunehmen, um diese einem Mittellosen zu geben und dadurch die Gesamtwohlfahrt zu erhöhen, so ist dies bei der Entscheidung zwischen dem Bau eines Kindergartens und eines Theaters weit weniger eindeutig zu beantworten. Darüber hinaus widersprach Pareto der Ansicht vieler Klassiker von → Adam Smith bis → Karl Marx, die den Wert eines Gutes durch dessen Herstellungskosten begründet sahen. Vielmehr argumentierte er, der Wert eines Gutes und damit sein Preis sei allein durch den Nutzen, den dieses Gut stiftet, bestimmt.[5] Die mathematische Demonstra-

2) Für das mit den Katzen würden wir unsere Hände nicht ins Feuer legen.

3) Eisermann, G., 1989 II, S. 171.

4) Irving Fisher (1867–1947) und Francis Y. Edgeworth (1845–1926).

5) Darüber hinaus argumentierte Pareto, dass nicht nur der Wert und damit der Preis eines Gutes, sondern auch die Preise der Produktionsfaktoren – mit denen das Gut produziert wird – vom Nutzen, den das Gut stiftet, bestimmt werden. Damit stellte er eine Verbindung zwischen den Güterpreisen und der Einkommensverteilung her.

tion des Pareto-Optimums bildet heute einen zentralen Baustein der modernen Wohlfahrtstheorie. Aber schon Pareto war sich der Tatsache bewusst, dass das Theorem des allgemeinen Gleichgewichts in der praktischen Anwendbarkeit stark zu wünschen übrig lässt, denn das nichtrationale Verhalten der Menschen und die Unvollkommenheiten des Marktes verhindern die Erreichbarkeit des Optimums. Aus heutiger Sicht würde kaum ein Ökonom auf die Idee kommen, das Pareto-Optimum als Beschreibung der Realität zu interpretieren. Dennoch ist es als Referenzgröße zur Beschreibung der Realität (Abweichung vom Pareto-Optimum) von großem Wert.

Abschließend noch eine kleine Anekdote[6]: Ihr zufolge soll sich Vilfredo Pareto in seinem schäbigen Anzug, den er angeblich während seiner jahrelangen Arbeit am *Trattato die Sociologia* getragen hatte, unerkannt an den Geheimrat Professor Dr. Schmoller, Vertreter der jüngeren → »Historischen Schule«[7], herangemacht haben, nachdem dieser lang und breit ausgeführt hatte, dass es in der Volkswirtschaftslehre keine Gesetze gäbe, um ihn zu fragen, ob er ihm ein Lokal nennen könne, wo er umsonst speisen könnte. Schmollers Antwort: »Eins, wo Sie umsonst speisen können, nicht, guter Mann, aber eins, wo Sie sehr preiswert essen können.« Woraufhin sich Pareto mit dem Ausruf lachend abgewandt haben soll: »Sehen Sie, Professor Schmoller, es gibt doch Gesetze in der Volkswirtschaft!«

Wichtige Werke und Literaturtipps

Pareto, V.: *Manuale di Economia Politica Con una Introdduzione alla Scienza Sociale*, Mailand 1906.

Pareto, V.: *Trattato di Sociolgia Generale*, 1916. Deutsche Übersetzung: *Allgemeine Soziologie*, hrsg. von Carl Brinkmann, FinanzBuch Verlag, München 2006.

Eisermann, G.: »Vilfredo Pareto (1848–1924)«, in: *Klassiker des ökonomischen Denkens II*, hrsg. von Starbatty, J., C. H. Beck Verlag, München 1989, S. 135–157.

Graß, R.-D.: »Marx der Bourgeoisie«, in: *Die Großen Ökonomen*, hrsg. von Nikolaus Piper, Schäffer-Poeschel Verlag, Stuttgart 1996, S. 69-74.

Koesters, P.-H.: *Ökonomen verändern die Welt. Wirtschaftstheorien, die unser Leben bestimmen*, Goldmann Verlag, 4. Auflage, Hamburg 1982, S. 151–171.

Laukat, A.: »Friedhof der Eliten«, in: *Zeit-Bibliothek der Ökonomie. Die Hauptwerke der wichtigsten Ökonomen*, hrsg. von Wilfried Herz, Schäffer-Poeschel Verlag, Stuttgart 2000, S. 69–72.

6) Entnommen aus: Eisermann, G., 1989 II, S. 162.

7) Vgl. hierzu das Kapitel »Schulen des ökonomischen Denkens«.

Gesetze der Volkswirtschaftslehre

Im Streit der → Historischen Schule mit der → Österreichischen Schule ging es darum, ob es endgültige volkswirtschaftliche Gesetze gebe. Dies ist nach wie vor strittig. Aber es gibt zumindest Sachverhalte, die als Gesetze bezeichnet werden.

Brechtsches Gesetz

Das »Gesetz der progressiven Parallelität von Ausgaben und Bevölkerungsmassierung« besagt, dass mit zunehmender räumlicher Bevölkerungskonzentration die öffentlichen Ausgaben pro Kopf der Bevölkerung zunehmen. Vgl. Brecht, A. (1884–1977): *Internationaler Vergleich der öffentlichen Ausgaben*, Leipzig-Berlin 1932, S. 8.

Gossensche Gesetze

Das *Erste Gosschensche Gesetz* besagt, dass der Grenznutzen eines Gutes mit zunehmender konsumierter Menge abnimmt, aber nicht negativ werden kann. Das *Zweite Gossensche Gesetz* besagt, dass wenn jemand sein gesamtes Einkommen nutzenmaximal einsetzen will, dann muss er sein Einkommen so auf die verschiedenen Güter verteilen, dass der Grenznutzen des letzten ausgegebenen Euros in allen Verwendungsrichtungen gleich ist. Vgl. → Gossen, H. H. (1810–1858): *Die Entwicklung der Gesetze des menschlichen Verkehrs und der daraus fließenden Regeln für menschliches Handeln*, Braunschweig 1854, Nachdruck: Liberac N.V. Publishers, Amsterdam 1967, S. 11 ff.

Greshamsches Gesetz

Das Gesetz erklärt, dass in der Geldzirkulation das schlechte Geld (beispielsweise Münzen mit geringerem Gold- oder Silbergehalt) gutes Geld aus dem Markt drängt, sofern Annahmezwang besteht. Das schlechte Geld wird dann zu Zahlungszwecken verwendet, während das gute Geld gehortet wird. Gresham, Th. (1519(?)–1579): *Memorandum on the Understanding of Exchange*, 1559. (Es ist jedoch nicht sicher, ob dieses Gesetz tatsächlich von Gresham stammt, vermutlich wurde es bereits 1526 von Nikolaus Kopernikus formuliert.)

Okuns Gesetz

Das Okunsche Gesetz beschreibt den Zusammenhang zwischen der Arbeitslosenrate und der relativen Auslastung des Produktionspotenzials. Frühe Studien besagen, wenn die Auslastung des Produktionspotenzials um 3 Prozent ansteigt, dann fällt die Arbeitslosenquote um einen Prozentpunkt. Vgl. Okun, A. M. (1929–1979): »Upward Mobility in a High-Pressure Economy«, in: *Brookings Papers on Economic Activity*, 1973:2 (Washington, D. C.: The Brookings Institution, 1973).

Popitzsches Gesetz

Das Gesetz von der Anziehungskraft des zentralen Haushalts. Das Popitzsche Gesetz unterstellt, dass in einem föderativen System die Aufgabenhoheit und das Finanzvolumen der zentralen Instanz in Relation zu den anderen Gebietskörperschaften zunehmen. Vgl. Popitz, J. (1884–1945): »Der Finanzausgleich«, in: Wilhelm Gerloff und Franz Meisel (Hrsg.): *Handbuch der Finanzwissenschaft*, Bd. 2, Tübingen 1927, S. 348 f.

Wagnersches Gesetz

Das Gesetz der wachsenden Staatstätigkeit. Das von Adolph Wager stammende Gesetz von 1863 besagt, dass in einem modernen Rechts- und Wohlfahrtsstaat die Aufgaben des Staates nach Art und Umfang zunehmen, wodurch der Staatsanteil steigt. Vgl. Wagner, A. (1835–1917): *Die Ordnung des österreichischen Staatshaushaltes mit besonderer Rücksicht auf den Ausgabe-Etat und die Staatsschuld*, Wien 1863, S. 4 f.

Eine kurzfristige Lösung

oder: das Leben ist zu kurz um lange rum zu machen!

Wer antwortete jenen, die im entgegenhielten, dass seine Theorie langfristig keine Gültigkeit besäße: »langfristig sind wir alle tot«? Übrigens er starb mit 62 Jahren an einem Herzinfarkt und seine letzten Worte sollen angeblich gewesen sein: »Ich hätte mehr Champagner trinken sollen!«

(1883–1946)

John Maynard Keynes wurde 1883 in Cambridge, England, in gutbürgerlichen Verhältnissen geboren. Sein Vater war Professor für Moral Sciences am Pembroke College in Cambridge. Seine Mutter wurde in Cambridge die erste Bürgermeisterin in England. Nach dem Besuch der Privatschule in Eton studierte Keynes Philosophie, Geschichte und Mathematik am King's College in Cambridge. 1905 schloss Keynes mit 22 Jahren das Studium der Philosophie und Mathematik ab. Er begann das Studium der politischen Ökonomie unter anderem bei → Alfred Marshall und Arthur Cecil Pigou. Ein Jahr später trat Keynes ins Indian Office ein, nachdem er als zweitbester seines Jahrgangs eine bessere Stelle im britischen Finanzministerium nicht erhielt. Keynes sagte dazu: »Wahrscheinlich wusste ich über Ökonomie mehr als meine Prüfer.« Zeit seines Lebens mangelte es Keynes nicht an Selbstbewusstsein, das gelegentlich auch in Arroganz umschlug. Nicht zuletzt aufgrund seiner unklaren sexuellen Orientierung entwickelte er eine kritische Distanz gegenüber vielen Konventionen, die auch seine wissenschaftlichen Arbeiten prägte. Ab 1908 lehrte er als Privatdozent Ökonomie an der Universität in Cambridge und wurde Fellow des King's College in Cambridge. Sein Wunsch, dort auch einen Lehrstuhl zu erhalten, wurde Keynes jedoch zeitlebens nicht erfüllt.

In dieser Zeit schloss sich Keynes der Bloomsbury-Group – einer Künstler- und Literatengruppe, der Virgina Woolf, Bertrand Russel, Lytton Strachey, Duncan Grant, Rodger Fry und andere Größen des britischen Kulturlebens angehörten – an. Während des Ersten Weltkrieges wurde Keynes ins Finanzministerium versetzt. Er verweigerte den Militärdienst, obwohl er wusste, dass er nicht eingezogen wird. 1919 nahm er als Chefunterhändler des britischen Finanzministeriums an den Friedensverhandlungen in Versailles teil. Enttäuscht über den ökonomischen Unsinn der Deutschland auferlegten Reparationszahlungen verlässt Keynes die Verhandlungen und schreibt in nur drei Monaten sein zweites Buch *Economic Consequences of the Peace*. Er argumentiert äußerst überzeugend gegen die Deutschland auferlegten Reparationsforderungen, die er für England ökonomisch und politisch als schädlich erachtet. Damit setzt er nicht nur seine wissenschaftliche Karriere aufs Spiel, sondern auch seine gesicherte Existenz als Spitzendiplomat der britischen Währungs- und Finanzpolitik, die ihn bis zum

Finanzminister oder Zentralbankgouverneur hätte bringen können. Ungeachtet dessen, macht ihn dieses Buch schlagartig weltberühmt. In den zwanziger Jahren wurde Keynes Präsident einer Lebensversicherung und Chefmanager einer Investmentgesellschaft, die er teilweise sehr erfolgreich leitete. Privat spekulierte er sich an der Londoner Börse ein Vermögen zusammen. 1925 heiratete Keynes die russische Primaballerina Lydia Lopokova und veröffentlichte sein sechstes Buch: *The Economic Consequences of Mr. Churchill.* Er warnte vor einer Rückkehr Englands zum Goldstandard mit einem überbewerteten Pfund Sterling, das Churchill aus Prestigegründen aber durchsetzte. Keynes gelang damit die erste Analyse importierter Depression. 1929 kam es im *Economic Journal* – dessen Herausgeber Keynes war – zwischen ihm und Bertil Ohlin zu einer der berühmtesten Debatten der ökonomischen Geschichte – der Transferdebatte – über Pro und Contra der deutschen Kriegsreparationen. Hier wurden wesentliche Elemente der »General Theory« wie beispielsweise der Einkommenskreislauf vorweggenommen. 1936 veröffentlichte Keynes seine Analyse der Weltwirtschaftskrise in seinem achten und berühmtesten Buch *The General Theory of Employment, Interest and Money.* Er weist nach, dass eine Marktwirtschaft – im Gegensatz zur herrschenden ökonomischen Lehre – durchaus in ein Gleichgewicht mit Massenarbeitslosigkeit abgleiten kann. Die Marktkräfte führen nicht von selbst – wie von den Klassikern behauptet – zu einem Gleichgewicht bei Vollbeschäftigung zurück. Der Markt benötigt die Unterstützung des Staates. Dabei war Keynes weit davon entfernt, dem Kommunismus das Wort zu reden. Vielmehr versuchte er die Funktionsfähigkeit der Marktwirtschaft durch eine intelligente Wirtschaftspolitik zu gewährleisten. Kurz nach Beendigung der General Theory erlitt Keynes einen ersten Herzinfarkt, von dem er sich nicht mehr vollständig erholte. Dennoch veröffentlichte Keynes 1940 sein neuntes Buch mit dem Titel *How to Pay for the War,* in dem er sich mit der Finanzierung der britischen Kriegskosten und mit dem »Lend and Lease Abkommen« mit den USA beschäftigt. 1943 schlug Keynes im Rahmen seines zehnten und letzten Buches *Proposals for an International Clearing Union* die Kontrolle des Geldes in einer Nachkriegsordnung durch Schaffung eines Weltgeldes dem »Bancor«, der Gründung einer Weltzentralbank und eines Weltwährungsfonds im Rahmen des Bretton Woods Systems, dessen Architekt er war, vor. In New Hampshire kommt es 1944 auf der Grundlage seiner Vorschläge zur Gründung der Weltbank und des Internationalen Währungsfonds. Ein Weltgeld wurde hingegen nicht als offizielles Zahlungsmittel eingeführt. Lord Keynes – der 1942 in den Adelsstand (Baron Keynes of Tilton) erhoben wurde – stirbt am 21. April 1946 im Alter von 62 Jahren an den Folgen eines zweiten Herzinfarkts. Unser Eingangscomic weist auf den frühen Tod von Keynes hin und auf den Satz, mit dem Keynes seinen Kritikern antwortete, die anmerkten, dass seine Theorie langfristig keine Gültigkeit besäße: »Langfristig sind wir alle tot.«

Ein großes Verdienst von Keynes besteht darin, die ökonomische Methodik um die gesamtwirtschaftliche Analyse erweitert zu haben. Er begründete damit die makroökonomische Analyse. Im Gegensatz zu den Anhängern der Klassischen Lehre stellte Keynes nicht das Verhalten einzelner Haushalte und Unternehmen auf einzelnen Märkten in den Mittelpunkt seiner Analyse, sondern untersuchte volkswirtschaftliche Fragestellungen anhand aggregierter Größen, wie zum Beispiel des gesamtwirtschaftlichen Produktionsniveaus, der aggregierten Konsumnachfrage oder der aggregierten Ersparnis sowie der gesamtwirtschaftlichen Beschäftigung. Seine Analyse führte ihn zu Schlussfolgerungen, die im direkten Gegensatz zur herrschenden Lehre standen. Sinkende Löhne führen bei Massenarbeitslosigkeit nicht zu einem Ausgleich von Angebot und Nachfrage auf dem Arbeitsmarkt und damit zu Vollbeschäftigung; sondern – im Gegenteil – zum Rückgang der Arbeitseinkommen, zu einer sinkenden Konsumnachfrage und zu weiteren Entlassungen. Für Keynes ist nicht der Preismechanismus auf den Märkten, sondern die effektive gesamtwirtschaftliche Güternachfrage die entscheidende Größe bei der Bestimmung des Produktionsniveaus und damit der Beschäftigung. Im Rahmen der effektiven Nachfrage identifizierte Keynes vor allem die instabile Investitionstätigkeit der Unternehmen als entscheidende Ursache konjunktureller Schwankungen. Sollte die Investitionstätigkeit des privaten Sektors beispielsweise aufgrund pessimistischer Erwartungen einbrechen, kann der Staat diese durch vermehrte öffentliche Investitionstätigkeit – wenn nötig auch kreditfinanziert – ausgleichen. Der Staat löst durch seine Ausgabentätigkeit einen Multiplikatoreffekt aus, der eine Hebelwirkung auf Produktionsniveau und Beschäftigung ausübt. Darüber hinaus zeigte Keynes wie Massenarbeitslosigkeit durch willkürliche Erwartungsbildung auf den Geld- und Kapitalmärkten verursacht werden kann. Liquidität (Geld) ist keinesfalls nur ein Schleier über den realen Vorgängen in einer Volkswirtschaft, wie von den Klassikern unterstellt, sondern hat maßgeblichen Einfluss auf das Produktions- und Beschäftigungsniveau. Ein zentrales Anliegen von Keynes bestand darin zu zeigen, wie willkürliche Erwartungsbildung auf Geldmärkten – »Animal Spirits« – zu einem Rückgang der Industriegüterproduktion und Massenentlassungen führen kann und somit eine theoretische Erklärung der Weltwirtschaftskrise zu liefern. Berühmt wurden zwei Extremfälle Keynesianischer Analyse: Die Liquiditäts- und die Investitionsfalle. In der Liquiditätsfalle ist die Liquidität der Volkswirtschaft bereits so hoch und der Zinssatz so niedrig, dass eine weitere Steigerung der Geldmenge sofort absorbiert wird und somit keinen Einfluss auf den Zinssatz nehmen kann. In der Folge bleibt die gesamtwirtschaftliche Investitionstätigkeit von Geldmengen- und Preisänderungen unberührt und damit auch das Produktions- und Beschäftigungsniveau. In der Investitionsfalle reagiert das gesamtwirtschaftliche Investitionsvolumen aufgrund pessimistischer Erwartungen der Unternehmer nicht auf Zinssatzänderungen. In beiden Fällen kann sich ein gesamtwirtschaftliches Produktions- und Beschäftigungsniveau einstellen, das geringer ist als das von den Unternehmen zu den herrschenden Marktpreisen geplante Güterangebot. Preisflexibilität hilft an dieser Stelle nicht weiter. Produktions- und Beschäftigungsniveau werden nicht durch den Ausgleich von geplantem Angebot und Nachfrage, sondern durch den Ausgleich geplanter gesamtwirtschaftlicher Ausgaben und des realisierten gesamtwirtschaftlichen Einkommens bestimmt. Ist die effektive Güternachfrage geringer als das gesamtwirtschaftliche Angebot, kommt es nicht zu sinkenden Preisen und Löhnen, sondern zu einer Einschränkung der Güterproduktion durch die Unternehmen und damit zu Entlassungen. Die Folge sind nicht Preis- und Lohnanpassungen, sondern Massenarbeitslosigkeit. Der Ausweg aus der Krise besteht damit nicht in Sparmaßnahmen und Lohnzurückhaltung, sondern in vermehrter staatlicher Ausgabentätigkeit, insbesondere im Bereich öffentlicher Investitionen. Keynes redet jedoch nicht einer unbegrenzten Staatsverschuldung das Wort, sondern fordert die in der Rezession gemachten Schulden durch Steuererhöhungen in der anschließenden Boomphase wieder auszugleichen. Dieser Gedanke wurde unter dem Stichwort »antizyklische Konjunkturpolitik« bekannt. Keynes selbst hält eine Staatsquote von 25 Prozent für die äußerste Obergrenze staatlicher Intervention.

Leider argumentierte Keynes in der General Theory fast ausschließlich verbal und ließ so Spielraum für Interpretation. Die wohl berühmteste Interpretation lieferte → Sir John Hicks in dem 1937 im *Economic Journal* erschienen Artikel »Mr. Keynes and the Classics«. Hier fasst Hicks die seiner Ansicht nach zentralen neuen Gedanken der General Theory in einem analytischen Modell[1)] zusammen. Dieses Modell gehört auch heute noch zum Handwerkszeug der Makroökonomen. Der Nobelpreisträger → Paul Samuelson lieferte mit dem Modell der → Neoklassischen Synthese eine Integration Klassischer und Keynesianischer Analyse, die noch heute zum Grundwissen jedes Makroökonomen gehört. In den folgenden drei Jahr-

1) IS-LM Modell.

Eine kurzfristige Lösung

zehnten entstand eine riesige Literatur, in der die Gedanken von Keynes interpretiert und weiterentwickelt wurden. Zu den bedeutensten Keynesianern zählen die Nobelpreisträger James Tobin[2] und → Franco Modigliani, die wesentliche Beiträge unter anderem auf dem Gebiet der Portfolio- und Kapitalmarkttheorie lieferten. In den sechziger und siebziger Jahren wurde im Rahmen der »Temporären allgemeinen Gleichgewichtsmodelle mit Mengenrationierung« versucht, die Keynesianische Totalanalyse auf eine verhaltenslogische Basis zu stellen. Wichtige Beträge lieferten hierzu Robert Clower[3], Robert Barro, Herschel Grossman[4], Edmond Malinvaud[5] und Jean-Pascal Benassy[6]. Allerdings gelang es nicht auf überzeugende Art und Weise, den Widerspruch zwischen nicht markträumenden Preisen und effizientem Verhalten der Akteure aufzulösen. Eine hervorragende Analyse der ökonomischen Argumentation von Keynes selbst und derer, die seine Ideen weiterverfolgten, findet sich in *On Keynesian Economics and the Economics of Keynes*« von Axel Leijonhufvud[7]. Die siebziger Jahre brachten mit dem gleichzeitig auftretenden Anstieg von Inflation und Arbeitslosigkeit das Ende der Dominanz Keynesianischer Analyse. Intellektuell wurde der Paradigmenwechsel unter anderem von → Milton Friedman eingeleitet und von → Robert Lucas[8] weitergeführt. Beide erhielten den Nobelpreis für Wirtschaftswissenschaften. Heute wird die Tradition Keynesiani-

2) Tobin, J.: »A Survey of the Theory of Rationing«, in: *Econometrica*, Vol.20, 1952, S. 521–553.

3) Clower, R. W.: »The Keynesian Counter-Revolution: A Theoretical Appraisal«, in: *The Theory of Interest Rates*, edited by F.H. Hahn and F.P.R. Brechling, Mcmillan, 1965, S. 103–125. Bzw. »Die Keynesianische Gegenrevolution: Eine theoretische Kritik«, in: *Schweizerische Zeitschrift für Volkswirtschaft und Statistik*, Bd.99, 1963.

4) Barro, R. J.; Grossman H. I.: *Money, Employment and Inflation*, Cambridge University Press, Cambridge 1976.

5) Malinvaud, E.: *The Theory of Unemployment Reconsidered*, Basil Blackwell, Oxford 1977; Malinvaud, E.: *Profitability and Unemployment*, Cambridge University Press, Cambridge, London, New York 1980; Malinvaud, E.: *Mass Unemployment*, The Royer Lectures, Basil Blackwell, Oxford 1984.

6) Benassy, J.-P.: *The Economics of Market Disequilibrium*, New York: Academic Press, 1982; Benassy, J.-P.: *Macroeconomics: An Introduction to the Non-Walrasian Approach*, Academic Press, New York, London 1986; Benassy, J.-P.: »Non-Walrasian Equilibrium, Money and Macroeconomics«, in: *Handbook of Monetary Economics*, Volume I, edited by Benjamin M. Friedman and Frank Hahn, Chapter 4, 1990, S. 103–169; Benassy, J.-P.: »Nonclearing Markets: Microeconomic Concepts and Macroeconomic Policy«, in: *Journal of Economic Literature* 1993, Vol.31, S. 732–761.

7) Leijonhufvud, A.: *On Keynesian Economics and the Economics of Keynes*, Oxford University Press, New York 1968.

8) Lucas, R. E.; Sargent, Th. J.: »After Keynesian Macroeconomics«, in: *Rational Expectations and Econometric Practice*, edited by R.E. Lucas and T.J. Sargent, George Allen and Unwin, London 1981, Chapter 16.

scher Analyse von Ökonomen wie → Joseph Siglitz[9] und → George Akerlof[10], die sich mit der Analyse von Marktversagen zum Beispiel aufgrund asymmetrischer Information oder unvollkommener Konkurrenz auf einzelnen Märkten beschäftigen, fortgeführt. In Deutschland gilt der Wirtschaftsweise Peter Bofinger als einer der letzten Keynesianer.

Der zentrale methodische Unterschied zwischen Klassischer und Keynesianischer Analyse besteht letztlich darin, dass in der Klassischen Theorie Produktionsniveau und Beschäftigung durch Preissignale determiniert sind, während in der Keynesianischen Analyse Produktionsniveau und Beschäftigung nicht allein durch Preissignale, sondern auch durch Mengensignale bestimmt werden.

Keynes Gedanken des wirtschaftlichen Eingriffs schlugen sich in den Gesetzen vieler Länder nieder, so zum Beispiel im Vollbeschäftigungsgesetz der USA von 1946, dem Beveridge-Report von 1943 und dem Weißbuch der britischen Regierung zur Beschäftigungspolitik in der Nachkriegsphase von 1944, dem australischen White Paper on Full Employment von 1945, der französischen Verfassung von 1946 und dem deutschen Stabilitäts- und Wachstumsgesetz von 1967. John Maynard Keynes war nicht nur aufgrund seiner überragenden intellektuellen Fähigkeiten einer der bedeutendsten Ökonomen des vergangenen Jahrhunderts, sondern auch aufgrund seines charismatischen Auftretens, seiner überragenden rhetorischen Fähigkeiten und seiner stets politisch hoch aktuellen Analysen. Leider fehlt der Ökonomie derzeit – auch international – eine Persönlichkeit mit vergleichbaren Qualitäten.

Wichtige Werke und Literaturtipps

Keynes, J. M.: *The General Theory of Employment, Interest and Money*, Macmillan and Co., St. Martin's Street, London 1936.

Keynes, J. M.: *The Collected Writings: John Maynard Keynes*, hrsg. von Donald Moggridge, Routledge, London 1989.

Moggridge, D. E.: *Maynard Keynes – an Economists Biography*, Routledge, London 1995.

9) Stiglitz, J. E.: »Theories of Wage Rigidity«, in: James L. Butkiewicz; Kenneth J. Koford; Jeffrey B. Miller (Editors), *Keynes' Economic Legacy*, S. 153–206 and Comments, S. 206–221, New York, Praeger Scientific 1986.

10) Akerlof, G. A.; Yellen, J. L.: *Efficiency Wage Models of the Labor Market*, Cambridge: Cambridge University Press 1986.

Der dynamische Unternehmer

Dynamische Unternehmer sind auch alle diejenigen, die Neuerungen in andere Gegenden und/oder in neue Branchen übertragen.

Im Schumpeterschen Sinne kann es in jeder Branche dynamische (Pionier-)Unternehmer geben!

Aber wer war eigentlich Joseph Alois Schumpeter?

(1883–1950)

Joseph Alois Schumpeter wurde 1883 in Triesch (Mähren) als Sohn eines Tuchfabrikanten geboren. Von 1901 bis 1906 studierte er an der Universität Wien Rechts- und Wirtschaftswissenschaften. Nach seinem Studium, zwischen 1907 und 1908, praktizierte er als Anwalt am Internationalen Gerichtshof in Kairo. Dann (1909) wurde Schumpeter auf eine Professur für Politische Ökonomie an die Universität Czernowitz berufen. Er wechselte jedoch schon bald (1911) an die Universität Graz und lehrte dort mit einigen Unterbrechungen bis 1921. 1919 wurde Schumpeter Finanzminister Österreichs. Von diesem Amt musste er jedoch bereits nach neun Monaten wieder zurücktreten, da er willentlich oder nicht, ein Verstaatlichungsprojekt hintertrieben hatte. 1921 machte er zum zweiten Mal einen wenig erfolgreichen Ausflug in die Praxis. Schumpeter übernahm das Amt des Präsidenten der Biedermann-Bank. Denn »nach seinem Misserfolg in der Politik wollte er Geld machen; einerseits, weil – so wie Bücher und Artikel der Maßstab akademischer Erfolge sind – Reichtum das Signum geschäftlichen Erfolges darstellt, andererseits, weil er tatsächlich auch dringend Geld für seinen seit Ministerzeiten geübten luxuriösen Lebensstil in Wien benötigte. Alle Investitions- und Spekulationserfolge zerrannen aber in der ökonomischen Krise von 1924 zu nichts ...«[1] Schumpeter musste die Bank mit einem Berg von Schulden verlassen. 1925 folgte er einem Ruf an die Universität Bonn. 1932 wechselte er nach Harvard, USA, wo er bis zu seinem Tode lehrte. Schumpeter starb in der Nacht vom 7. auf den 8. Januar 1950 an den Folgen eines Hirnschlags. Sein selbstgestecktes Ziel war von Anfang an klar und zeugte nicht gerade von Bescheidenheit. Er wollte »der größte Liebhaber Wiens, der beste Reiter in Europa und der bedeutendste Ökonom der Welt« werden.[2] Seinem eigenen Bekunden nach, habe er nur eines dieser Ziele nicht erreicht, welches, ließ er stets offen.

Bekannt ist Josef Schumpeter dem heutigen Studenten vor allem durch seinen »dynamischen Unternehmer«. Schumpeter sieht die Funktion des Unternehmers darin, *»die Produktionsstruktur zu reformieren oder zu revolutionieren entweder durch die Ausnützung einer Erfindung oder, allgemeiner, einer noch unerprobten technischen Möglichkeit zur Produktion einer neuen*

1) Vgl. die Einführung von Eberhard K. Seifert in: *Schumpeter, J. A.*, 2005, S. 9.

2) Vgl. die Einführung von Eberhard K. Seifert in: *Schumpeter, J. A.*, 2005, S. 6.

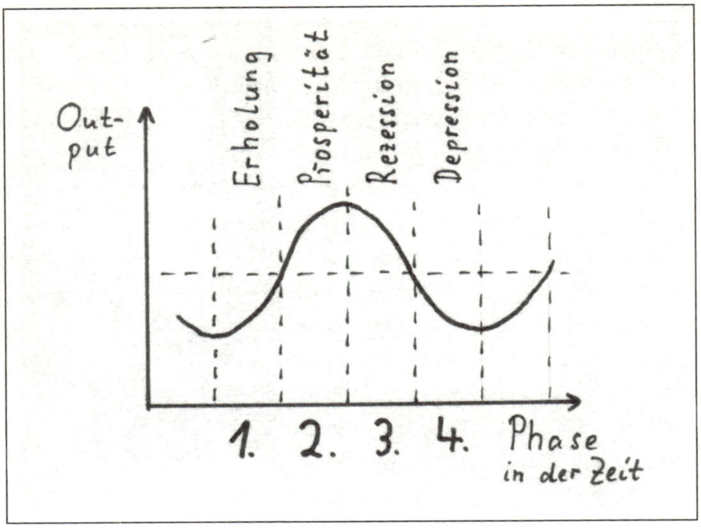

Abbildung S1

Ware bzw. zur Produktion einer alten auf eine neue Weise, oder durch die Erschließung einer neuen Rohstoffquelle oder eines neuen Absatzgebietes oder durch die Reorganisation einer Industrie usw.«[3] Aber nicht nur die Einführung der Neuerung selbst, sondern auch »die Verpflanzung einer originären Neuerung im Schumpeterschen Sinne in eine andere Gegend oder in eine andere Industrie ... erfordert in vielen, wenn auch nicht in allen Fällen ebenso große Fähigkeiten wie die Primärleistung.«[4] Und wenn man dieser Interpretation von Fritz Redlich folgt und sie vielleicht noch etwas weiter interpretiert, dann sind wir bei der Aussage unseres Cartoons. Denn nach der weitesten Interpretation ist auch ein Bettler ein »dynamischer Unternehmer« im Schumpeterschen Sinne, wenn er sich ein neues Wirkungsfeld erschließt und zudem modernste Zahlungssysteme in diesem Feld erprobt. Das scharenweise Auftreten des dynamischen Unternehmers (wohl aber eher der Unternehmer im engeren Sinne), löst nach Schumpeter den konjunkturellen Aufschwung aus. In der Ökonomie findet man viele Ansätze, den konjunkturellen Verlauf in Phasen einzuteilen[5], am bekanntesten ist jedoch das Phasenschema von Josef Schumpeter. (vgl.

3) *Schumpeter, J. A.*, 2005, S. 214.
4) Redlich, F.: »Entrepreneurship in the Initial Stage of Industrialization«, in: *Weltwirtschaftliches Archiv*, Bd. 75, 1955, S. 62.
5) z. B.: Haberler, G.: *Prosperität und Depression*, 2. Aufl. Tübingen-Zürich 1955; Spiethoff, A.: *Die wirtschaftlichen Wechsellagen*, 2 Bd. Tübingen, Zürich 1955, Tichy, G.: *Konjunkturschwankungen*, Berlin-Heidelberg-New York 1976.

Abbildung S1). Er unterteilte den konjunkturellen Verlauf in vier Phasen: Die *erste Phase (Erholung)* beginnt in der Krise. Die Wirtschaft beginnt sich zu erholen. Ausgangspunkt ist das scharenweise Auftreten von (Pionier-)Unternehmern, die neue Produkte, neue Produktionstechniken oder neue Märkte finden. Hierdurch ausgelöst steigen Produktion und Nachfrage an, bis eine »normale« Auslastung der Produktionskapazitäten erreicht ist. Die *zweite Phase (Prosperität)* beginnt bei durchschnittlicher Auslastung der Produktionskapazitäten. Die ursprünglich hohen Unternehmergewinne beginnen jedoch schon bald zu erodieren. Nachahmer treten in Konkurrenz zu den Pionierunternehmen und zudem erhöhen sich die Kosten, da es mit Überschreiten der Normalauslastung zunehmend zu Kapazitätsanspannungen beziehungsweise Überbeanspruchungen kommt. Die wachsende Nachfrage nach personellen und materiellen Ressourcen wird von einem Preissteigerungsprozess begleitet. Das Produktionswachstum verlangsamt sich, bis es im Maximum zum erliegen kommt. Die *dritte Phase (Rezession)* beginnt im Maximum. Die Nachfrage und die Produktion nehmen ab. Die Phase der Rezession beginnt mit einer konjunkturellen Entspannung, beschleunigt sich dann jedoch, bis der Grad der Normalauslastung wieder erreicht ist. Die *vierte Phase (Depression)*, die nicht notwendigerweise auftreten muss, beginnt mit dem Unterschreiten der Normalauslastung. Es geht in die Depression. Sie ist durch eine Unterauslastung des Produktionspotenzials gekennzeichnet, Kapital- und Arbeitskapazitäten liegen brach. Die Abwärtsbewegung setzt sich solange fort, bis schließlich in der Krise der untere Extrempunkt erreicht ist. Heute verwendet man eine etwas andere Unterteilung, man unterteilt in Erholung, Boom oder Hochkonjunktur, konjunkturelle Abschwächung und in die Rezession. Dieser terminologische Wandel hängt damit zusammen, dass sich die Wirtschaft nach dem Zweiten Weltkrieg primär auf einem Wachstumspfad befindet und somit keine echten Depressionen im Schumpeterschen Sinne mehr vorkommen.

Sah Schumpeter zunächst in seiner Theorie den kleinen, selbstständigen, hoch motivierten Unternehmer als Erfolgsgarant für das kapitalistische Wirtschaftssystem, so sah er später die großen Konzerne als Quell des technischen Fortschritts, die dann von einem sozialistischen System abgelöst werden. Der Kapitalismus werde untergehen, und zwar nicht aufgrund seines Versagens (wie es Marx sah), sondern aufgrund seines Erfolges. Schumpeter selbst schrieb:

»Kann der Sozialismus funktionieren? Selbstverständlich kann er es. Kein Zweifel ist darüber möglich, wenn wir einmal annehmen, dass erstens die erforderliche

Stufe der industriellen Entwicklung erreicht ist und dass zweitens Übergangsprobleme erfolgreich gelöst werden können. Es kann einem natürlich bei diesen Voraussetzungen sehr unbehaglich zumute sein und ebenso bei der Frage, ob die sozialistische Form der Gesellschaft voraussichtlich demokratisch sein und, – demokratisch oder nicht – wie gut sie aller Wahrscheinlichkeit nach funktionieren wird. All das wird später noch erörtert werden. Aber wenn wir jene Voraussetzungen annehmen und diese Zweifel beiseite lassen, dann ist die Antwort auf die verbleibende Frage ein klares Ja.«[6)]

Aber noch ist der Kapitalismus nicht verloren, und es muss mit konjunkturellen Wellen gerechnet werden.

Wichtige Werke und Literaturtipps

Schumpeter, J. A.: *Business Cycles. A Theoretical Historical, and Statistical Analysis of the Capitalist Process*, New York, London 1939, Deutsche Ausgabe: *Konjunkturzyklen*, 2 Bände, Vandenhoeck & Ruprecht, Göttingen 1961.

Schumpeter, J. A.: *Capitalism, Socialism and Democracy*, Harper & Brothers, New York 1942. Deutsche Ausgabe mit einer Einführung von Eberhard K. Seifert: *Kapitalismus, Sozialismus und Demokratie*, Franke Verlag, 8. Auflage, München 2005.

Geißler, C.: »Lob der Konzerne«, in: *Zeit-Bibliothek der Ökonomie. Die Hauptwerke der wichtigsten Ökonomen*, hrsg. von Wilfried Herz, Schäffer-Poeschel Verlag, Stuttgart 2000, S. 91–95.

Koesters, P.-H.: *Ökonomen verändern die Welt. Wirtschaftstheorien, die unser Leben bestimmen*, Goldmann Verlag, 4. Auflage, Hamburg 1982, S. 199–218.

März, E.: »Joseph Alois Schumpeter (1883–1950)«, in: *Klassiker des ökonomischen Denkens II*, hrsg. von Starbatty, J., C. H. Beck Verlag, München 1989, S. 251–272.

Piper, N.: »Der Unternehmer als Pionier«, in: *Die Großen Ökonomen*, hrsg. von Nikolaus Piper, Schäffer-Poeschel Verlag, Stuttgart 1996, S. 97–103.

Strathern, P.: *Schumpeters Reithosen. Die genialsten Wirtschaftstheorien und ihre verrückten Erfinder*, Campus Verlag, Frankfurt, New York 2001, S. 257 ff.

6) Vgl. *Schumpeter, J. A.*, 2005, S. 267.

Wellentheorie

oder: Die großen Wellen kommen alle 45 bis 60 Jahre.

Welcher russische Ökonom wies nach, dass es neben zwei kurzwelligen Konjunkturzyklen noch einen langwelligen Zyklus gibt, der sich über 45 bis 60 Jahre erstreckt?

Nikolai Dmitrijewitsch Kondratjew wurde 1892 in dem Dorf Galuyewskaja in der zentralrussischen Provinz Kostroma geboren. 1910 begann er ein Jurastudium an der Universität in St. Petersburg. Seine Diplomarbeit über die wirtschaftliche Entwicklung des Distrikts Kineschma in der Provinz Kostroma und seine analytische Begabung ermöglichten ihm ein Direktorat für Statistik und Wirtschaft in St. Petersburg. Nach der russischen Revolution ging Kondratjew 1918 nach Moskau, wo er 1920 zum Direktor des neu gegründeten Konjunkturinstitutes ernannt wurde.

Gleichzeitig lehrte er an der Moskauer Universität. Im Zentrum seiner Forschungen standen das Agrarproblem im neuen Russland und die langen Wellen der Konjunktur. 1922 veröffentlichte er hierzu zwei zentrale Arbeiten: *Der Getreidemarkt und seine Regulierung während des Krieges und der Revolution* und *Weltwirtschaft und Konjunktur während und nach dem Kriege*. Mit dem Ende des Bürgerkrieges und der Einführung der »Neuen ökonomischen Politik (NEP)« durch Lenin hoffte Kondratjew auf einen marktwirtschaftlichen Weg. Im Rahmen der Planwirtschaft trat Kondratjew für eine so genannte »genetische Planung« ein, sie sollte – ausgehend vom landwirtschaftlichen Bereich – den Kräften des Marktes Freiraum lassen. Später – unter Stalin – wurden Kondratjews Bemühungen um die Landwirtschaft als »ein Versuch der Restauration des Kapitalismus« angesehen. 1928 wurde er als Direktor des Konjunkturinstitutes entlassen und dieses geschlossen. 1930 wurde Kondratjew verhaftet und nach achtjähriger Haft 1938 vor ein Militärtribunal geführt, zum Tode verurteilt und erschossen.

Das Auf und Ab der Wirtschaft konnte von der klassischen Ökonomie nie so richtig erklärt werden. Später entdeckte Clément Juglar unter anderem die Existenz eines Konjunkturzyklusses von sieben bis elf Jahren. Zu Beginn der zwanziger Jahre entdeckten amerikanische Ökonomen noch einen weiteren kleinen Konjunkturzyklus von vierzig Monaten, der nach Joseph Kitchin benannt wurde. Kondratjew glaubte jedoch, dass es neben diesen beiden Konjunkturzyklen noch einen langen Zyklus geben müsse, der sich über 45 Jahre bis hin zu 60 Jahren erstreckt. Der Nachweis eines solch lang anhalten Konjunkturzyklus gelang ihm in seinem Aufsatz Lange ökonomische Zyklen, der in der Zeitschrift *Woprosij Konjunkturij* erschien. Auslöser einer so genannten *Kondratjew-Welle* ist stets eine umwälzende Veränderung der Produktions- und/oder Wirtschaftsstrukturen. Schumpeter glaubte bis zum Zweiten Weltkrieg drei solcher Kondratjew-Wellen feststellen zu können. So leitete beispielsweise die Industrielle Revolution mit ihrem Übergang von der handwerklichen zur industriellen Produktion den *ersten Kondratjew* (1787–1842) ein. Der *zweite Kondratjew* (1842–1897) wurde vom aufkommenden Eisenbahnbau, der Dampfmaschine und der

Stahlindustrie ausgelöst. Der *dritte Kondratjew* (1897–1945) wurde durch die Schwermaschinenindustrie, dem Automobilbau sowie der Elektrifizierung der Fabriken und der chemischen Synthese hervorgerufen. Analog zu Kondratjews Theorie wurde der *vierte Kondratjew* (1945–1985?) durch die zunehmende Automatisierung und der Entwicklung des Automobils zum Massenverkehrsmittel nach dem Zweiten Weltkrieg ausgelöst. Der *fünfte Kondratjew,* so wird gelegentlich postuliert, soll mit dem Übergang zur Informationstechnologie und -wirtschaft ausgelöst worden sein.

Wichtige Werke und Literaturtipps

Kondratjew, N. D.: »Die langen Wellen der Konjunktur«, in: *Archiv für Sozialwissenschaft und Sozialpolitik,* Tübingen, Band 56, 1926.

Glasstätter, W.: *Konjunkturpolitik, Ziele, Instrumente, alternative Strategien,* Bund Verlag, Köln 1987, Hier die Seiten 37–39.

Maier, H.: »Wellen des Fortschritts«, in: *Die großen Ökonomen,* hrsg. von Piper N., Schäffer-Poeschel Verlag, Stuttgart 1996, S. 237–243.

Konjunkturelle Wellen

Ein Konjunkturzyklus ist definiert als ein konjunktureller Entwicklungsprozess, der am tiefsten Punkt, in der Krise, beginnt und wieder am tiefsten Punkt der nächsten Krise endet. Alternativ könnte man ihn auch von Höhepunkt zu Höhepunkt messen. Nach der Länge der konjunkturellen Wellen werden die folgenden wirtschaftlichen Zyklen unterschieden.

Kitchin-Zyklus

Wirtschaftliche Schwankungen mit einer Länge von drei bis fünf Jahren, hervorgerufen durch stochastische Faktoren. Die Existenz dieses Zyklus war früher stark umstritten. Nach dem Zweiten Weltkrieg scheint er jedoch dem typischen Konjunkturverlauf zu entsprechen. Zwischen 1950 bis 1975 konnte Lampert (1979) sechs dieser Zyklen nachweisen. Vgl. Kitchin, J. (1861–1932): »Cycles and Trends in Economic Factors«, in: *The Review of Economic Statistics*, Cambridge, 5/1923.

Juglar-Zyklus

Eine sieben bis zwölf Jahre dauernde Schwingung der wirtschaftlichen Aktivität (Maschineninvestitionszyklus). Um den Pionier der empirischen Konjunkturforschung, Clément Joseph Juglar, auszuzeichnen, gab Schumpeter diesem Zyklus später den Namen Juglar-Zyklus. Von 1787 bis 1932 lassen sich elf dieser Juglar-Zyklen nachweisen. In neuerer Zeit scheinen die konjunkturellen Zyklen in ihrem Verlauf jedoch eher dem kürzeren Kitchin-Zyklus zu entsprechen. Vgl. Juglar, C. J. (1819–1905): *Des Crises Commerciales et de Leur Retour Periodique en France, en Angleterre et aux Etats-Unis*; Paris 1860.

Kuznets-Zyklus

Ein Zyklus mit einer durchschnittlichen Länge von zwanzig Jahren. Er wurde erstmals von Simon Kuznets in erster Linie für Produktivitäts-, Beschäftigungs- und Kapitalbildungsbewegungen festgestellt. Kuznets-Zyklen werden meist als Reinvestitionszyklen bestimmter Branchen, zum Beispiel des Verkehrswesens, des Bauwesens und dergleichen, erklärt. Der

Zyklus wird also durch die zeitliche Ballung der Ausgaben für entsprechende Ersatzinvestitionen ausgelöst. Vgl. Kuznets, S. (1901–1985, Nobelpreis 1971): *Secular Movements in Production and Prices*, Boston-New York 1930.

Kondratjew-Zyklus

Ein langwelliger Wirtschaftszyklus von 45 bis 60 Jahren. Ausgangspunkt einer Kondratjew-Welle ist stets eine umwälzende Veränderung der Produktionsstrukturen und/oder der gesellschaftlichen Rahmenbedingungen. Ausgehend von 1789 bis heute werden (je nach Interpretation) vier bis fünf solcher Wellen gesehen.

Da die verschiedenen Konjunkturzyklen nicht einzeln und nacheinander, sondern gleichzeitig auftreten, und da sich das daraus resultierende Ergebnis in der jeweiligen Periode in einem einzigen Wert niederschlägt, kann man allenfalls im Nachhinein feststellen, wo man sich vor n Jahren konjunkturell befand. Konjunkturpolitik kann sich daher als sehr schwierig erweisen.

Das Nullsummenspiel
und die Suche nach dem Sattelpunkt!

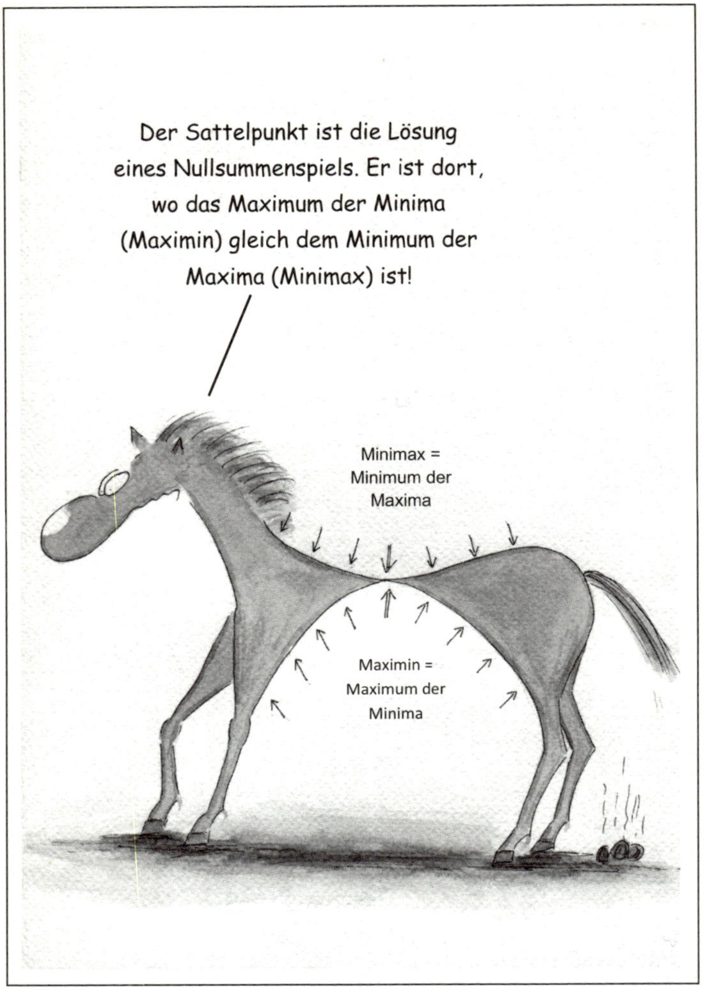

Wer war Johny von Neumann und warum ist der Sattelpunkt die Lösung eines Nullsummenspiels?

(1903–1957)

John von Neumann wurde 1903 in Budapest geboren. Sein Vater, Max Neumann, erwarb 1913 einen Adelstitel, den er zwar nicht selbst, aber später sein Sohn János führte. Neumann galt als Wunderkind. Mit 23 Jahren trug er bereits zwei Doktortitel, einen in Chemie der Universität von Zürich und einen in Mathematik der Universität Budapest. Nach einer Dozententätigkeit in Berlin und Hamburg ging er angesichts der politischen Entwicklungen in Deutschland 1932 an die Universität von Princeton. Hier änderte er auch seinen Vornamen von János in John. Neben Albert Einstein wurde John von Neumann 1933 im Alter von dreißig Jahren als einer der ersten Professoren an das Institute for Advanced Study (IAS) nach Princeton berufen. Ferner wirkte er am Atombombenprojekt in Los Alamos mit und gehörte zum Beraterstab des US-amerikanischen Präsidenten Eisenhower. John von Neumann starb 1957 im Alter von 53 Jahren an Knochenkrebs. Als auslösende Ursache wurde radioaktive Strahlung vermutet, der Neumann als Teilnehmer der ersten Atombombentests auf den Bikiniatollen ausgesetzt war.

Neumann war einer der vielseitigsten Wissenschaftler überhaupt. Er arbeitete auf dem Gebiet der reinen Mathematik, der Quantenphysik und der Ökonomie. Auf all diesen Gebieten gelang ihm außerordentliches.

Durch das Studium des Werkes von Léon Walras stieß Neumann auf die Theorie des allgemeinen ökonomischen Gleichgewichts. Er fand sehr schnell die hierin enthaltenen Fehler, nämlich dass Preise manchmal Null oder gar negativ sein müssen, um ein solches Gleichgewicht zu erzeugen. Viele Entscheidungen in der Wirtschaft entsprechen denen eines Spieles. Jede Entscheidung eines Spielers im großen Spiel der Wirtschaft sollte daher auch die gedankliche Vorwegnahme der Reaktionen des Gegenspielers beinhalten. Zusammen mit Oskar Morgenstern (1902–1977) entwickelte John von Neumann die Spieltheorie. In der Spieltheorie gibt es – grob unterteilt – zwei Arten von Spielen: das Nullsummenspiel und das Nichtnullsummenspiel. Beim Nullsummenspiel entspricht der Gewinn des einen Spielers dem Verlust des anderen Spielers, etwa wenn sich zwei Spieler um eine Torte streiten. Beim Nichtnullsummenspiel kann es hingegen zu einer Win-Win-, aber auch zu einer Lose-Lose-Situation kommen, je nachdem ob die Spieler zusammen- oder gegeneinander arbeiten. Von John von Neumann stammt der Beweis für das in der BWL und VWL häu-

Das Nullsummenspiel

fig angewendete »Maximin-Theorem«[1]. Ein eher pessimistisches Vorgehen, anwendbar bei Nullsummenspielen. Stellen wir uns hierzu zwei gegenüberliegende Gaststätten vor, die mit ihrem Mittagstisch um die hundert Mitarbeiter der benachbarten Unternehmen konkurrieren. Während die Gaststätte »Zur Forelle« für ihre Fischgerichte bekannt ist, wird der Schweinebraten des Wirts »Zum fröhlichen Wildschwein« besonders gelobt. Die Gästezahl der »Forelle« hängt von ihrem Tagesangebot (Schweinebraten oder Fisch) und vom Tagesangebot des Konkurrenten ab. Für die Gaststätte »Zur Forelle« stellt sich die Gästezahl in Abhängigkeit vom Angebot des Wirts »Zum fröhlichen Wildschwein« wie folgt dar:

		»Zum fröhlichen Wildschwein«	
		Schweinebraten	Fisch
»Zur Forelle«	Schweinebraten	45 Gäste	55 Gäste
	Fisch	20 Gäste	80 Gäste

Der Gastwirt »Zur Forelle« hat also zwei Möglichkeiten (Strategien), Schweinebraten oder Fisch als Tagesgericht auf die Karte zu setzen. Setzt er Fisch auf die Tageskarte, so erhält er achtzig Gäste, sofern der Wirt »Zum fröhlichen Wildschwein« ebenfalls Fisch als Tagesgericht gewählt hat. Hat sein Konkurrent hingegen Schweinebraten gewählt, so verbleiben ihm nur noch zwanzig Gäste, der Rest wandert ab. Entscheidet sich der Wirt »Zur Forelle« hingegen dafür, Schweinebraten auf die Karte zu setzen, so kann er mit 45 Gästen rechnen, sofern sein Konkurrent ebenfalls Schweinebraten auf der Karte hat. Hat sein Konkurrent hingegen Fisch auf der Karte, so erhöht sich seine Gästezahl auf 55. Welche Strategie (Schweinebraten oder Fisch) soll er wählen? Die Antwort gibt die Spieltheorie. Der Wirt »Zur Forelle« sollte jene Strategie wählen, bei der die Zeilenminima maximiert werden. Er maximiert das garantierte Minimum (*Maximin*) und wählt die Strategie »Schweinebraten« als Tagesgericht. Der Wirt »Zum

1) Waldegrave, J. : *Minimax solution of a 2-person, zero-sum game, reported in a letter from P. de Montmort to N. Bernouilli*, übersetzt und kommentiert von: H. W. Kuhn in W. J. Baumol and S. Goldfeld (Hrsg.): *Precursors of Mathematical Economics*, London School of Economics, London 1968, S. 3–9.

fröhlichen Wildschwein« hingegen schaut sich die Spaltenmaxima an und wählt die Spalte mit dem kleinsten Maximum. Er minimiert das Maximum (*Minimax*). Immer dann, wenn das Maximieren der Zeilenminima (Maximin) und das Minimieren der Spaltenmaxima (Minimax) zum gleichen Feld führen, dann wird das Ergebnis als Sattelpunkt bezeichnet. Warum man diese Lösung als Sattelpunkt bezeichnet, versucht unser Comic zu verdeutlichen, denn dort, wo das »Maximum der Minima« auf das »Minimum der Maxima« trifft, wird beim Pferd der Sattel aufgelegt. Und immer dann, wenn ein Spiel einen Sattelpunkt aufweist, dann ist er die Lösung des Spiels. Das obige Beispiel besitzt einen solchen Sattelpunkt, beide Gaststätten werden Schweinebraten auf die Tageskarte setzen.

Die Spieltheorie, die zur Erklärung von einer Vielzahl von Sachverhalten in der Evolutionsbiologie, Ökonomie et cetera, herangezogen werden kann, lässt sich eben auch militärisch nutzen, zum Beispiel was den Einsatz der Atombombe anbelangt. Kaum waren die ersten Atombomben gezündet, erkannten die Wissenschaftler, dass es möglich war, eine noch viel stärkere Bombe, die H-Bombe, zu bauen. Kaum war die erste dieser Wasserstoffbomben explodiert, empfahl Neumann, der mittlerweile Leiter der US-amerikanischen Atomenergiekommission war, dem damaligen Präsidenten Eisenhower den sofortigen Einsatz dieser Waffe gegen die Russen. Denn spieltheoretisch war der Erstschlag die überlegene Strategie. »If you say why not bomb them tomorrow, I say way not today? If you say today at five o'clock, I say why not at one o'clock?«[2]

Neumann war eine lebende Legende.[3] Ein Magazin bezeichnete ihn als das »Beste Gehirn der Welt«. In Princeton kursierte das Gerücht, Johnny von Neumann sei kein Mensch, sondern ein Halbgott, der einen Menschen nur perfekt imitieren könne und der zu den Menschen gesandt wurde, um sie zu studieren. Er besaß ein fotografisches Gedächtnis, das es ihm erlaubte, ein vor 15 Jahren gelesenes Buch Wort für Wort wiederzugeben. Auch war er ohne Anstrengung dazu in der Lage, acht-stellige Ziffern im Kopf zu dividieren. Eine der vielen Anekdoten, die sich um Neumann rankten, ist die folgende: Ein sehr bekannter Experte der Byzantinischen Geschichte besuchte einmal eine Party der Neumanns in Princeton. Neumann und der Historiker gerieten in eine geschichtliche Diskussion und differierten hinsichtlich eines Datums. Sie nahmen ein Buch, um das Datum zu überprüfen und Neumann hatte Recht. Einige Wochen später war der Geschichtsprofessor wieder bei den Neumanns eingeladen. Der Geschichtsprofessor sagte zu Frau von Neumann: »Ich komme, wenn mir

2) Entnommen aus: Poundstone, W., 1993, S. 143.

3) Die obige Anekdote wurde entnommen aus: Poundstone, W., 1993, S. 32–35.

Johnny verspricht, mit mir nicht wieder über Byzantinische Geschichte zu diskutieren. Denn alle Welt denkt, dass ich hierin der weltgrößte Experte bin, und ich möchte, dass es so bleibt.«

Wichtige Literatur und Literaturtipps:

v. Neumann, J. und Morgenstern O.: *Theory of Games and Economic Behavior*, 1. Auflage, Princeton, 1944, Princeton University Press, 16. Auflage, Princeton and Oxford 2004.

Poundstone, W.: *Prisoner's Dilemma, John von Neumann, Game Theory and the Puzzle of the Bomb*, Anchor Books, New York 1993.

Die Synthese

oder die Integration von Keynesianismus und Neoklassik.

Welchem Ökonomen und Nobelpreisträger ist es erstmals gelungen eine Synthese des Keynesianischen und des Neoklassischen Modells herzustellen?

(1915–2009)

Paul Antony Samuelson wurde 1915 in Gary Indiana geboren, mit zwanzig Jahren erwarb er den Bachelor of Arts der University of Chicago und ein Jahr später den Master of Arts an der Harvard University, an welcher er auch 1941 in Philosophie promovierte. Zwischen 1940 und 1986 arbeitete er zunächst als Assistenz- und später als ordentlicher Professor am MIT (Massachusetts Institute of Technology) in Cambridge, USA. Er beriet die US-Präsidenten Dwight D. Eisenhower und John F. Kennedy. Für seine wissenschaftlichen Arbeiten erhielt er viele Ehrungen, Ehrendoktorwürden und 1970 den Nobelpreis für Wirtschaftswissenschaften. Samuelson, der sich selbst als Schüler von → John Maynard Keynes bezeichnete, gilt wohl zu recht als der letzte Generalist der Ökonomie. In seinen wirtschaftstheoretischen Arbeiten befasste er sich unter anderem mit Allokationstheorie, linearer Programmierung, Keynesianischer Nationalökonomie, Marktmechanismen, der Theorie internationalen Handels, rationaler Wahl und Maximierung. Samuelsons vielseitige Arbeiten lassen sich nur schwer auf wenige Seiten zusammenfassen, aber wir wollen es trotzdem versuchen. Beginnen wir beim Maximierungsprinzip. Samuelson führte erstmals konsequent das Maximierungsprinzip in die ökonomische Analyse ein. Für die zu untersuchenden wirtschaftlichen Zusammenhänge wird ein Modell aufgestellt, in dem die einzelnen Größen funktional voneinander abhängen und dieses Modell wird optimiert. Von der Gewinnbeziehungsweise Nutzenmaximierungsannahme der Unternehmen beziehungsweise der Verbraucher ausgehend, ergibt sich somit eine komplexe Darstellung aller im Modell wirkenden Gesetzmäßigkeiten der Marktwirtschaft.

Obwohl Samuelson immer die Anwendung des Maximierungsprinzips forderte, untersuchte er auch Probleme, die sich diesem Prinzip entziehen. Hier ist insbesondere eine seiner früheren Arbeiten zu nennen: *A Synthesis of the Principle of the Acceleration and the Multiplier.*[1] In dieser Arbeit untersuchte er die Stabilität des Volkseinkommens in Abhängigkeit von den numerischen Werten der Konsumrate (a, der Veränderung des Konsums,

1) Samuelson, P. A.: »A Synthesis of the Principle of the Acceleration and the Multiplier«, in: *The Journal of Political Economy,* Vol. XLVII, No. 6, 1939, S. 786–797, Wiederabgedruckt in: Joseph E. Stiglitz (Hrsg.): *The Collected Scientific Papers of Paul. A. Samuelson,* Bd. II, M. I. T. Press 1966.

wenn sich das Einkommen ändert) und der Investitionsanpassung bei Änderungen des Konsums (β).[2] Hier konnte Samuelson zeigen, wie sich temporäre oder laufende Störungen auf die Stabilität des Wirtschaftssystems auswirken. Er konnte zeigen, bei welchen numerischen Relationen von Konsumrate (α) und Investitionsanpassung (β) kontinuierliche Störungen, zum Beispiel verursacht durch Staatsausgaben, zu wachsenden konjunkturellen Schwankungen führen.

Im Rahmen der Außenhandelstheorie untersuchte Samuelson die wirtschaftlichen Vorteile, die aus dem internationalen Handel resultieren. Unter Ökonomen ist es unbestritten, dass unter gewissen Bedingungen Außenhandel wohlfahrtssteigernd wirkt. Allerdings findet auch eine Umverteilung der Einkommen statt, so dass es nicht nur Gewinner, sondern auch Verlierer gibt. Hier zeigte Samuelson, dass sich die Gewinner aus dem internationalen Handel auch dann noch besser stellen, wenn sie die Verlierer vollständig durch Transferzahlung kompensieren. Freihandel wäre jetzt dem Protektionismus vorzuziehen. Diese Transferzahlungen finden aber in der Realität nicht statt. Staaten versuchen daher des Öfteren, bestimmte – durch den internationalen Handel unter Druck geratene – Branchen durch Zölle zu schützen. Wie sich eine Zollerhebung im Einzelnen auswirkt, darüber gibt das von Wolfgang Stolper und Paul A. Samuelson entwickelte Stolper-Samuelson-Theorem Auskunft. Findet beispielsweise bei einem Gut eine Zollerhebung statt, so hat diese – wie Modelle der Totalanalyse zeigen – Rückwirkungen auf die Märkte anderer Güter. Somit werden auch die Märkte für Produktionsfaktoren durch die Zollerhebung beeinflusst. Ein kapitalreiches Industrieland wird nach dem Faktorproportionentheorem[3] der Außenhandelstheorie kapitalintensiv hergestellte Güter exportieren und arbeitsintensiv hergestellte Güter importieren. Denn der Kapitalreichtum sorgt dafür, dass die Herstellungskosten für kapitalintensiv gefertigte Güter relativ gering und die Kosten für arbeitsintensiv gefertigte Güter relativ hoch sind. Wird nun ein Importzoll erhoben, dann dehnen die mit den Importen konkurrierenden inländischen Industrien ihre Produktion aus. Umgekehrt müssen die kapitalintensiv produzierenden Exportindustrien ihre Produktion einschränken. Da die durch den Zoll geschützten »Importgüter«-Industrien relativ mehr Arbeit als Kapital zusätzlich nachfragen und die kapitalintensiv produzierenden »Exportgüter«-Industrien relativ mehr Kapital als Arbeit freisetzen, kommt es jetzt zu

2) $C_t = \alpha * Y_{t-1}$ und $I_t = \beta * (C_t - C_{t-1})$ mit $Y_t = g_t + C_t + I_t$, wobei Y dem Volkseinkommen, C dem Konsum, I den volkswirtschaftlichen Investitionen und g den Staatsausgaben zu jeweiligen Zeitpunkten t entsprechen.

3) Vgl. Kapitel »Volkswirtschaftliche Theoreme«.

einer vorübergehenden Übernachfrage auf dem Arbeitsmarkt und einem Überangebot auf dem Kapitalmarkt.[4] Das neue Gleichgewicht auf den Faktormärkten wird sich daher bei einem höheren Preis für Arbeit (Lohnsatz) und einem niedrigeren Kapitalpreis (Zinssatz) einstellen (Stolper-Samuelson-Theorem). Wird der Zoll allerdings über den »Optimalzoll« hinaus erhöht, müssen alle beteiligten Länder mit Wohlfahrtsverlusten rechnen und es verlieren auch die Gruppen, die durch den Zoll eigentlich geschützt werden sollten (Metzler-Paradoxon).[5]

Ferner integrierte Samuelson zusammen mit Robert Dorfman und Robert M. Solow Planungs- und Entscheidungstechniken des betriebswirtschaftlichen Managements in die Volkswirtschaftslehre. In der Theorie staatlicher Geld- und Haushaltspolitik stellte Samuelson das »Balanced-Budget-Multiplier-Theorem« auf. Zusätzliche – durch Steuer finanzierte – Staatsausgaben können unter bestimmten Umständen wachstumsfördernd wirken. Daneben gilt Paul A. Samuelson auch als einer der Begründer der Theorie öffentlicher Güter. Dies sind Güter, die durch bestimmte Eigenschaften charakterisiert sind[6] und daher von privater Seite nicht oder nur in ungenügender Anzahl bereitgestellt werden, so dass hier ein entsprechendes öffentliches Angebot erfolgen sollte.

Wirklich bekannt geworden ist Samuelson durch sein Lehrbuch der Volkswirtschaftslehre, das zum erfolgreichsten Lehrbuch aller Zeiten avancierte und das er seit der 12. Auflage mit dem Koautor William D. Nordhaus herausgibt. Dieses Buch wurde immer wieder auf den neuesten Stand gebracht und die neuesten Entwicklungen eingefügt. Bekannt ist sein ausgewogenes Urteil, das sowohl die Angebots- als auch die Nachfrageseite im Auge behält. Von ihm stammt der berühmte Ausspruch: »Gott gab dem Ökonomen zwei Augen, eines für die Angebots- und eines für die Nachfrageseite.« Unser Cartoon spielt auf das in diesem Zusammenhang von Samuelson entwickelte AS-AD-Modell an, das den Keynesianismus, also die Nachfrageseite, mit der Neoklassik, also der Angebotsseite, verband.

4) Unterstellt: Es bestand zuvor ein Gleichgewicht auf den Faktormärkten.

5) Vgl. Hierzu die Darstellung des Metzler-Paradoxons auf S. 110.

6) Konstituierende Eigenschaften öffentlicher Güter: (1.) Nichtrivalität im Konsum, d. h. der Konsum des A hat keinerlei Auswirkungen auf den Konsum des B. Grenzkosten der Nutzung gleich Null. (z. B. Rundfunk, Fernsehen, Lichtsignale (Leuchtturm), wenig befahrene Autobahn, leeres Kino und dgl. (2.) Nichtausschließbarkeit vom Konsum. Es ist nicht möglich einen Nutzer vom Konsum auszuschließen, zumindest nicht mit verhältnismäßigem Aufwand. (z. B. Rundfunk, Fernsehen , Lichtsignale (Leuchtturm) und dgl.

Wichtige Literatur und Literaturtipps

Samuelson, P. A.: *Foundations of Economic Analysis*, Harvard University Press: Cambridge, M., 1938.

Samuelson, P. A.: *Economics. An Introductory Analysis*, MacGraw Hill Book Company, 1948. Seit der 12. Auflage zusammen mit William D. Nordhaus. Deutsche Übersetzung von Regina und Helmut Berger: *Volkswirtschaftslehre*, Ueberreuter Verlag, 15. Auflage, Wien/Frankfurt 1998.

Samuelson, P. A., Dorfman, R., Solow, R. M.: *Linear Programming and Economic Analysis*, 1958.

Samuelson, P. A.: »Maximum-Prinzipien in der analytischen Ökonomie. Nobel-Lesung vom 11. Dezember 1970«, in: *Die Nobelpreisträger der ökonomischen Wissenschaft 1969–1988*, Band I, hrsg. von Claus Horst Recktenwald, Düsseldorf 1989, S. 237–267.

Oder nehmen Sie einfach mal *The Collected Scientific Papers of Paul A. Samuelson* – herausgegeben von Stiglitz (Band 1 und 2), Merton (Band 3), Nagatani und Merton (Band 4), Crowley (Band 5) – zur Hand. Wir sind hierbei immer wieder überrascht, wie viel und wie vielseitig Paul A. Samuelson gearbeitet hat.

Füss, R. und Vorsatz, G. : »Paul Anthony Samuelson«, in: *Brockhaus, Nobelpreise, Chronik herausragender Leistungen*, hrsg. von der Lexikonredaktion des Verlags F. A. Brockhaus, 2. Auflage, Leipzig, Mannheim 2004. S. 660–661.

Heuser, J. : »Der letzte Generalist«, in: *Die großen Ökonomen*, hrsg. von Nikolaus Piper, Schäffer-Poeschel Verlag, 2. Auflage, Stuttgart 1996, S. 253–259.

Rohwetter, M. : »Lehrbuch für die Welt, Paul Anthony Samuelson: Economics – An Introductory Analysis«, in: *Zeit-Bibliothek der Ökonomie. Die Hauptwerke der wichtigsten Ökonomen*, hrsg. von Wilfried Herz, Schäffer-Poeschel Verlag, Stuttgart 2000, S. 109–112.

Der Aufstieg

oder: Mehrheitswahl bei mehrgipfliger Präferenzstruktur

Ich werde das Gefühl nicht los,
dass dieser kleine Yeti die
Abstimmung manipuliert hat!
Ach was, bei einer
Mehrheitswahl
kann man nicht
manipulieren!

Im Gegenteil: Mehrheitswahlsysteme sind strategieanfällig! Wie hießen die Ökonomen, die dies zeigten und nach denen das sich hierbei ergebende Paradoxon benannt ist?

(geboren 1921)

Kenneth Joseph Arrow wurde 1921 in New York geboren. Er studierte am City College in New York und erhielt 1940 den Bachelor of Science der Sozialwissenschaften. 1941 legte Arrow an der Columbia University in New York die Prüfung zum Diplom-Mathematiker ab. Nach dem Zweiten Weltkrieg arbeitete er als Mitglied der Cowles-Kommision für wirtschaftswissenschaftliche Forschung an der University of Chicago. Zwischen 1968 und 1979 lehrte Arrow an der Harvard University in Cambridge/Massachusetts. Davor und danach, also von 1949 bis 1968 und wieder ab 1979 lehrte er bis zu seiner Emeritierung 1991 an der Stanford University in Palo Alto/Kalifornien. Zusammen mit Sir John Richard Hicks erhielt er 1972 den Nobelpreis für Wirtschaftswissenschaften.

Gemeinsam mit Gérard Debreu (Nobelpreis 1983) zeigte Arrow mathematisch exakt unter welchen Bedingungen ein allgemeines ökonomisches Gleichgewicht existiert. Die beiden Wirtschaftswissenschaftler gingen hierzu von den Grundannahmen vollkommener Konkurrenz auf allen Märkten und (walrasianischen) Angebots- und Nachfragebeziehungen aus. Das heißt sowohl die Nachfrage als auch das Angebot des einzelnen Gutes hängen nicht nur von dessen Preis, sondern auch von den Preisen aller anderen Güter ab. Selbst unter diesen idealisierten Annahmen ist es keinesfalls offensichtlich, dass Marktpreise existieren, zu denen alle Märkte simultan im Gleichgewicht sind. Der so genannte Existenzbeweis gelang Arrow und Debreu 1954 (sowie Debreu 1959). Da die notwendigen, aber noch nicht hinreichenden Bedingungen zu diesem Gleichgewicht bereits 1874 durch Léon Walras entdeckt wurden, bezeichnet man derartige allgemeine Gleichgewichtsmodelle heute auch als Walras- oder Arrow-Debreu-Gleichgewichtsmodelle. Damit gelang eine der wichtigsten Erkenntnisse der Wirtschaftswissenschaften. Eine Volkswirtschaft, die auf dem Prinzip privaten Eigentums und individueller Entscheidungsfreiheit sowie den Zielen der Nutzen- und Gewinnmaximierung beruht, muss nicht ins gesellschaftliche Chaos führen, sondern kann in ein Pareto-effizientes Gleichgewicht münden. Ein Gleichgewicht, in dem alle Ressourcen der Gesellschaft bei verfügbarer Technologie und im Sinne der Bedürfnisse der Konsumenten bestmöglich verwendet werden. Allerdings befassten sich die Untersuchungen von Arrow und Debreu nur mit den Bedingungen, die im Gleichgewicht herrschen. Wie es zu diesem Gleichgewicht kommt, wird bis heute nicht befriedigend erklärt. Den Ökonomen fehlt noch immer eine allgemeine Theorie der ungleichgewichtigen Preisbildung. Arrow selbst weist 1959 darauf hin, dass das Verhalten der Marktteilnehmer außerhalb des allgemeinen Gleichgewichts nicht mehr mit der Annahme vereinbar ist, Marktpreise als unveränderbar hinzunehmen. Wenn Individuen außerhalb eines Gleichgewichts ein anderes Verhalten an den Tag legen als in dem betreffenden Gleichgewicht, stellt sich die Frage wie man in ein solches Gleichgewicht gelangt?

Seit den sechziger Jahren befasste sich Arrow mit den Auswirkungen von unvollkommenen Informationen und Risikofaktoren auf verschiedene Wirtschaftszweige und auf die Volkswirtschaft als Ganzes. In diesem Zusammenhang bezog er Aspekte der Wahrscheinlichkeitstheorie und Themenbereiche wie Versicherung, Termingeschäfte und dergleichen in die allgemeine Gleichgewichtstheorie mit ein. International bekannt wurde Arrow durch sein Werk *Social Choice and Individual Values*. Hierin weist er nach, dass eine soziale Wohlfahrtsfunktion nicht gebildet werden kann, wenn mehr als zwei Alternativen zur Auswahl stehen und mindestens einer der Abstimmenden eine mehrgipflige Präferenzstruktur hat (*Unmöglichkeitentheorem*[1)]). Denn in diesem Fall kann das Ergebnis einer Mehrheitswahl von der Anzahl der Wahlgänge und der Reihenfolge der Abstimmungen abhängen (*Condorcet-*[2)] oder *Arrow-Paradoxon*). Nehmen wir zum Beispiel unsere »zwei« Bergsteiger und dem kleinen Yeti aus dem Eingangscomic. Im Rahmen der durchgeführten Mehrheitswahl äußerten sie die folgenden Präferenzen. Da ist zunächst der kleine Yeti, er bevorzugt K3 vor K2, denn seine hungrige Familie wartet ja bereits auf K3 und er bevorzugt K2 vor K1, denn K2 ist dichter an seiner Familie als K1. Seine Präferenzen hinsichtlich der einzelnen Touren lassen sich also wie folgt zusammenfassen: K3 > K2 > K1. Seine Präferenzfunktion ist eingipflig, der Gipfel liegt auf K3. Da ist ferner Hans, er bevorzugt K1 > K3 > K2, er möchte entweder einen mittleren Berg besteigen oder nur einen richtig hohen. Einen kleinen Berg wie den K2 lehnt er eigentlich ab. Trägt man seine Präferenzstruktur in das nachstehende Diagramm (Abbildung A1) ein, so zeigt sich die Zweigipfligkeit der »Hansenschen« Präferenzstruktur. Der erste Gipfel ist K1 und

1) Das Unmöglichkeitstheorem besagt, dass es kein Verfahren zur Aggregation individueller Präferenzen gibt, das eine transitive Ordnung (A > B und B > C, dann muss auch gelten A > C) ergibt und die vier Bedingungen, Pareto-Prinzip, Demokratie-Prinzip, keine Beschränkung der zulässigen individuellen Präferenzen und die Unabhängigkeit von irrelevanten Alternativen, beinhaltet. Vgl. hierzu zum Beispiel Wigger, B. U.: *Grundzüge der Finanzwissenschaft*, Berlin, Heidelberg u. a., 2004, S 104ff.

2) Condorcet, M. de: *Essai sur l'application de l'analyse à la probabilité des vois*, Paris 1785.

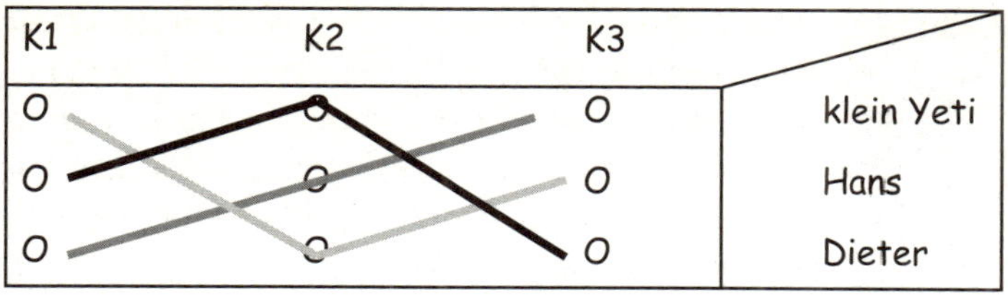

Abbildung A1

der zweite, kleinere Gipfel ist K3. Und da ist Dieter, er möchte am liebsten einen kleinen Berg besteigen oder einen mittleren, einen hohen Berg lehnt er ab. Seine Präferenzstruktur lautet mithin: K2 > K1 > K3. Sie ist eingipflig auf K2.

Wenn die drei Bergsteiger nun über ihren nächsten Aufstieg abstimmen, so hängt das Ergebnis von dem Ausgangsalternativenpaar, über das abgestimmt wird, und von der Anzahl der Abstimmungsvorgänge ab. Angenommen, Hans möchte K1 durchsetzen, so muss er drauf drängen, dass in der ersten Abstimmung zwischen K2 und K3 entschieden wird. Bei dieser Abstimmung würden nämlich Dieter für K2 und Yeti und Hans für K3 stimmen. Die Wahl fiele also mit 2:1 für K3. Jetzt müsst noch zwischen K3 und K1 entschieden werden. Hier würde nur Yeti für K3 stimmen während Hans und Dieter für K1 abstimmen. Gewählt würde also jetzt K1 mit 2 von 3 Stimmen. Wollte Dieter seinen K2 durchsetzen, so müsste er darauf drängen, dass in der ersten Abstimmung zwischen K1 und K3 abgestimmt wird. Und was lernen wir daraus? Die Mehrheitswahl führt also nicht notwendigerweise zu einer guten Repräsentation der individuellen Präferenzen und Mehrheitswahlen können strategisch manipuliert werden, da es – bei mehrgipfligen Präferenzen – auf die Reihenfolge der Abstimmungen ankommt.

Wichtige Werke und Literaturtipps

Arrow, K. J.: *An Extension of the Basic Theorem of Classical Welfare Economics*, Second Berkeley Symposium on Mathematical Statistics and Probability, Berkeley 1951.

Arrow, K. J.: *Social Choice and Individual Values*, John Wiley & Sons, New York 1964.

Arrow, K.J.: »Toward a Theory of Price Adjustment«, in: *The Allocation of Economic Ressources: Essays in Honor of B. F. Haley*, hrsg. von M. Abramovitz, Stanford University Press, Stanford 1959, S. 41–51.

Arrow, K. J. und Debreu, G.: »Existence of Equilibrium for a Competitive Economy«, in: *Econometrica*, 22, 1954, S. 265–290.

Arrow. K.J. und Hahn, F.H.: *General Competitive Analysis*, Holden-Day, San Francisco, 1971.

Debreu, G.: *The Theory of Value*, John Wiley & Sons, New York 1959.

(1904–1989)

John Richard Hicks (ab 1964 Sir John Richard Hicks) wurde 1904 in Warwick England geboren. Nach einem Studium am Balliol College in Oxford arbeitete er zunächst als Dozent an der London School of Economics und später von 1935 bis 1938 an der University of Cambridge. Dann von 1938 bis 1946 lehrte er an der University of Manchester. In dieser Zeit veröffentlichte er auch sein Hauptwerk »Value and Capital«[3]. Er kehrte 1946 jedoch wieder nach Oxford zurück, wo er bis zu seiner Emeritierung 1965 lehrte. Zusammen mit Kenneth Joseph Arrow erhielt Sir Hicks 1972 den Nobelpreis. Er starb 1989 in Blockly. Hicks zählt zu den meistzitierten Ökonomen des 20. Jahrhunderts. Es gibt wohl kein Buch der Wohlfahrtsökonomie, das Hicks nicht zitiert (falls Sie doch eines haben sollten, sollten Sie es wegwerfen, denn es kann nicht gut sein!). Nach dem Pareto-Kriterium ist die Verteilung der knappen Güter auf die alternativen Verwendungsrichtungen dann als »Pareto-optimal« anzusehen, wenn es nicht mehr möglich ist, das Wohlbefinden (den Nutzen) eines Individuums zu verbessern, ohne die Lage eines anderen zu verschlechtern. Nicholas Kaldor und John R. Hicks erweiterten diesen Gedanken um das so genannte *Kaldor-Hicks-Kriterium*. Dieses besagt, dass eine wirtschaftspolitische Maßnahme auch dann als wohlfahrtssteigernd anzusehen ist, wenn nur die einen Teil der Bevölkerung erreichenden Wohlfahrtssteigerungen höher ausfallen als die Wohlfahrtsminderungen, die einen anderen Teil der Bevölkerung treffen, so dass aus den Wohlfahrtsgewinnen der einen Gruppe eine Entschädigung für die andere Gruppe möglich ist, und im Endeffekt ein Nettowohlfahrtsgewinn übrig bleibt. Hierbei ist es unerheblich, ob die Kompensation tatsächlich durchgeführt wird oder nicht.[4]

Von Hicks stammt auch das Konzept des zusammengesetzten Gutes (composite commodity). Wenn die Relativpreise einer beliebigen Anzahl

3) Hicks, J. R., 1939.

4) Das Kaldor-Hicks-Kriterium blieb jedoch nicht ohne Widerspruch. So konnte Tibor Scitovsky zeigen, dass es unter bestimmten Voraussetzungen dazu kommen kann, dass eine Rückgängigmachung derselben Maßnahme nach dem Kaldor-Hicks-Kriterium wiederum als wohlfahrtssteigernd angesehen werden muss. Eine Maßnahme ist somit nur dann als Wohlfahrssteigernd anzusehen, wenn sie sowohl das Kaldor-Hicks-Kriterium und das Scitovsky-Doppeltest-Kriterium erfüllt. Vgl. Scitovsky, T., A Note on Welfare Propositions in Economics, in: Review of Economic Studies, Vol. 9, 1941/42, S. 77–88.

von Gütern untereinander konstant sind, können diese Güter ohne Verlust an Information durch ein zusammengesetztes einzelnes Gut repräsentiert werden. Dies ermöglicht realistische Analysen in Modellen mit nur zwei Gütern.

Während zuvor Konjunktur und Wachstum isoliert betrachtet wurden, stellte Hicks ein Modell auf, mit welchem er konjunkturelle Schwankungen um eine Wachstumspfad beschrieb. Ferner entwickelte er eine Gleichgewichtsanalyse für Volkswirtschaften, mit der er zeigen konnte, wie sich bestimmte Eckdaten einer Volkswirtschaft, nämlich Kapital, Investitionen, Einkommen und Konsum, entwickeln müssen, damit dauerhaftes Wachstum und Wohlstand erreicht werden kann. Auch stammt von Hicks das Konzept der Substitutionselastizität und das die Keynesiansiche Theorie aus seiner Sicht beschreibende IS-LM-Modell, das er in einem berühmt gewordenen Aufsatz mit dem Titel »Mr. Keynes and the Classics« 1937 publizierte. Hicks fasste im IS-LM-Modell, das heute jeder Ökonomiestudent bereits in den ersten Semestern seines Studiums kennen lernt, die Essenz der General Theory von → John Maynard Keynes in mathematischer Form zusammen. Kurzum Hicks gehörte zu den Ökonomen des 20. Jahrhunderts, die den ökonomischen Fortschritt maßgeblich vorangetrieben haben.

Wichtige Veröffentlichungen:

Hicks, J. R., The Theory of Wages, 1932, McMIllan, London 1966.

Hicks, J.R., Mr. Keynes and the Classics, Econometrica, Vol. 5, 1937, S. 147–159.

Hicks, J. R., Value and Capital, Oxford: Oxford University Press 1939.

Hicks, J. R., Foundations of Welfare Economics, in Economic Journal, Vol. XLIX, 1939, S. 696–712.

Hicks, J. R., Capital and Growth, Oxford: Clarendon Press 1965.

Hicks, J. R., A Theory of Economic History, Oxford: University Press, Oxford 1969.

Hicks, J. R., Methods of Dynamic Economics, Clarendon Press, Oxford 1985.

Füss, R. und Vorsatz, G., Kenneth Joseph Arrow, John Richard Hicks, in: Brockhaus, Nobelpreise, Chronik herausragender Leistungen, Hrsg. von der Lexikonredaktion des Verlags F. A. Brockhaus, 2. Auflage, Leipzig, Mannheim 2004. S. 684–685.

Paradoxa der Volkswirtschaftslehre

Die bekanntesten Paradoxa in der Volkswirtschaftslehre sind:

Allais- Paradoxon: Hierbei handelt es sich um ein Spiel, dessen empirisches Ergebnis zeigt, dass die Menschen in ihrer Mehrzahl nicht rational im Sinne des Erwartungsnutzenkonzeptes handeln. Alle Theorien, wie z. B. die neoklassische Theorie, die auf diesem Konzept fußen sind somit fehlerhaft. Vgl. → Allais, M. (S. 149-153), Le comportement de I'homme rationnel devant le risque: critique des postulats et axiomes de I'ecole Américaine, Econometrica 21, 1953, S. 503–546.

Chain Store Paradox: Das Filialladen-Paradox (Chain Store Paradox) geht auf → Reinhard Selten zurück. Stellen wir uns hierzu den Besitzer einer Einzelhandelsfilialkette vor, der beispielsweise in zehn verschiedenen Städten Filialen mit Monopolstatus besitzt, die aber jeweils von potenziellen, unabhängigen einzelnen Konkurrenten bedroht sind. Beim Chain Store Paradox handelt es sich um die strategische Überlegung des Einzelhandelskettenbesitzers, die nacheinander auftretende Konkurrenz einzelner Händler aggressiv abzuwehren oder sich friedlich zu verhalten. Intuitiv würde man erwarten, dass aggressives Verhalten die richtige Strategie ist, schon um die nacheinander auftretende potenzielle Konkurrenz abzuschrecken. Spieltheoretisch, auf dem Weg der Rückwärtsinduktion lässt sich jedoch zeigen, dass friedliches Verhalten die zu erwartende Lösung ist. Vgl. hierzu: Amann, E. und Helbach, Ch., Spieltheorie für Dummies, WILEY-VCH Verlag, Weinheim 2012, S. 186–188.

Condorcet- oder Arrow- Paradoxon: Das Ergebnis einer Mehrheitswahl ist im Falle mehrgipfliger Präferenzfunktionen von der Reihenfolge und der Anzahl der Abstimmungen abhängig. Siehe oben.

Fisher- oder Sparparadoxon: Je mehr Schulden in einer Volkswirtschaft zurückgezahlt werden, desto schwerer wiegt die Schuldenlast. Wenn jeder um die Rückzahlung der Schulden bemüht sei, dann geht die Nachfrage zurück und die Preise verfallen. Es entsteht eine Deflation, die den realen Wert der Verbindlichkeiten steigen lässt. Im Extremfall könnte der reale Wert der Verbindlichkeiten sogar zunehmen. Vgl.: Fisher, I., The Debt-Deflation Theory of Great Depressions, in: Econometrica 1, 1933, S. 337–357.

Gibson-Paradoxon: Hierbei handelt es sich um den empirisch festgestellten positiven Zusammenhang zwischen der Höhe des Zinssatzes und der Preisentwicklung. Paradoxon: Weil man intuitiv annimmt, dass eine starke (inflatorische) Geldmengenerhöhung zu einem sinkenden Zinssatz führt. Vgl. Issing, O., Einführung in die Geldtheorie, Vahlen, 14. Auflage, München 2007, S. 125.

Grossman-Stiglitz-Paradoxon: Das Paradoxon informationseffizienter Märkte besagt, dass auf informationseffizienten Märkten, in denen alle relevanten Informationen im Wertpapierkurs eingespeist werden, ein einzelner Händler keinen Anreiz mehr besitzt, Kursinformationen zu erwerben. Grossman, S. und Stiglitz, J., On the Impossibility of Informationally Efficient Markets, American Economic Review, Vol. 70, 1980, S. 393–408.

Konkurrenzparadoxon: Die individuelle (bzw. einzelwirtschaftliche) Rationalität widerspricht der kollektiven (bzw. der gesamtwirtschaftlichen) Rationalität. Wenn im Theater einer aufsteht, sieht er besser. Wenn aber alle aufstehen, sehen sie alle nicht besser und haben obendrein eine unbequemere Position. Wenn auf einer stark befahrenen Autobahn einer rast, kommt er schneller ans Ziel. Wenn es aber alle versuchen, gibt es Stau, und alle kommen später ans Ziel. Wenn die Löhne eines Unternehmens gesenkt werden, macht es einen größeren Gewinn. Wenn aber die Löhne aller Unternehmen gesenkt werden, fällt Nachfrage aus, und die Gewinne aller Unternehmen sinken. Dieser Nachfrageausfalleffekt ist umso größer, je geringer die Exportquote ist, d. h. je geschlossener die Volkswirtschaft ist.

Leontief-Paradoxon: Nach dem Heckscher-Ohlin-Theorem hatte man angenommen, dass ein Land solche Güter exportiert, für die es besonders reichlich mit Produktionsfaktoren ausgestattet ist. Länder mit vielen billigen Arbeitskräften müssten also arbeitsintensive Produkte exportieren. Länder, die mit viel Kapital ausgestattet sind, exportieren somit kapitalintensive Produkte. Leontief zeigte am Beispiel der USA jedoch genau das Gegenteil. Die kapitalreiche USA exportierte 1947 paradoxerweise vor allem arbeitsintensive Produkte. Dies bezeichnete man als Leontief-Paradoxon. Vgl. Leontief, W. (→ S. 127).

Liberalitätsparadoxon: Das Liberalitätsparadoxon zeigt, dass es Situationen gibt, in denen entweder nur die individuellen Rechte oder das Paretoprinzip Beachtung finden kann, aber nicht beides. Geht man davon aus, dass die Freiheit einen Nutzen stiftet, und dass der Nutzen mit wachsendem Freiheitsgrad steigt. Dann besteht im Nutzenmaximum, dem Paretooptimum, paradoxerweise ein Freiheitsgrad von Null. Vgl. Sen, Amartya K., The Impossibility of Paretian Liberal, Journal of Political Economy 1970, S. 152–157.

Metzler-Paradoxon: Überschreitet die Zollhöhe den Optimalzoll, dann verschlechtern sich im Inland Wohlfahrt und Realeinkommen, ohne dass es im Ausland zu Verbesserungen kommt. In diesem Falle kann es unter bestimmten Voraussetzungen (eine sehr unelastische Tauschkurve des Auslands) dazu kommen, dass die mit den Importen konkurrierenden Industrien durch den Zoll nicht – wie eigentlich beabsichtigt – geschützt, sondern im Gegenteil benachteiligt werden. Metzler, Lloyd, Tariffs, The Terms of Trade, and the Distribution of National Income, Journal of Political Economy, Vol. 57, 1949, S. 1–29.

Input-Output-Analyse

oder: Es ist einfacher als Sie glauben!

Von welchem Ökonomen stammt die Input-Output-Analyse und was besagt das nach ihm benannte Paradoxon?

(1906–1999)

Wassily Leontief wurde 1906 in St. Petersburg als Sohn eines Professors für Ökonomie geboren. Hier begann er auch 1921 mit seinem Studium der Philosophie, Soziologie und Ökonomie. Nach dem Examen begab sich Wassily Leontief 1925 an die Universität Berlin, wo er bei Werner Sombart und Ladislaus Bortkiewicz mit dem Thema »Wirtschaft als Kreislauf« 1929 promovierte. In der Zeit zwischen 1927 und 1930 arbeitete Leontief am Institut für Weltwirtschaft in Kiel. Nach einjähriger Beratertätigkeit für das Eisenbahnministerium in China emigrierte Leontief 1931 in die USA. Hier arbeitete er zunächst am National Bureau of Economic Research in New York. 1932 wechselte er an die wirtschaftliche Fakultät der Harvard University, wo er 1946 zum Professor ernannt wurde. Nahezu sein gesamtes wissenschaftliches Leben widmete Leontief der *Input-Output-Methode* zur Untersuchung der Güter und Dienstleistungsströme in Volkswirtschaften. Hierfür erhielt er 1973 den Nobelpreis für Wirtschaftswissenschaften. Leontief starb 1999 in New York.

Wie es unser Hühnerfarmer im Cartoon demonstriert, beruht die Input-Output-Methode auf einem einfachen Gedanken: *Input* geht in *Putput* und *Putput* bringt *Output*. Die Rohstoffe (Futter) gehen in das unmittelbar produktive System (Huhn) und aus dem Produktionsprozess resultiert das Produkt (Ei). Wird hingegen nicht nur ein Huhn oder eine Hühnerfarm betrachtet, sondern eine ganze Volkswirtschaft, so ergeben sich vielschichtige Input-Output-Beziehungen. Outputs einer Branche werden wieder zu Inputs derselben oder auch anderer Branchen, bis letztlich das endgültige Produkt fertig gestellt ist. Die Beziehungen all dieser Inputs und Outputs versucht die Input-Output-Methode zu erfassen. Die Input-Output-Methode geht auf einen Ansatz des französischen Arztes und Ökonomen François Quesnay (1694–1774) zurück, der mit seinem *Tableau Économique* bereits einen geschlossenen Wirtschaftskreislauf skizzierte.[1] Obwohl auch andere Ökonomen Quesnays Idee aufgriffen, gelang es doch erst Leontief, aus dem groben Kreislaufkonzept ein aussagefähiges Analyseinstrument zu formen. 1936 erschien sein erster Aufsatz über die Input-Output-Analyse.[2] Das theoretische Fundament war damit gelegt, und nach viel Klein-

1) Quesnay, F.: *Tableau Économique*, hrsg. von M. Kuczynski, Berlin (Ost); English edition for the Royal Economic Society, London 1972.

2) Leontief, W., 1936, S. 105–125.

arbeit konnte Leontief 1941 auch den praktischen Nutzen nachweisen.[3] Sein Buch über die Struktur der amerikanischen Wirtschaft von 1919 bis 1929 brachte ihm rasch weltweite Bekanntheit ein. Leontief stellte hier erstmals die Beziehungen innerhalb der amerikanischen Volkswirtschaft auf eine ganz neue Art und Weise dar, nämlich in einer Matrix, einem schachbrettartigen System, das 42 verschiedene Branchen (Sektoren) umfasste. Jede Branche tauchte jeweils einmal in einer Spalte und in einer Zeile auf. Schauen wir uns als Beispiel eine stark vereinfachte Input-Output-Matrix an. In dieser Matrix gibt es nur zwei Branchen, nämlich Landwirtschaft und Industrie. Vernachlässigen wir ferner jegliche Staatstätigkeit, so lässt sich *eine Input-Output-Tabelle* wie folgt abbilden:

	Landwirtschaft	Industrie	Haushalte; Konsum	Summe
Landwirtschaft	150	200	400	750
Industrie	250	50	150	450
Haushalte; Wertschöpfung	350	200		
Summe	750	450		

Wobei die Zeilen den abgebenden und die Spalten den empfangenden Sektor beschreiben. Die obige Tabelle besagt somit, dass die Landwirtschaft an sich selbst (aus ihrer eigenen Produktion also) Produkte im Wert von 150 liefert und verbraucht. Ferner erhält sie von der Industrie Vorleistungen im Wert von 250. Die Wertschöpfung (die an die Haushalte ausgezahlten Löhne und ausgeschütteten Gewinne) betragen in der Landwirtschaft 350. Die Industrie wiederum erhält aus der Landwirtschaft Vorleistungen in Höhe von 200 und liefert an sich selbst Industrieprodukte als Vorleistungen in Höhe von 50. Die industrielle Wertschöpfung liegt bei 200. Insgesamt erhalten die Haushalte also Lohn- und Gewinneinkommen in Höhe von 350 + 200 = 550. Für 400 kaufen sie landwirtschaftliche und für 150 industrielle Produkte. Das Herzstück der Input-Output-Tabelle ist die Vorleistungsmatrix (siehe die zweite Tabelle), sie enthält die Vorleistungen der betrachteten Sektoren untereinander, einschließlich der In-Sich-Ströme. Ferner unterscheidet man eine Endnachfragematrix, welche die Lieferungen der Produktionssektoren für den Endverbrauch enthält und die Primäraufwandsmatrix in welcher die Löhne, Gewinne (aber gegebenenfalls auch indirekte Steuern, Importe) enthalten sind.

3) Leontief, W., 1941.

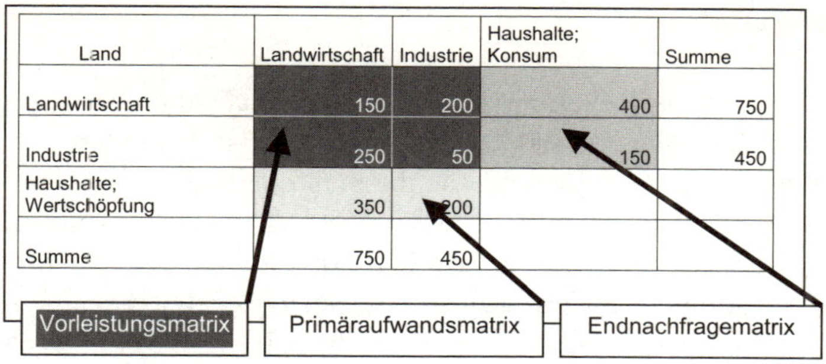

Die 42-Sektorenmatrix von Leontief bildete nur den Anfang. Denn das Aufkommen moderner Computer erlaubte die Einbeziehung großer Datenmengen und somit die Hereinnahme einer Vielzahl von Sektoren. Heute verwendet man beispielsweise in Japan Input-Output-Tabellen mit über 5 000 Branchen. Eine zentrale Anwendung der Input-Output-Tabellen liegt in der Berechnung des Inputs als Prozentsatz des Outputs einer Branche und in der Verwendung dieses Wertes für die Schätzung der notwendigen Inputs für einen beliebigen Output dieser Branche. Diese Prozentzahlen werden als Inputkoeffizienten bezeichnet. Mit ihrer Hilfe lassen sich Input-Output-Multiplikatoren herleiten. Mit diesen Multiplikatoren wiederum können die Auswirkungen von (exogenen) Veränderungen im Endverbrauch auf die Wirtschaft ermittelt werden, beispielsweise wie sich eine Veränderung im Endverbrauch auf

- den Branchenoutput einer Wirtschaft,
- das daraus resultierende zusätzliche Haushaltseinkommen und auf
- die Anzahl der Arbeitsplätze

auswirkt. Die Input-Output-Modelle beruhen jedoch auf sehr vereinfachenden Annahmen. So setzen sie beispielsweise ausreichend freie Ressourcen und keine Ressourcenbeschränkungen voraus. Somit wird angenommen, dass die jeweils benötigten Ressourcen nicht aus anderen Branchen stammen und dort zu einer Verringerung des Outputs führen. Auch werden die Kosten und Preise in einer wachsenden Wirtschaft als fix angesehen. Die Ergebnisse der Input-Output-Modelle sind daher allenfalls als Obergrenzen anzusehen.

Das Leontief-Paradoxon[4)]

Leontief widerlegte mit seiner empirischen Studie das bis dahin unangefochtene → *Heckscher-Ohlin-Theorem*[5)]. Hiernach hatte man angenommen, dass ein Land solche Güter exportiert, für die es besonders reichlich mit Produktionsfaktoren ausgestattet ist. Länder mit relativ vielen billigen Arbeitskräften müssten demnach arbeitsintensive Produkte exportieren, während Länder, die mit relativ viel Kapital ausgestattet sind, kapitalintensive Produkte exportieren. Leontief zeigte am Beispiel der USA jedoch genau das Gegenteil. 1947 exportierte die relativ reichlich mit Kapital ausgestattete USA vor allem arbeitsintensive Produkte und importierte kapitalintensive Güter. Diesen Widerspruch zum Heckscher-Ohlin-Theorem bezeichnete man als das Leontief-Paradoxon. Viele Erklärungsversuche wurden aufgeboten, so wurde argumentiert, dass im Vergleich zu anderen Ländern die amerikanischen Arbeitskräfte über eine höhere Arbeitsproduktivität verfügen. Diese höhere Arbeitsproduktivität wiederum resultiere aus den hohen amerikanischen Investitionen in Humankapital. Aus dieser empirischen Erkenntnis wiederum resultierte das Neo-Faktorproportionentheorem, welches nun eine Differenzierung der Produktionsfaktoren in Arbeit, Human- und in Sachkapital vorsah.

Wichtige Werke und Literaturtipps

Leontief, W.: »Quantitative Input Output Relations in the Economic System of the United States«, in: *Review of Economics and Statistics*, Vol. 18, 1936, S. 105–125.

Leontief, W.: *The Structure of American Economy 1919–1939. An Empirical Application of Equilibrium Analysis*, Cambridge, Massachusetts 1941, erweiterte Ausgabe, New York 1951.

Leontief, W.: *Input-Output-Economics*, Oxford University Press, New York, Oxford 1966, 2. Auflage: 1986.

Leontief, W.: »Struktur der Weltwirtschaft. Umrisse eines einfachen Input-Output-Modells, Nobel-Lesung vom 11. Dezember 1973«, in: *Die Nobelpreisträger der ökonomischen Wissenschaft 1969–1988*, Band I, hrsg. von Claus Horst Recktenwald, Düsseldorf 1989, S. 357–379.

Füss, R. und Vorsatz, G. : »Wassily Leontief«, in: *Brockhaus, Nobelpreise, Chronik herausragender Leistungen*, hrsg. von der Lexikonredaktion des Verlags F. A. Brockhaus, 2. Auflage, Leipzig, Mannheim 2004. S. 696–697.

Osman, Y. : »Anatomie der Volkswirtschaft. Wassily Leontief: Input-Output Economics«, in: *Zeit-Bibliothek der Ökonomie. Die Hauptwerke der wichtigsten Ökonomen*, hrsg. von Wilfried Herz, Schäffer-Poeschel Verlag, Stuttgart 2000, S. 141–144.

4) Vgl. auch S. 110.

5) Vgl. auch S. 24–25.

Neoklassiker

oder: auf die »Unsichtbare Hand« können wir uns stets verlassen!

Welcher Ökonom, Sozialphilosoph und strikter Verfechter der Marktwirtschaft vertrat in extremer Art und Weise die These, dass es die unsichtbare Hand des Marktes schon richten werde?

(1899–1992)

Friedrich August von Hayek wurde 1899 in Wien geboren. An der Universität Wien studierte er Rechts- und Wirtschaftswissenschaften. Zwischen 1921 und 1926 war er als Jurist im österreichischen Staatsdienst beschäftigt. Nach einem Studienaufenthalt an der Columbia University in New York wurde Hayek Direktor des neu gegründeten österreichischen Instituts für Konjunkturforschung und arbeitete als Privatdozent für Volkswirtschaftslehre und Statistik an der Wiener Universität. Als Geldtheoretiker wurde er 1931 von Lionel Robbins an die London School of Economics (LSE) geholt. 1938 wurde er britischer Staatsbürger und blieb dort bis 1950. Friedrich August von Hayek war somit der erste Ausländer, den man auf einen Lehrstuhl an die LSE berufen hatte. Im Umfeld von Robbins, John Hicks, Nicholas Kaldor und anderen Ökonomen war seine Auseinandersetzung mit der Keynesianischen Theorie unvermeidlich. 1950 nahm er einen Ruf der University of Chicago an. Hier hatte er bis 1962 den Lehrstuhl für »Social and Moral Sciences« inne und begründete unter anderem mit → Milton Friedman (Nobelpreis 1976), Frank Knight und Georg J. Stigler (Nobelpreis 1982) die Chicagoer Schule;[1] eine streng neoklassische Ökonomik, die später von Karl Brunner als Monetarismus bezeichnet wurde. Von 1962 bis zu seiner Emeritierung 1968 war Hayek Professor für Volkswirtschaftslehre in Freiburg i. Br., wo er auch 1992 starb. 1974 erhielt Friedrich August von Hayek zusammen mit Gunnar Karl Myrdal den Nobelpreis für Wirtschaftswissenschaften. Dies war erstaunlich, denn beide Ökonomen vertreten nahezu völlig konträre Ansichten. Ein Grund für ihre gemeinsame Nominierung mag darin bestehen, dass hier zwei Vertreter für ihre systematische Deutung der Konjunkturzyklen geehrt werden sollten.

Hayek war vor allem ein Sozialphilosoph und strikter Verfechter der reinen Marktwirtschaft in einer liberalen Wirtschafts- und Gesellschaftsordnung. Als entschiedener Gegner jeder sozialistischen Bestrebung versuchte Hayek in seinem wissenschaftlichen Werk zu zeigen, dass die sozialistische Planwirtschaft, aber auch schon staatliche Steuerungsversuche auf lange

1) Vgl. auch den Abschnitt über die Schulen der Nationalökonomie.

Sicht zum Scheitern verurteilt sind. In diesem Sinne setzte er sich – wie die früheren Vertreter der österreichischen Schule[2] – kritisch mit den Theorien von → John Maynard Keynes auseinander. Während Keynes als Reaktion auf die Weltwirtschaftskrise in der General Theory das Konzept der unzureichenden Gesamtnachfrage vorstellte, die auf die schwache private Investitionsneigung abhob[3], legte Hayek eine »Überinvestitions- und Überkonsumtionstheorie« vor. Wie Willke aufführt, ging es ihm vermutlich nur darum, eine »konzeptionelle Alternative« zu Keynes auszuarbeiten. Kurzum, Keynes setzte bei der Lösung des Problems auf den Staat und Hayek auf den Markt. Gemäß Vanberg[4] besteht zwischen Hayeks Früh- und seinem Spätwerk eine Verhärtung der Position. Während in seinem Frühwerk liberale Gesetzesreformen und Verbesserungen der Rahmenbedingungen noch befürwortet werden und politische Gestaltung durchaus zugelassen ist, setzt das Spätwerk ganz auf Evolution und hält eine bewusste Gestaltung für vergeblich. Gegen das Diktat der Evolution sei menschliches Planen nicht nur zwecklos, sondern verhängnisvoll.[5] Wirtschaftspolitische Eingriffe werden daher abgelehnt, denn sie würden die Lage nur noch verschlimmern, indem sie zum Beispiel zur Inflation führen. Hayeks sozialphilosophische Grundposition richtete sich gegen die »Anmaßung von Wissen«. Eine staatliche Behörde könne niemals über all die Informationen verfügen, die zur Steuerung eines Wirtschaftssystems notwendig sind. Nur auf dem Markt unter freiem Wettbewerb könne die zweckmäßigste Lösung gefunden werden. Die durch Angebot und Nachfrage gefundenen Preise bilden das »Kommunikationsnetz«. Übrigens auch bei der Wagenpanne im Eingangscartoon würde Hayek auf die unsichtbare Hand des Marktes vertrauen. Der Fahrer müsste nur noch ein

2) Die Österreichische oder auch Wiener Schule gehört zu den Schulen der Neoklassik. Sie entstand aus einem Methodenstreit zwischen Carl Menger (1840–1921), Vertreter der so genannten Österreichischen Schule und Gustav von Schmoller (1838–1917), Vertreter der so genannten Historischen Schule, in den 1880er Jahren. Das Problem: Gibt es unveränderbare ökonomische Gesetze? (Vgl. auch die Pareto-Anekdote). Die Österreichische Schule vertritt im Gegensatz zur Historischen Schule die These, dass ausgehend vom Prinzip der Nutzenmaximierung sehr wohl allgemeingültige volkswirtschaftliche Gesetze ableitbar sind. Allerdings lehnt sie sowohl mathematische Modelle als auch die empirische Methode ab, da sich – ihrer Auffassung nach – menschliches Verhalten einer mathematischen Formalisierung entzieht. Weitere wichtige Vertreter der Österreichischen Schule sind zum Beispiel Eugen von Böhm-Bawerk (1851–1914), Friedrich von Wieser (1851–1926), Ludwig von Mises (1881–1973), Friedrich August von Hayek (1899–1992) und Murray N. Rothbard (1926–1995).

3) Vgl. hier auch Willke, G.: *Neoliberalismus*, Frankfurt/New York 2003, S. 110.

4) Vanberg, V.: *The Constitution of Markets. Essays in Political Economy*, London/New York, 2001, S.54 und 65.

5) Vgl. auch Willke, G., *Neoliberalismus*, Frankfurt/New York 2003, S. 114.

Preisschild hochhalten, z. B.: Suche Hilfe, biete 500 Euro. Dann würde schon jemand halten und Hilfe leisten.

Auf den freien Markt gehören seiner Ansicht nach – wie das nachfolgende Cartoon veranschaulicht – auch die Arbeitskräfte. Löhne sollen frei durch die Kräfte von Angebot und Nachfrage gebildet werden. Arbeit ist ein Gut wie jedes andere. In diesem Sinne wendet sich Hayek gegen die meisten Sozialleistungen und gegen Entwicklungshilfe, die er als ökonomisch schädlich ansah.

Interessant ist ferner seine Ansicht zur »Entnationalisierung des Geldes«. Es sollen keine gesetzlichen Zahlungsmittel des Staates mehr existieren und jede Bank soll das Recht haben, ihr eigenes Geld drucken zu dürfen. Das stabilste Geld würde sich dann durchsetzen. Aber lassen wir an dieser Stelle Hayek selbst sprechen:

»Das wichtigste Ergebnis des derzeitigen Untersuchungsstadiums ist, dass der Hauptmangel des Marktsystems und damit der Grund für wohl gerechtfertigte Vorwürfe – nämlich seine Empfänglichkeit für wiederkehrende Perioden von Depression und Arbeitslosigkeit – eine Konsequenz des uralten Regierungsmonopols der Geldemission ist. Ich habe nun überhaupt keinen Zweifel mehr, dass privates Unternehmertum, wäre es nicht von Regierungen daran gehindert worden, das Publikum schon seit langem mit einer Auswahl von Währungen hätte versorgen können und versorgt haben würde, von denen diejenigen, die sich im Wettbewerb durchgesetzt hätten, von Grund auf stabil gewesen wären und sowohl eine

außergewöhnliche Expansion von Investitionen als auch die nachfolgenden Perioden der Kontraktion verhindert hätten.«[6]

Hayek vertritt also die These, private Geldproduktion wird zu einem stabileren konjunkturellen Verlauf führen. Aber es gibt auch negative Aspekte: ließe man nämlich private Geldproduktion zu, so würden sich anfangs mehrere private Geldanbieter auf dem Markt tummeln. Aufgrund des gewünschten Wettbewerbs würden jedoch einige Anbieter wieder vom Markt verschwinden. Ihre Währung würde mit ihrer schwindenden Bonität immer weicher werden, bis sie schließlich wertlos ist. Besitzer dieser Währung würden Verluste erleiden, die nichts mit ihrer sonstigen Marktposition zu tun haben. Um dies zu verhindern, müssten die Geldbesitzer ständig nach der stabilsten Währung Ausschau halten und potenziell weniger stabile Währungen gegen potenziell stabilere Währungen tauschen. Hierdurch entstünden den Marktteilnehmern nicht unerhebliche Such- und Transaktionskosten. Und wenn sich das stabilste Geld schließlich durchgesetzt hätte, dann hätten wir ein privates Geldangebotsmonopol. Aber auch Hayek sah diesen Punkt als kritisch an.

Wichtige Werke und Literaturtipps:

Hayek, F. A. von: *Denationalisation of Money. An Analysis of the Theory and Practice of Concurrent Currencies*, London 1976. Deutsche Übersetzung von Wendula Gräfin von Klinckowstroem: *Entnationalisierung des Geldes. Eine Analyse der Theorie und Praxis konkurrierender Umlaufsmittel*, J. C. B. Mohr (Paul Siebeck) Verlag, Tübingen 1977.

Hayek, F. A. von: *Gesammelte Schriften in deutscher Sprache*, hrsg. von Alfred Bosch, Manfred E. Streit, Viktor Vanberg und Reinhold Veit, diverse Bände, z. B.: »Geld- und Konjunkturtheorie«, 1929, »Die reine Theorie des Kapitals«, 1941, »Der Weg zur Knechtschaft«, 1944, »Individualismus und wirtschaftliche Ordnung«, 1948.

Böhm, S. : »Die Verfassung der Freiheit«, in: *Die großen Ökonomen*, hrsg. von Nikolaus Piper, 2. Auflage, Schäffer-Poeschel Verlag, Stuttgart 1996, S. 105–111.

Schulz, J. P. : »Friedrich August von Hayek, Gunnar Myrdal«, in: *Brockhaus, Nobelpreise, Chronik herausragender Leistungen*, hrsg. von der Lexikonredaktion des Verlags F. A. Brockhaus, 2. Auflage, Leipzig, Mannheim 2004. S. 708–709.

6) Hayek, F. A. von: *Entnationalisierung des Geldes*, Tübingen, J. C. B. Mohr (Paul Siebeck), 1977, S. X.

(1898–1987)

Gunnar Karl Myrdal, wurde 1898 in Gustafs, einem kleinen Ort in Schweden geboren. Nach einem Jurastudium in Stockholm wurde Myrdal Rechtsanwalt. 1924 heiratete er die Soziologin, Politikerin und Friedensforscherin Alva Reimer. Auf ihren Vorschlag hin studierte Myrdal in Deutschland, Großbritannien und in den USA Finanzwissenschaft, Soziologie und Volkswirtschaftslehre. Internationale Bekanntheit erhielt er 1927 mit seiner Dissertation zur Kritik der Arbeitswertlehre von → Karl Marx (1818–1883). Zwischen 1933 und 1950 war Myrdal Professor für politische Ökonomie und Finanzwissenschaft an der Universität Stockholm. 1934 und 1942 wurde er als Mitglied der Sozialdemokratischen Partei in den schwedischen Senat gewählt. 1945 bis 1947 war Myrdal Handelsminister Schwedens und zwischen 1947 und 1957 Generalsekretär der Europäischen Wirtschaftskommission der vereinten Nationen (UN). Von 1961 bis 1967 arbeitete Myrdal als Professor für Internationale Ökonomie an der Stockholmer Universität. 1970 erhielt er zusammen mit seiner Ehefrau den Friedenspreis des Deutschen Buchhandels. Gunnar Karl Myrdal starb 1987 in Stockholm. 1974 wurde Myrdal zusammen mit Friedrich August von Hayek mit dem Nobelpreis für Wirtschaftswissenschaften ausgezeichnet.

Gunnar Myrdal gehört zu den Vertretern der Stockholmer Schule[7)], die sich schon vor Keynes für ein aktives staatliches Eingreifen in der Rezession stark machten. Vater der Stockholmer Schule und Begründer der modernen Konjunkturtheorie war Knut Wicksell (1851–1926). Nach Wicksell rührt das Auf und Ab der Wirtschaft von dem Abweichen des »natürlichen« von dem »tatsächlichen« Zinssatz. Liegt der natürliche Zinssatz über dem Tatsächlichen, dann wird investiert was die Wirtschaft belebt. Im umgekehrten Fall, wenn der natürliche Zinssatz unter dem tatsächlichen Zinssatz liegt, dann sinken die Investitionen und mit der Wirtschaft geht es bergab. Beide Tendenzen verstärken sich bis zur »Wende«. Myrdal präzisierte Wicksells Theorie durch die Einführung des Konzepts des geplanten (»ex ante«) und des tatsächlichen (»ex post«) Handelns und dessen Ergebnisses, woraus die Theorie der »*zirkulären*

7) Die Bezeichnung »Stockholmer Schule« geht übrigens auf Bertil Ohlin zurück, der ebenfalls zu den Begründern dieser Schule gerechnet wird. Vgl. Gönner, K., Begriff und Methode der Stockholmer Schule, Tübingen (Dissertation) 1954, S. 20. Vgl. aber auch die Schulen der Nationalökonomie auf S. 236.

Verursachung mit kumulativen Effekten« entstand. Wenn die tatsächlich realisierte Investitionsentscheidung größer ist als die geplante, so beflügelt dies weitere Investitionen. Es entsteht ein Aufschwung. Fällt die tatsächliche Investitionsentscheidung hingegen geringer aus als die geplanten Investitionen, so löst dies einen Abschwung aus.

Die von Knut Wicksell übernommene Theorie der kumulativen Effekte mit zirkulärer Verursachung, eignete sich auch zur Kritik der traditionellen Theorie des Freihandels, wonach der uneingeschränkte Freihandel zwischen entwickelten und unterentwickelten Regionen und Ländern deren Faktorpreise für zum Beispiel Kapital und Arbeit bei einheitlichen Weltmarktpreisen angleiche und für alle Beteiligten zu mehr Wohlstand führe. Myrdal vertrat hingegen die These, dass unregulierter Freihandel die Ungleichheit nur verstärke. Gunnar Myrdal vertrat also genau die gegenteilige Position wie v. Hayek. Er glaubte nicht, dass die unsichtbare Hand des Marktes in der Lage ist, bestehende Ungleichgewichte zwischen armen und reichen Personen sowie zwischen armen und reichen Ländern zu beseitigen. Im Gegenteil, der Markt verstärkt die Unterschiede nur. 1957 veröffentlichte er sein Buch »Economic Theory and Underdeveloped Regions«. Dies war die Zeit, in der viele der ehemaligen Kolonien unabhängig wurden und nach geeigneten Konzepten für eine gangbare Wirtschaftspolitik suchten. Im Rahmen der Analyse der bis dato gängigen Wirtschaftstheorien kam Myrdal zu dem Ergebnis, dass diese nicht auf die Situation armer Nationen anwendbar sind. Denn das freie Spiel des Marktes, so Myrdal, führt nicht zu einem Gleichgewicht der Kräfte und zu einem Gewinn aller, sondern im Gegenteil, es führe davon weg. Einerseits zu immer größerem Reichtum und andererseits zu immer größerer Armut. Myrdal erklärt den Prozess wie folgt: Ein armer Mensch kann sich keine Medizin leisten, Krankheit aber vermindert seine Leistungsfähigkeit, wodurch er noch weniger arbeiten und sich noch weniger Versorgung leisten kann. Mit diesem Bild erklärt er die wachsenden Einkommensunterschiede sowohl zwischen den Regionen eines Staates wie auch zwischen den Industrie- und Entwicklungsländern. Wirtschaftszentren locken Kapital von den umliegenden Regionen an, der dort entstehende Kapitalmangel wiederum vermindert die Chancen auf Entwicklung. Obwohl sich die wirtschaftlichen Unterschiede der Weltregionen sichtbar vergrößern – so bemängelt Myrdal – beharren die Verfechter des uneingeschränkten Freihandels unvermindert darauf, dass – wenn man nur lang genug wartet – sich die Faktorpreise und Einkommen durch den Handel angleichen.[8)]

8) An dieser Stelle möchten wir den Leser noch auf zwei andere Textstellen in diesem Buch verweisen, nämlich auf → David Ricardo, S. 27–31 und auf Amartya K. Sen, S. 181–185.

Ein paar Literaturempfehlungen

Myrdal, G., Economic Theory and Underdeveloped Regions, Verlag Gerald Duckworth & Co., London 1957, Deutsche Übersetzung von Ben Lehbert: Ökonomische Theorie und unterentwickelte Regionen, Fischer Taschenbuch Verlag, Frankfurt a. M. 1974.

Myrdal, G., Beyond the Welfare State, Verlag Gerald Duckworth & Co., London 1960, Deutsche Übersetzung von Ben Lehbert: Jenseits des Wohlfahrtsstaates, Wirtschaftsplanung in den Wohlfahrtsstaaten und ihre internationalen Folgen, Gustav Fischer Verlag, Stuttgart 1961.

Matzner, E., Jenseits des Laisser-faire, in: Die großen Ökonomen, Hrsg. von Nikolaus Piper, 2. Auflage, Schäffer-Poeschel Verlag, Stuttgart 1996, S. 229–234.

Osman, Y., Schutz gegen Reiche, Gunnar Myrdal: Ökonomische Theorie und unterentwickelte Regionen, in: Zeit-Bibliothek der Ökonomie, Die Hauptwerke der wichtigsten Ökonomen, Hrsg. von Wilfried Herz, Schäffer-Poeschel Verlag, Stuttgart 2000, S. 123–126.

Die Fahrt

oder: Fahr nie mit einem Monetaristen

Wer ist Milton Friedman? Und was wollte er mit den Worten »Don't touch the steering wheel« sagen?

(1912–2006)

Milton Friedman wurde 1912 in New York geboren. Er studierte an der Rutgers-University in New Jersey Mathematik und Ökonomie und finanzierte seine Ausbildung durch Gelegenheitsjobs. Aufgrund hervorragender Leistungen erhielt er ein Stipendium an der University of Chicago. 1935 bis 1937 arbeitete Friedman beim National Ressources Committee und von 1937 bis 1945 beim National Bureau of Economic Research. 1946 wurde er Dozent an der University of Chicago, wo er von 1948 bis zu seiner Emeritierung 1977 als Professor tätig war. 1976 erhielt Milton Friedman den Nobelpreis für Wirtschaftswissenschaften. Milton Friedman wandte sich stets gegen die aus der keynesianischen Theorie resultierende so genannte »Steuerrad-Politik«. Die *»Steuerrad-Politik«* besagt, dass wenn die privaten Ausgaben aus irgend einem Grund sänken, der Staat eingreifen und die Staatsausgaben steigern müsse, damit die volkswirtschaftlichen Gesamtausgaben konstant blieben. Und umgekehrt, wenn die privaten Ausgaben stiegen, dann solle der Staat seine Ausgaben entsprechend senken. Milton Friedman hielt den Staat hierfür jedoch für unfähig. Seiner Ansicht nach sieht eine Regierung in jeder noch so kleinen Rezession die Vorboten einer neuen großen Depression und startet im blinden Aktivismus Ausgabenprogramme. Viele dieser Ausgabenprogramme treten dann jedoch erst in Kraft, wenn die Rezession vorüber ist und verstärken – anstatt die Rezession zu mildern – den nachfolgenden Boom. Die Konjunkturzyklen werden somit eher verstärkt als gedämpft. Aber nicht nur das, auch sind staatliche Eingriffe nach Milton Friedman überflüssig. Denn die Konsumausgaben der privaten Haushalte hängen nicht allein von ihrem laufenden Arbeitseinkommen ab, wie von John Maynard Keynes unterstellt, sondern von ihrem permanenten Einkommen. Das *permanente Einkommen* ist ein Einkommen über die Lebenszeit hinweg und resultiert aus dem laufenden Arbeits- und Vermögenseinkommen. Kurzfristige Fluktuationen des laufenden Arbeitseinkommens, zum Beispiel aufgrund einer Rezession, haben daher keine gravierenden Auswirkungen auf die Konsumnachfrage. Friedman schlussfolgerte: Der Markt weist eine weitaus höhere Stabilität auf, als es die keynesianische Theorie unterstellt. Demzufolge lehnt er staatlichen Interventionismus ab.

Weitere Arbeiten von Milton Friedman beschäftigten sich mit der *Philipskurve*, dem nach Alban William Philips benannten (temporären) Zielkonflikt zwischen Inflationsrate und Arbeitslosigkeit.[1] Ein Weniger an Arbeitslosigkeit lässt sich demnach durch ein Mehr an Inflation erkaufen. Die Keynesianer schlagen in diesem Zusammenhang vor, diesen Zielkonflikt zur Steigerung der Beschäftigung zu nutzen. Dieser Auffassung trat Milton Friedman entgegen. Denn ein steigendes Preisniveau führt nur dann zu sinkender Arbeitslosigkeit, wenn damit verbunden die Reallöhne zurückgehen. Sofern die Beschäftigten nicht der Lohnillusion unterliegen, also merken, dass sie bei steigender Inflation real immer weniger Geld in der Tasche haben, werden sie dies nicht dauerhaft akzeptieren. Mittelfristig werden die Beschäftigten daher im Rahmen ihrer Lohnforderungen einen Inflationsausgleich verlangen. Die Höhe des geforderten Inflationsausgleichs ergibt sich adaptiv aus den Erfahrungen der Vergangenheit. Mittel- bis langfristig wird der Reallohn nicht zurückgehen und die Arbeitslosigkeit unverändert auf ihrer »natürlichen Rate«[2] verharren, und dies bei einem insgesamt höheren Preisniveau. Eine aktiv steuernde staatliche Politik ist damit auch hier wirkungslos, ja sogar schädlich und wurde demzufolge von Milton Friedman abgelehnt.[3] Das Hauptproblem, so Milton Friedman, liegt jedoch nicht darin, dass der Staat aufgrund seiner verzögerten Reaktionen die Rezessionen gar nicht ausgleichen kann, und auch nicht darin, dass die fortwährende Eingriffspolitik eine schleichende Inflation nach sich zieht, sondern darin, dass mit der laufenden Eingriffspolitik eine Ausweitung des Staatssektors und somit tendenziell höhere Steuern verbunden sind. Die Aufgabe des Staates – so Milton Friedman – sollte vielmehr nur die eines Schiedsrichters sein. Er sollte Zwang und Willkür im Wirtschaftsleben verhindern und allgemeine Rahmenbedingungen schaffen, unter denen sich die Wirtschaft frei entfalten kann. Folgerichtig plädierte Milton Friedman auch für die Abschaffung der Sozialversicherungen sowie des staatlichen Gesundheits- und Bildungswesens. Und jetzt kommen wir zurück zur Steuerrad-Politik und zu unserm Comic. Milton Friedman kam zu dem Schluss, dass wir keinen geschickten Fahrer des ökonomischen Fahrzeugs brauchen, der dauernd am Lenkrad dreht, um sich unvorhergesehenen Unebenheiten des Weges anzupassen.[4] Seine Botschaft ist klar: Politiker, lass die Finger vom Lenkrad der Wirtschaft. Und somit ist auch für unseren Kollegen die Botschaft klar: Fahr nie mit einem Monetaristen! Denn richtige Monetaristen lehnen es stets ab, lenkend ein-

1) Phillips, A. W.: »The Relationship between Unemployment and the Rate of Change of Money Wage Rates in the United Kingdom, 1861–1957«, in: *Economica* 1958, S. 283–299.

2) Vgl. hierzu auch de Abschnitt »Arten der Arbeitslosigkeit«.

3) Vgl. Friedman, M., 2002, S. 99 ff.

4) Vgl. Friedman, M.: *A Program for Monetary Stability*, New York: Fordham Press, 1959, S. 23.

zugreifen und gehen davon aus, dass sich der Wagen schon automatisch in die richtige Richtung bewegt.

Zum Theoriegebäude des *Monetarismus*. Der Monetarismus wurde von Milton Friedman in den fünfziger und sechziger Jahren in zwei zentralen Aufsätzen skizziert: »The Quantity Theory of Money: A Restatement«[5] und »The Role of Monetary Policy«[6]. Nach → Robert Lucas ist dies einer der einflussreichsten Beiträge der Ökonomie, der die Grundlage für die Theorie Rationaler Erwartungen legte und damit die Ablösung des keynesianischen Paradigmas einleitete. Er betont die Geldmenge als primäre Steuerungsvariable. Dennoch soll natürlich auch hier auf eine aktive Steuerung verzichtet werden. Milton Friedman plädierte daher für eine vom Staat unabhängige Notenbank, deren Handlungen durch eine strenge Regelbindung vorgezeichnet und nachvollziehbar sein sollen. Denn nur eine stabile Geldversorgung verfestigt die Erwartungen der Wirtschaftsteilnehmer und löst damit weniger starke Schwankungen der Gesamtwirtschaft aus. Auch hilft eine strenge Regelbindung, Steuerungsfehler der Notenbank zu vermeiden. Friedman plädierte für einen gleichmäßigen Anstieg der jährlichen Geldmenge zwischen 3 und 5 Prozent.

Wichtige Werke und Literaturtipps

Friedman, M.: *The Methodology of Positive Economics. Essays in Positive Economics*, University of Chicago Press, Chicago 1953.

Friedman, M.: »The Quantity Theory of Money: A Restatement«, 1956. Deutsche Übersetzung: »Die Quantitätstheorie des Geldes: Eine Neuformulierung«, in: Milton Friedman: *Die Optimale Geldmenge und andere Essays*, Verlag Moderne Industrie, München 1970.

Friedman, M.: *Capitalism and Freedom*, University of Chicago Press, Chicago 1962. Deutsche Übersetzung von Paul C. Martin: *Kapitalismus und Freiheit*, Eichborn Verlag, Frankfurt am Main 2002.

Friedman, M. und Schwarz, A. J.: *A Monetory History of the United States, 1867–1960*, Princeton University Press, Princeton 1963.

Friedman, M.: »The Role of Monetary Policy«, in: *American Economic Review*, Vol. 58, 1968, S. 1–17.

Koesters, P.-H. : *Ökonomen verändern die Welt. Wirtschaftstheorien, die unser Leben bestimmen*, Goldmann Verlag; 4. Auflage, Hamburg 1982. S. 283–300.

5) Friedman, M. 1956.

6) Friedman, M., 1968.

Die Analystenkonferenz

oder: Entscheidungsfindung unter begrenzter Rationalität!

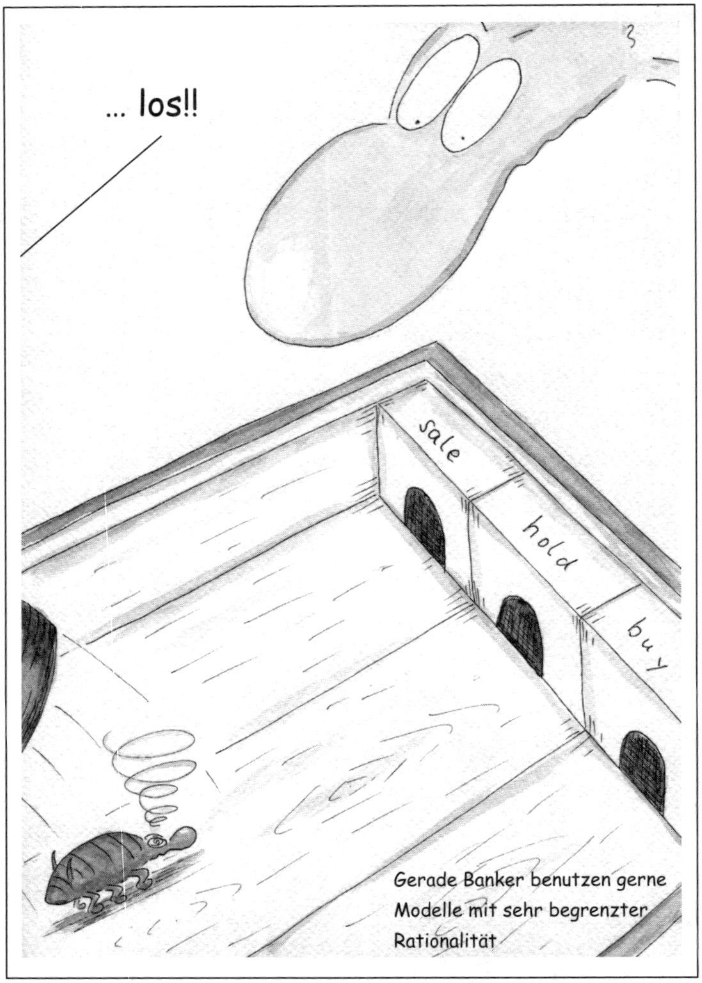

Welcher Ökonom und Nobelpreisträger kritisierte die in den neoklassischen Modellen unterstellte vollkommene Rationalität der Entscheidungsträger und plädierte für Modelle begrenzter Rationalität, da begrenzt rationales Verhalten nun mal in der Praxis vorherrscht?

(1916–2001)

Herbert Alexander Simon wurde 1916 in Milwaukee, Wisconsin, USA, geboren. Simons Vater war 1903 nach seiner Ausbildung zum Elektroingenieur in Darmstadt in die USA ausgewandert und arbeitete dort als Erfinder und Patentanwalt. Seine Mutter war Pianistin und Amerikanerin der dritten Generation. Ihre Vorfahren gehörten zu den »1848ern«, die aus Prag und Köln in die Vereinigten Staaten einwanderten.[1] Simon begann 1933 mit einem sehr breit gefächerten Studium der Sozialwissenschaften und Mathematik an der University of Chicago. Sein Interesse für die Entscheidungsfindung in Organisationen wurde durch eine entsprechende Fallstudie im Grundstudium geweckt. Diese Hausarbeit führte nach dem Abschluss seines Studiums zu einer Assistentenstelle bei Clarence E. Ridley. Hier führte er Untersuchungen im Bereich der städtischen Verwaltung durch. Diese Art von Untersuchungen bekam später die Bezeichnung Operations-Research. Bereits als Assistent (zwischen 1939 und 1942) leitete Herbert Simon eine Forschungsgruppe des Operations-Research an der University of Kalifornien in Berkeley. 1942 bis 1949 arbeitete er als Professor am Illinois Institute of Technology in Chicago, wo er mit Tjalling Koopmans, → Kenneth J. Arrow, → Milton Friedman und → Franco Modigliani, alles spätere Nobelpreisträger, zusammenkam. 1949 bis 1965 war Simon als Professor für Politikwissenschaften an der Carnegie-Mellon-University in Pittsburgh/Pennsylvania tätig. 1965 wurde er hier zum Richard-King-Melon-Professor ernannt, das heißt er wurde vom laufenden Lehrbetrieb entbunden und konnte sich fortan ausschließlich seinem Forschungsinteresse, der Konstruktion eines informationsverarbeitenden Systems mit künstlicher Intelligenz zur Simulation von Entscheidungsprozessen, widmen. Den Nobelpreis für Wirtschaftswissenschaften erhielt er 1978 für seine Pionierforschungen auf dem Gebiet der Entscheidungsprozesse innerhalb wirtschaftlicher Organisationen. Herbert A. Simon starb im Jahr 2001.

Simon hat rund 500 Bücher und Aufsätze verfasst, in welchen er sich schwerpunktmäßig mit der Entscheidungsfindung innerhalb von Unternehmen und Organisationen auseinandersetzte. In seinen Untersuchun-

1) 1848 kam es zu gewalttätigen Auseinandersetzungen als sich Polen, Tschechien und Ungarn gegen ihren österreichischen Herrscher stellten und in Mittel- und Westeuropa eine Revolution auslösten.

gen kam er stets zu dem Ergebnis, dass es dem Menschen unmöglich sei, alle Informationen auszuwerten, um stets nur maximierende Entscheidungen zu treffen, wie in der klassisch/neoklassischen Theorie unterstellt.

»Das klassische Modell verlangt die Kenntnis aller Alternativen, die zur Wahl stehen. Es verlangt die völlige Kenntnis oder die Fähigkeit, die Folgen zu berechnen, die sich aus jeder der Alternativen ergeben können. Es verlangt die Fähigkeit, Folgen abzuwägen, gleichgültig wie verschieden und heterogen sie in Bezug auf eine konsistente Nutzengröße auch sind.«[2)]

Entscheidungsträger haben aber nur die Möglichkeit, gerade akute Probleme ins Auge zu fassen und für diese Lösungen zu finden, und zwar ohne Folgewirkungen auf andere Unternehmensfelder zu berücksichtigen. Sie können ihre Entscheidungen eben nur mit begrenzter Rationalität fällen. In einer Umwelt, wo alles mit allem zusammenhängt und alles noch sehr dicht miteinander verknüpft ist, wäre dies fatal. Aber in einer relativ leeren Umwelt, wie der unsrigen, in der die einzelnen Entscheidungen nicht allzu eng miteinander verknüpft sind, ist diese begrenzte Rationalität nicht allzu schädlich, führt aber zumeist zu suboptimalen Ergebnissen. Um zumindest befriedigende Lösungen zu erreichen, sind mehrere Verfahren von ziemlich allgemeiner Anwendbarkeit entwickelt worden. Diese Verfahren machen aus schwierigen leicht lösbare Entscheidungsfälle. Hierzu gehört erstens die Suche nach zufrieden stellenden Lösungsmöglichkeiten, statt nach der optimalen. Zweitens können abstrakte globale Ziele durch erfassbare Unterziele, deren Erreichung man feststellen und messen kann, ersetzt werden. Drittens kann die zu lösende Aufgabe auf mehrere Fachleute verteilt werden, um eine Entscheidung zu treffen. Ihre Tätigkeiten müssen jedoch durch ein Kommunikationssystem und durch Kompetenzbeziehungen koordiniert werden. Alle diese Verfahren fallen unter die eingeschränkte Rationalität. Komplexe Aufgaben lassen sich also durch eine entsprechende Organisation bewältigen. Dass zentrale Investitionsentscheidungen unter so stark begrenzter Rationalität gefällt werden, wie in unserem Eingangscomic gezeigt, dürfte wohl eher die Ausnahme sein. Bei der Entscheidungsfindung der Aktienanalysten und der hieraus resultierenden Anlagetipps sind wir uns jedoch ziemlich sicher, dass sie so oder so ähnlich – wie in unserem Comic gezeigt – stattfinden muss.

Simons Arbeiten erstreckten sich auch auf die empirische Unternehmensforschung der Verhaltenspsychologie, der Neurophysiologie und der Informatik. Erste Grundlagenforschung leistete er auch auf dem Gebiet der

2) Vgl. Simon, H. A., 1977, S. 608.

künstlichen Intelligenz. Seine Bücher *Models of Bounded Rationality* und *Sciences of the Artificial* gelten als Klassiker in ihren jeweiligen Disziplinen.

Wichtige Werke und Literaturtipps

Simon, H. A.: *Administrative Behavior. A Study of Decision-Making Processes in Administrative Organizations*, New York: Macmillan 1947, 4. Auflage, The free Press, New York 1997.

Simon, H. A.: »Rationale Entscheidungsfindung in Wirtschaftsunternehmen, Nobel-Lesung vom 8. Dezember 1977«, in: *Die Nobelpreisträger der ökonomischen Wissenschaft*, Band II, hrsg. von Claus Horst Recktenwald, Düsseldorf 1989, S. 585–633.

Simon, H. A.: *Reason in Human Affairs*, Stanford University Press, California, 1983. Deutsche Übersetzung von Thomas Steiner: *Homo rationalis. Die Vernunft im menschlichen Leben*, Campus Verlag, Frankfurt/ New York, 1993.

Füss, R. und Vorsatz, G.,: »Herbert Alexander Simon«, in: *Brockhaus, Nobelpreise, Chronik herausragender Leistungen*, hrsg. von der Lexikonredaktion des Verlags F. A. Brockhaus, 2. Auflage, Leipzig, Mannheim 2004. S. 756–757.

Gentleman und Keynesianer

oder: Etwas Sand im Getriebe kann nicht schaden!

Am nächsten Morgen:

Von welchem Ökonom stammt der Vorschlag einer Börsenumsatzsteuer?

(1918–2002)

James Tobin wurde am 05. März 1918 in Champaign, Illionis geboren und starb am 11. März 2002 in New Haven, Connecticut. Er gehörte zu der Generation von Ökonomen, wie Paul Samuelson, Robert Solow, John Kenneth Galbraith, Lloyd Metzler, Richard Musgrave, John P. Miller und Milton Friedman, die durch die Erfahrungen der Weltwirtschaftskrise der 30er Jahre des vergangenen Jahrhunderts geprägt wurden und sich auch aus Gründen des sozialen Interesses für das Studium der Wirtschaftswissenschaften entschieden haben. Hierbei spielte die Lektüre der *General Theory* von John Maynard Keynes eine nicht zu unterschätzende Rolle.

Es ist also nicht verwunderlich, dass James Tobin einer der bedeutenden »Nachfolger« von Keynes wurde und sich stets für die wirtschaftspolitischen Implikationen ökonomischer Theorien interessierte. Ökonomische Theoriebildung war für James Tobin niemals nur Selbstzweck, sondern sollte zur Verbesserung der ökonomischen Lebenssituation der Menschen beitragen.

Auf Drängen seines Vaters legte James Tobin im Jahr 1935 die Aufnahmeprüfung für das Studium der Wirtschaftswissenschaften an der Harvard University in Cambridge Massachusetts ab, was ihm ein Stipendium brachte. Im Jahr 1940 erhielt er den Bachelor in Wirtschaftswissenschaften und nur ein Jahr später den Master in Economics. Während seines Studiums besuchte er Vorlesungen u. a. bei Joseph Schumpeter und Wassily Leontief und begann sich intensiv mit den Arbeiten von John Maynard Keynes auseinander zusetzen. Von 1942 bis 1946 diente er als Offizier in der amerikanischen Kriegsmarine u. a. an Bord des Zerstörers »USS Keamy«.

Nach seinem Abschied aus dem aktiven Dienst kehrte er an die Harvard University zurück und promovierte 1947 mit einer Arbeit über die Keynesianische Konsumfunktion. Dabei befasste er sich nicht nur mit der Theorie, sondern auch mit der statistischen Relevanz dieser Funktion, was für sein Wirken typisch werden sollte. Im Jahr 1950 erhielt er einen Ruf an die Yale University in New Haven, wo er bis zu seiner Emeritierung im Jahr 1988 blieb. Während dieser Zeit leitete er die Cowls Stiftung und beriet den US Präsidenten John F. Kennedy. 1955 erhielt er die John Bates Clarke

Medaille. Im Laufe seines Lebens wurde er mit mehr als 21 Ehrendoktorwürden geradezu überhäuft.

Heute zählt James Tobin zu den führenden Interpreten der Ideen von John Maynard Keynes. Man könnte fast sagen, er war einer seiner talentiertesten Schüler, ohne Keynes jemals persönlich getroffen zu haben. James Tobin wirkte mit bahnbrechenden Arbeiten an der Entwicklung der Konsumtheorie, der Portfoliotheorie, der Investitionstheorie, der Kapitalmarkttheorie und der Steuertheorie mit. Ähnlich wie bei Keynes standen im Mittelpunkt seiner Forschung zeitlebens Fragen der Geldtheorie und -politik, der Inflation und der Arbeitslosigkeit. Für seine Beiträge zur »Analyse der Finanzmärkte und deren Auswirkung auf Ausgabenbeschlüsse und damit auf Beschäftigung, Produktion und Preisentwicklung« erhielt er 1981 den Nobelpreis für Wirtschaftswissenschaften.

James Tobin wurde mit dem Vorschlag einer Börsenumsatzsteuer, die heute zu seinen Ehren, als Tobin Steuer bezeichnet wird, bekannt. Die Idee besteht darin Börsenumsätze mit einer geringen, z. B. weniger als 1 % betragenden Steuer zu belegen. Kauft ein Investor eine Kapitalanlage mit langfristiger Perspektive fällt die Steuer praktisch nicht ins Gewicht. Wird aber im Extremfall innerhalb von Millisekunden gehandelt, wie dies beim Hochfrequenzhandel der Fall ist, dann streut die Tobin Steuer erheblich »Sand ins Getriebe« der Spekulationen. Werfen wir an dieser Stelle nochmal einen Blick auf den Eingangscomic, dann stellen wir fest, dass der Mitarbeiter Tobinson diesen Gedanken gar zu wörtlich nimmt. Die Kritik an Tobins Vorschlag bezieht sich vor allem auf die Frage, welche Finanztransaktionen der Steuer unterliegen sollen und wie diese dann umsetzbar ist. Ein weiterer Kritikpunkt betrifft die Problematik, dass diese Steuer zur Vorbeugung von Ausweichverhalten an allen Finanzplätzen weltweit einheitlich eingeführt werden müsste. Seit der Finanzkrise 2008 wird die Tobin-Steuer intensiv diskutiert und soll in der EU 2014 eingeführt werden.

Im Rahmen der Investitionstheorie schlug Tobin mit dem sogenannten Tobins q ein Maß zur Einschätzung der Marktentwicklung vor. Tobins q entspricht dem Verhältnis aus Marktwert und den Wiederbeschaffungskosten des Vermögens eines Unternehmens. Ist z. B. Tobins q größer Eins, dann bedeutet dies, dass der Unternehmenswert größer ist als die Wiederbeschaffungskosten des Unternehmensvermögens am Markt betragen. Das heißt, dass die Erträge aus der Investition in das Unternehmen gegenwärtig am Markt größer sind als die Finanzierungskosten der Investition, was auf eine positive Marktentwicklung schließen lässt.

Mit dem sogenannten Separationstheorem legte Tobin die Grundlagen für die moderne Portfoliotheorie. Tobin zeigt, dass das optimale und damit effiziente Marktportfolio unabhängig von den individuellen Risikoeinstellungen der Anleger ist. Diese Überlegungen führten zusammen mit dem Mean Variance Modell von → Harry M. Markowitz zur Entwicklung des »Capital Asset Pricing Models« zur Bewertung von Finanzinvestitionen und deren Kapitalkosten durch → William Sharpe, John Lintner und Jan Mossin. Damit greift heute praktisch jeder Finanzanlageberater, mehr oder weniger bewusst, auf die Arbeiten von James Tobin zurück, wenn er seinen Kunden vorschlägt, welchen Teil ihres Vermögens oder Portfolios in welche Finanzaktiva zu investieren sind.

Literatur

Tobin, J., *Essays in economics: national and international,* The papers of James Tobin, Cambridge, Mass. MIT Press. 1996.

Tobin, J., *Vermögensakkumulation und wirtschaftliche Aktivität,* Oldenbourg Verlag, München, 1981.

Tobin, J., *Grundsätze der Geld- und Staatsschuldenpolitik,* Nomos-Verlagsgesellschaft, Baden Baden,1. Aufl., 1978.

Wir basteln uns eine optimale Bilanz

Oder: Die Irrelevanz der Kapitalstruktur!

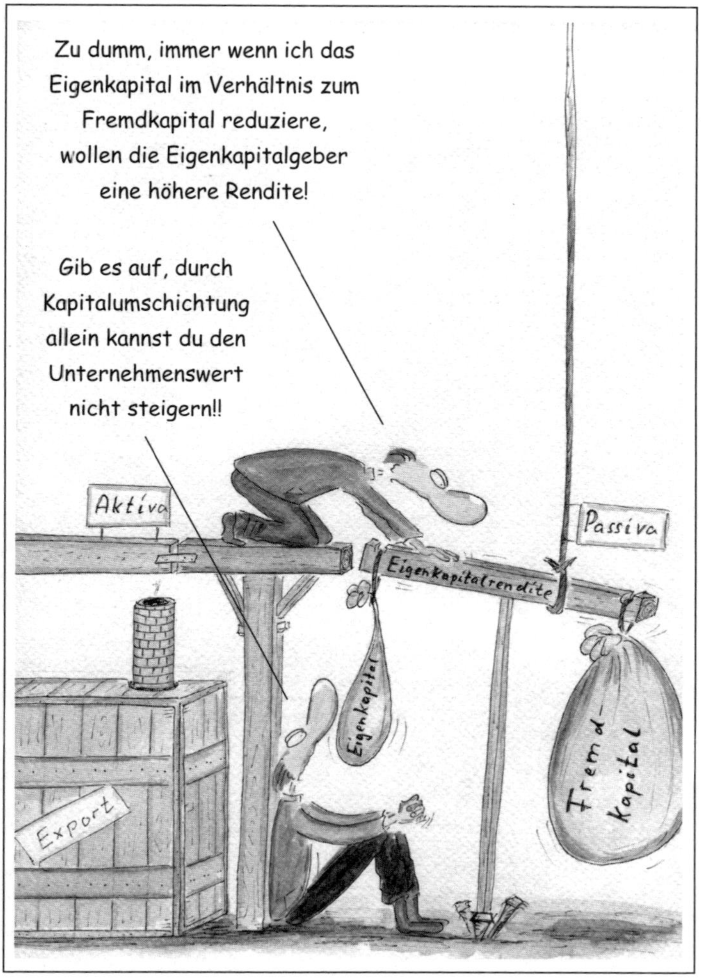

Welcher Ökonom erhielt für sein Theorem der Irrelevanz der Kapitalstruktur und für seine Analyse des Sparens 1985 den Nobelpreis für Wirtschaftswissenschaften?

(1918–2003)

Franco Modigliani wurde 1918 in Rom als Sohn eines Mediziners geboren. Mit 13 verlor er seinen Vater, der nach einer Operation verstarb. Modigliani studierte in Rom Jura. Ein von einer Studentenorganisation geförderter nationaler Wettbewerb weckte Modiglianis Interesse an der Ökonomie. Modigliani beschäftigte sich fortan mit den Klassikern der Nationalökonomie. Kurz vor Ausbruch des Zweiten Weltkriegs im September 1939 emigrierte er mit seiner Frau in die USA nach New York. Glücklicherweise erhielt er hier die Möglichkeit, an der New School for Social Research zu studieren. Die New School for Social Research war gegründet worden, um jungen Akademikern, die aus Deutschland, Italien oder Spanien emigriert waren, Studienmöglichkeiten zu bieten. Tagsüber verkaufte Modigliani Bücher, um seine Familie zu ernähren und nachts studierte er Nationalökonomie. 1941 erhielt Modigliani seine erste Anstellung als Dozent am New Jersey College für Frauen. Weitere Anstellungen folgten am Bard College, der New School for Social Research, der University of Illinois, dem Carnegie-Institute in Pittsburgh/Pennsylvania und am Massachusetts Institute of Technology in Cambridge (MIT). Für seine Arbeiten auf dem Gebiet der Finanzmärkte und der Analyse des Sparens erhielt Franco Modigliani 1985 den Nobelpreis für Wirtschaftswissenschaften. Er starb 2003 in Cambridge/Massachusetts.

Eine seiner zentralen Arbeiten, die ihm auch unter Betriebswirten großes Ansehen verlieh, war der zusammen mit Merton H. Miller (1923–2000; Nobelpreis 1990) 1958 geführte Nachweis, dass die Kapitalstruktur eines Unternehmens auf einem vollkommenen Kapitalmarkt[1)] irrelevant sein muss[2)]. Dies war revolutionär, denn bislang ist man davon ausgegangen, dass der Marktwert eines Unternehmens von der Kapitalstruktur des Unternehmens abhängig ist und mit zunehmender Verschuldung zunächst ansteigt.

1) Annahmen des Modigliani/Miller-Theorems: 1. Es existieren keine Transaktionskosten, 2. es werden keine Steuern erhoben, 3. die Marktteilnehmer verfügen über eine vollständige Markttransparenz und homogene Erwartungen, 4. der Fremdkapitalkostensatz ist konstant und unabhängig vom Verschuldungsgrad, 5. es existieren verschiedene Risikoklassen von Unternehmen, 6. in den einzelnen Risikoklassen ist das Investitionsrisiko für alle Unternehmen gleich, 7. der Konkurs ist ausgeschlossen und 8. Privatpersonen und Unternehmen können Fremdkapital zum gleichen Fremdkapitalkostensatz aufnehmen.

2) Modigliani, F. und Miller, M., 1958, S. 216–297.

Franco Modigliani und Merton H. Miller verwendeten zu ihrem Nachweis einen einfachen Arbitragebeweis. Mit dessen Hilfe zeigten sie, dass der Marktwert eines verschuldeten Unternehmens dem Marktwert eines unverschuldeten Unternehmens entsprechen muss. Schauen wir uns hierzu beispielhaft zwei Aktiengesellschaften an. Ihre Daten sind in der nachfolgenden Tabelle angegeben. Es sei ferner unterstellt, dass die Unternehmen A und B derselben Risikoklasse angehören und unendlich fortbestehen. Das Unternehmen A ist unverschuldet und das Unternehmen B ist – wie in der Tabelle angegeben – mit 4 Millionen Euro verschuldet[3]:

	Unternehmen A	**Unternehmen B**
Einzahlungsüberschuss inkl. Fremdkapitalzinsen	800 000 Euro	800 000 Euro
Fremdkapitalkostensatz i_{FK}	5 %	5 %
Fremdkapital FK	0 Euro	4 000 000 Euro
Eigenkapitalkostensatz i_{EK}	10 %	12 %
Marktwert des Eigenkapitals V_{EK}	8 000 000 Euro	5 000 000 Euro
Unternehmenswert $V = V_{EK} + FK$	8 000 000 Euro	9 000 000 Euro

Wie in der Tabelle angegeben, ist der Marktwert des Unternehmens B mit 9 Millionen Euro höher als der Marktwert des Unternehmens A, der nur bei 8 Mllionen Euro liegt. Das darf aber nicht sein, da beide Unternehmen erstens das gleiche Investitionsrisiko und zweitens den gleichen Einzahlungsüberschuss inklusive Fremdkapitalzinsen aufweisen. Jetzt sind Arbitragemöglichkeiten gegeben. Angenommen, ein Aktionär besitzt 20 Prozent der Aktien am Unternehmen B. Seine Dividende beträgt also 20 Prozent des Bruttoeinzahlungsüberschusses nach Fremdkapitalzinsen: [800 000 Euro – 4 000 000 Euro * 0,05] * 0,2 = 120 000 Euro.

Unser Aktionär überlegt nun, ob er nicht durch den Verkauf seiner Aktien am Unternehmen B und dem anschließenden Kauf der Aktien des Unternehmens A einen zusätzlichen, risikolosen Gewinn (Arbitragegewinn) erzielen kann. Die Idee: Unser Aktionär verkauft seine Anteile am Unternehmen B. Hierdurch erlöst er 20 Prozent des Marktwerts des Eigenkapital, also 5 000 000 Euro * 0,2 = 1 000 000 Euro. Dieses Geld investiert er in Aktien des Unternehmens A. Da er aber die *gleiche Finanzierungsrisikoposition* (Leverage) eingehen möchte, wie er sie zuvor im Unternehmen B

3) Dieses Beispiel ist entnommen aus: Dahmen, A. und Jacobi, Ph.: *Firmenkundengeschäft der Kreditinstitute*, Bankakademie Verlag, Frankfurt Main, S. 82f.

vorgefunden hatte (das Unternehmen B weist ja eine Fremdkapital/Eigenkapital-Position von 4 Millionen/5 Millionen = 0,8 auf), nimmt er noch zusätzlich einen Kredit von 800 000 Euro zum Zinssatz i_{FK} auf und erwirbt dann Aktien der Unternehmung A in Höhe von 1,8 Millionen Euro. Als Aktionär vom Unternehmen A erhält er jetzt eine Dividende in Höhe von 1 800 000 Euro * 0,1 = 180 000 Euro.[4] Allerdings muss er für das aufgenommene Fremdkapital noch Zinsen in Höhe von 800 000 Euro * 0,05 = 40 000 Euro zahlen. Dies bedeutet für ihn einen Gewinn in Höhe von 180 000 Euro – 40 000 Euro = 140 000 Euro; das sind 20 000 Euro mehr als wenn er die Aktien von Unternehmen B weiterhin gehalten hätte. Und das Ganze ohne eine Veränderung der Risikoposition. Da dieses Geschäft nicht nur unser Aktionär macht, sondern auch all die anderen Anleger, die diese Arbitragemöglichkeit erkennen, wird der Aktienkurs der Unternehmung A, aufgrund der verstärkten Nachfrage nach dieser Aktie, steigen und der des Unternehmens B – entsprechend umgekehrt – fallen. Dieser Prozess setzt sich solange fort, bis beide Unternehmen den gleichen Marktwert aufweisen und keine Arbitrage mehr möglich ist (zum Beispiel auf V_{GK} = 8 500 000 Euro für A und B). Aus dieser Arbitrageüberlegung schlossen Franco Modigliani und Merton H. Miller, dass der Marktwert eines Unternehmens unabhängig vom Verschuldungsgrad ist und es somit keine optimale Kapitalstruktur gibt. Dieser Arbitragebeweis gilt jedoch nur unter der Bedingung eines vollkommenen Kapitalmarkts. In der Realität ist aber gerade der Kapitalmarkt wie → Vernon L. Smith zeigt, besonders unvollkommen. Es ist somit eher wahrscheinlich, dass die Kapitalstruktur alles andere als irrelevant ist.

Franco Modigliani beschäftigte sich ferner mit der Theorie des Sparens. Hier löste er einen Widerspruch auf, der von Simon Kuznets (Nobelpreis 1971) aufgezeigt wurde. Denn nach der Keynesianischen Auffassung stieg die Sparneigung mit dem Einkommen, so dass sie in Zeiten des Wachstums zunehmen musste. Tatsächlich aber blieb sie konstant, wie Simon Kuznets zeigte. → Milton Friedman (Nobelpreis 1976) ging daher davon aus, dass die Sparneigung des Einzelnen von seinem relativen Einkommen abhinge, das heißt vom Verhältnis des eigenen Einkommens zum Durchschnittseinkommen. Franco Modigliani hingegen postulierte, Sparen sei nicht vom jeweils verfügbaren Einkommen, sondern vom erwarteten Lebenseinkommen, einschließlich etwaiger Erbschaften, abhängig. Modiglianis Theorie des Sparens hat weitreichende politische Konsequenzen. Denn Modiglianis Sparen ist langfristig angelegt und somit weitgehend

4) Oder 800 000 Euro * 1,8 Millionen Euro/8 Millionen Euro.

unabhängig vom aktuellen Staatshaushalt und der aktuellen Staatsverschuldung. Dies wiederum bedeutet, von einer höheren Staatsverschuldung zur Bekämpfung der Arbeitslosigkeit entsteht langfristig keine Gefahr für die Wirtschaftsentwicklung. Letzteres kann als ein Argument für den Keynesianismus angesehen werden.

Wichtige Werke und Literaturtipps

Modigliani, F. und Brumberg, R.: »Utility Analysis and Aggregate Consumption Function: An Interpretation of Cross-Section Data«, in: *Post Keynesian Economics*, hrsg. von K. Kurihara, Rutgers University Press, New Brunswick 1954.

Modigliani, F. und Miller, M. H.: »The Cost of Capital, Corporation Finance and the Theory of Investment«, in: *American Economic Review*, Vol. 48, 1958, S. 261–297.

Modigliani, F.,: »Lebenszyklus, individuelle Sparneigung und der Reichtum der Nationen, Nobel-Lesung vom 9. Dezember 1985«, in: *Die Nobelpreisträger der ökonomischen Wissenschaft 1969–1988*, Band II, hrsg. von Claus Horst Recktenwald, Düsseldorf 1989, S. 887–927.

Winter, J.: »Franco Modigliani«, in: *Brockhaus, Nobelpreise, Chronik herausragender Leistungen*, hrsg. von der Lexikonredaktion des Verlags F. A. Brockhaus, 2. Auflage, Leipzig, Mannheim 2004. S. 842–843.

Wachstum

Oder: »Weit draußen in den unerforschten Einöden eines total aus der Mode gekommenen Ausläufers des westlichen Spiralarms der Galaxis leuchtet unbeachtet eine kleine gelbe Sonne. Um sie kreist in einer Entfernung von ungefähr achtundneunzig Millionen Meilen ein absolut unbedeutender, kleiner blaugrüner Planet, dessen vom Affen stammende Bioformen«[1] einen Wissenschaftler hervorbrachte, der eine sensationelle Entdeckung machte (wir meinen jetzt nicht die Erfindung der Digitaluhr):

1) Wenn Sie an dieser Stelle weiterlesen wollen, dann empfehlen wir: Adams, Douglas, Per Anhalter durch die Galaxis, Heyne Verlag, 3. Auflage, München 2005.

Neiiiiin!

Welcher Wissenschaftler bekam für seine Beiträge zur Wachstumstheorie 1987 den Nobelpreis für Wirtschaft?

(geboren 1924)

Robert Merton Solow wurde 1924 in New York geboren. Zunächst studierte er an der Harvard University Soziologie und Anthropologie. Dann unterbrach Solow sein Studium und trat in die US-Armee ein. Drei Jahre später (1945) nahm er wieder ein Studium an der Harvard University auf, diesmal in Ökonomie. Sein Lehrer: → Wassily Leontief. Zunächst als Assistenz- und später als ordentlicher Professor forschte und lehrte Solow von 1954 bis zu seiner Emeritierung 1995 am Massachusetts Institute of Technology in Cambridge. In den sechziger Jahren gehörte er zu den Wirtschaftsberatern von John F. Kennedy. 1987 erhielt Robert M. Solow für seine Beiträge zur Theorie des Wirtschaftswachstums den Nobelpreis für Wirtschaftswissenschaften. »Wirtschaftswachstum ist die Steigerung des potentiellen Bruttoinlandsprodukts oder der potentiellen Produktionsleistung eines Landes«[2] Streng genommen spricht man also immer nur dann von Wirtschaftswachstum, wenn sich die Produktionsmöglichkeiten – nicht nur die tatsächliche Produktion – eines Landes verbessern. Aber wie kommt Wachstum zustande und was versteht man unter störungsfreiem Wachstum?

Zu Solows Leistungen zählt die theoretische Weiterentwicklung der Wachstumstheorie. Bis in die fünfziger Jahre des letzten Jahrhunderts dominierte in der wissenschaftlichen Diskussion das von Roy F. Harrod und Evsey D. Domar konzipierte Wachstumsmodell. Harrod und Domar hatten unabhängig voneinander gezeigt, dass Investitionen nicht nur Nachfrage, sondern eben auch Kapazitätseffekte nach sich ziehen. Störungsfreies Wachstum ist daher nur möglich, wenn die volkswirtschaftliche Nachfrage groß genug ist, auch die neu geschaffenen Kapazitäten auszulasten. Die Nachfrage muss das erhöhte Produktionspotenzial vollständig ausschöpfen. Fällt die Güternachfrage aber geringer aus, womit nach Harrod und Domar vor allem in der »spätkapitalistischen Wirtschaft« zu rechnen ist, dann treten wirtschaftliche Wachstums- und Kreislaufstörungen auf. Staatliche Eingriffe, zum Beispiel durch staatliche Nachfrage, werden erforderlich. Diesem postkeynesianischen Weltbild stellte

2) Sagt der langjährige Zimmernachbar von Robert M. Solow am MIT, → Paul A. Samuelson. Vgl. Samuelson, P. A. und Nordhaus, W. D.: *Economics*, McGraw-Hill, 15. Auflage, New York 1995, Deutsche Übersetzung von Carl Christian von Weizsäcker: *Volkswirtschaftslehre*, Ueberreuter, Wien 1998, S. 615.

Solow das neoklassische Weltbild einer sich selbst steuernden Wirtschaft gegenüber. Wächst beispielsweise die Bevölkerung mit einer bestimmten Rate – nennen wir sie r –, dann muss im Wachstumsgleichgewicht gelten, dass das volkswirtschaftliche (Netto-)Sparvolumen gerade ausreicht, die neue Bevölkerung entsprechend mit Kapital auszustatten. Fällt aber das Sparvolumen höher aus als das erforderliche Investitionsvolumen, so entsteht ein Ungleichgewicht. Dieses Ungleichgewicht löst sich jedoch von selbst wieder auf, wie Solow zeigen konnte. Denn das überschüssige Sparvolumen lässt den Zinssatz sinken, wodurch wiederum die Investitionsnachfrage und hierüber der volkswirtschaftliche Kapitalstock steigen. Der gestiegene Kapitalstock aber bleibt nicht ohne Auswirkung auf das Produktionsvolumen und das Einkommen. Da aufgrund der Produktionsgegebenheiten (normalverlaufende Produktionsfunktion) das Einkommen und das weitere Sparvolumen langsamer wächst als der zur Kapitalausstattung der gewachsenen Bevölkerung notwendige Kapitalstock (das Sparvolumen wächst degressiv während das erforderliche Investitionsvolumen linear mit der Rate r wächst), gleicht sich das Sparvolumen, das ursprünglich zu hoch war, dem erforderlichen Investitionsvolumen, das ursprünglich zu gering war, an, bis sie im Gleichgewicht gemeinsam mit der gleichen Rate r zunehmen.

Solows Konzept erwies sich als eine besonders forschungsgünstige Betrachtungsweise, die vielfältige Weiterentwicklungen wie Mehrsektorenansätze, Modelle zyklischen Wachstums et cetera zuließ. Für seinen Nobelpreis mitentscheidend waren auch seine Beiträge zur Theorie des technischen Fortschritts. Denn anders als in dem oben skizzierten Ansatz ist Wachstum auch durch die Steigerung der Kapitalproduktivität möglich. Technischer Fortschritt kann im Kapital »verkörpert«, aber auch »ungebunden« auftreten. Insbesondere die Existenz des ungebundenen technischen Fortschritts hat die Forschungspolitik vieler Länder beeinflusst. Auch in unserem Cartoon hat der Forscher das Geheimnis des Wachstums gefunden. Er nennt es »t. F.«, totale Faktorproduktivität oder technischer Fortschritt. Hinter dem technischen Fortschritt steht letzten Endes Bildung. Hoffen wir, dass unsere Bildung dazu ausreicht, den Wachstumsprozess so zu lenken, dass unser Planet nicht – wie im Comic dargestellt – aus dem Gleichgewicht gerät. Wie stark sich Bildung und technischer Fortschritt auf das Wachstum auswirken, versucht man mit Modellen der Wachstumsrechnung zu eruieren. Eine Zusammenstellung der Ergebnisse findet man beispielsweise bei Robert J. Barro und Xavier Sala-i-Martin.[3] Für die Bundes-

3) Barro, R. J. und Sala-i-Martin, Economic Growth, McGraw-Hill, New York 1995, Deutsche Übersetzung von Walter Buhr: Wachstumsrechnung, R. Oldenbourg Verlag, München 1998, S. 386 ff.

republik Deutschland ergibt sich demnach zwischen 1947 und 1973 eine durchschnittliche Wachstumsrate des Bruttoinlandsprodukts von 6,6 Prozent. 43,4 Prozent dieses Wachstums lassen sich durch einen Anstieg des Kapitalstocks (40,6 Prozent) und des Arbeitseinsatzes (2,8 Prozent) erklären. Das heißt 56,6 Prozent des Wachstums können auf »t. F.« zurückgeführt werden. Für den Zeitraum von 1960 bis 1990 lag die durchschnittliche Wachstumsrate des Sozialprodukts bei 3,2 Prozent. 49,4 Prozent hiervon können auf »t. F.« zurückgeführt werden.

Wichtige Werke und Literaturtipps

Solow, R.: »A Contribution to the Theory of Economic Growth«, in: *The Quarterly Journal of Economics*, Cambridge, Mass. Vol. 70, 1956, S. 65–94.

Solow, R.: »Technical Change and the Aggregate Production Function«, in: *Review of Economics and Statistics*, Vol. 39, August 1957, S. 312–320.

Solow, R.: »Investment and Technical Progress«, in: *Mathematical Methods in the Social Sciences*, hrsg. von K. Arrow, S. Karlin, P. Suppes, Stanford University Press, Stanford 1960, S. 89–104.

Olbrisch, A.: »Robert Merton Solow«, in: *Brockhaus, Nobelpreise, Chronik herausragender Leistungen*, hrsg. von der Lexikonredaktion des Verlags F. A. Brockhaus, 2. Auflage, Leipzig, Mannheim 2004. S. 866–867.

Voggenreiter, D.: »Nobelpreis für Ökonomie an Robert M. Solow«, in: *das wirtschaftsstudium (wisu)*, 1987, S. 599–600.

Der Sturm

oder: Das Allais-Paradoxon

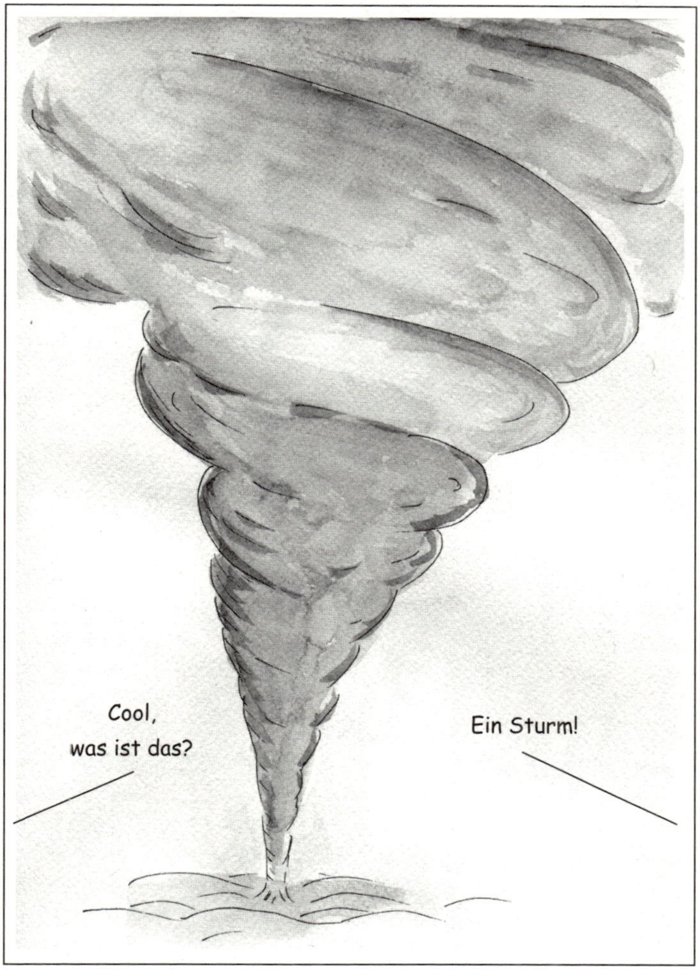

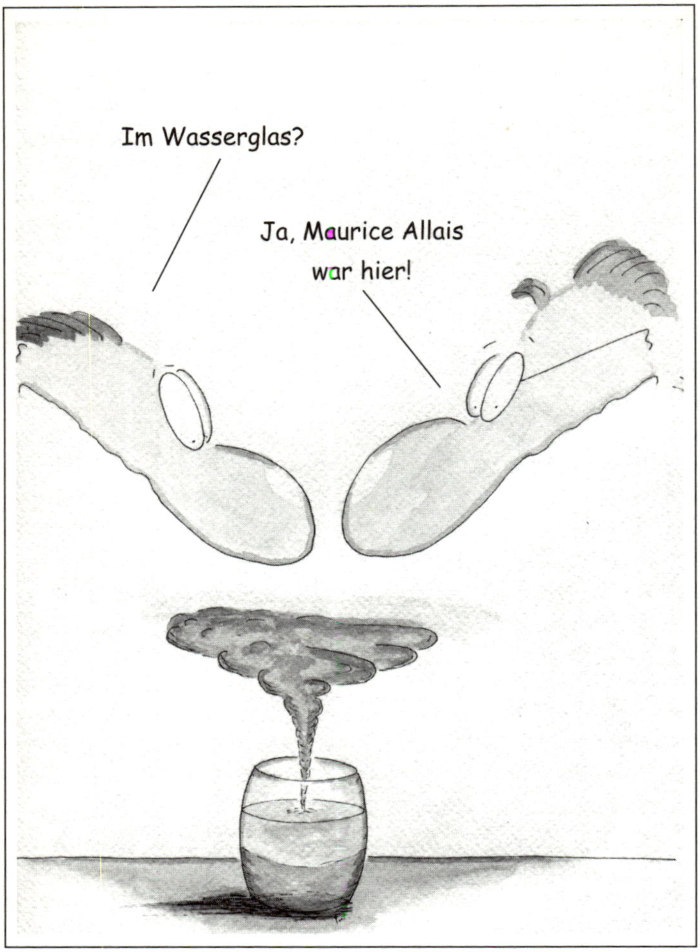

Was hat Maurice Allais mit einem Sturm im Wasserglas zu tun?

(1911–2010)

Maurice Allais wurde 1911 in Paris geboren. 1931 begann er mit dem Studium der Ingenieurwissenschaften an der französischen Eliteschule Ecole polytechnique und an der École National Supérieure des Mines in Paris. Unterbrochen vom Militärdienst leitete er von 1937 bis 1943 die Dienststelle für Gruben und Steinbrüche in Nantes. Zwischen 1943 und 1948 arbeitete Allais als Direktor des Büros für Dokumentation und Statistik der Gruben in Paris. Von 1944 an bis zu seiner Emeritierung 1980 lehrte Allais als Professor für ökonomische Analyse an der École National Supérieure des Mines. Zusätzlich übernahm er Lehrverpflichtungen an verschiedenen anderen Hochschulen, so etwa am Institut für Statistik der Pariser Universität. Vor seinem Nobelpreis, der ihm 1988 verliehen wurde, erhielt Allais bereits 14 Wissenschaftspreise, einschließlich der Goldmedaille des »National Center for Scientific Research (C.N.R.S)«. Maurice Allais starb am 9. Oktober 2010 in Saint-Cloud bei Paris.

1943 veröffentlichte er sein Werk: *A la recherche d'une discipline économique.* Es wurde 1952 unter anderem Titel *Traité d'économie pure* neu veröffentlicht. Hierin stellte Allais neben vielfältigen Neuerungen in der Analyse des individuellen Wahlverhaltens, der Entscheidungen von Unternehmen, der Preisbildung und der Konzepte von Gleichgewicht und Optimum, auch die beiden fundamentalen Behauptungen der Wohlfahrtstheorie vor: 1. Eine ökonomische Situation, die durch Gleichgewichtspreise gekennzeichnet ist, stellt ein Wohlfahrtsoptimum dar. Hier ist es unmöglich, den Nutzen eines Gesellschaftsmitgliedes zu erhöhen, ohne gleichzeitig die Position eines anderen zu verschlechtern. Und 2. unter bestimmten Bedingungen ist es möglich, eine solche Situation herbeizuführen, in der die Ressourcenausstattung – durch die die Ausgangslage charakterisiert ist – korrigiert und ein System von Gleichgewichtspreisen eingeführt wird. Diese Erkenntnisse lassen sich auch im öffentlichen Sektor für planerische Maßnahmen nutzen, indem statt direkte Regulierungen eine Steuerung über Preise gewählt wird.

In dem 1953 erschienenen Artikel »Le Comportement de l'Homme Rationnel devant le Risque des Postulates et Axiomes de l'École Américaine« stellte M. Allais ein Spiel vor. Das Spiel und seine Resultate wurden später als das *Allais-Paradoxon* bezeichnet. Die bekannteste Struktur dieses Spiels lautet wie folgt:

Individuen werden gebeten, zwischen zwei hypothetischen Spielen dasjenige auszusuchen, das sie spielen wollen.

Spiel A: Eine 100-prozentige Sicherheit, 1 Million Euro zu erhalten.
Spiel B: Eine 10-prozentige Wahrscheinlichkeit, 5 Millionen Euro zu erhalten und
eine 89-prozentige Wahrscheinlichkeit, 1 Million Euro zu erhalten sowie
eine 1-prozentige Wahrscheinlichkeit, 0 Euro, also nichts zu erhalten.

Nachdem die Probanten ihre Wahl getroffen hatten, wurde ihnen eine zweite Spielgruppe präsentiert.

Spiel C: Eine 11-prozentige Wahrscheinlichkeit, 1 Million Euro zu erhalten und
eine 89-prozentige Wahrscheinlichkeit 0 Euro zu erhalten.
Spiel D: Eine 10-prozentige Wahrscheinlichkeit, 5 Millionen Euro zu erhalten und
eine 90-prozentige Wahrscheinlichkeit 0 Euro zu erhalten.

Dieses Experiment wurde viele, viele Male durchgeführt. Hierbei zeigte sich, dass die meisten Individuen bei der ersten Spielgruppe das Spiel A dem Spiel B vorzogen. Der Nutzen des Spiels A: N(A) ist für die Mehrheit der Individuen offensichtlich größer als der Nutzen des Spieles B: N(B), das heißt $N(A) > N(B)$.

Bei der zweiten Spielgruppe zeigt sich, dass die meisten Individuen das Spiel D dem Spiel C vorziehen. Hier gilt offensichtlich: $N(C) < N(D)$. Und dieses Ergebnis ist paradox! Denn

$$N(1\ \text{Mio.}) > 0{,}1 * N(5\ \text{Mio.}) + 0{,}89 * N(1\ \text{Mio.}) + 0{,}01 * N(0).$$

Formuliert man diese Ungleichung ein wenig um, so gilt:

$$0{,}11 * N(1\ \text{Mio.}) > 0{,}1 * N(5\ \text{Mio.}) + 0{,}01 * N(0).$$

Addiert man jetzt zu jeder Seite $0{,}89 * N(0)$, so folgt:

$$0{,}11 * N(1\ \text{Mio.}) + 0{,}89 * N(0) > 0{,}1 * N(5\ \text{Mio.}) + 0{,}90 * N(0).$$

Diese Situation entspricht aber genau dem zweiten Spiel, indem sich die Individuen für D statt für C entschieden haben, so dass das Ungleichheitszeichen umgedreht werden müsste. Dies bedeutet, die Wahl der Individuen im ersten Spiel ist inkonsistent mit ihrer Wahl im zweiten Spiel, und das ist irrational, das ist paradox. Und jetzt sind wir bei unserem Comic, dem

Sturm im Wasserglas. Das Allais- Paradoxon widerlegt nämlich die axiomatische Fundierung des von von Neumann und Morgenstern stammenden Erwartungsnutzenkonzeptes.[1] Dies wiederum bringt die auf der Klassik aufbauenden Theorien ins Wanken. Denn die klassischen Theorien gehen stets von rational handelnden Individuen aus. Und wie hier gezeigt wurde, handeln Individuen eben nicht rational im Sinne des Erwartungsnutzenkonzeptes. Das Ganze wurde aber als »Sturm im Wasserglas« abgetan. Denn für die Gültigkeit der neoklassischen Theorie ist – wie argumentiert wurde – es nicht entscheidend, ob alle Individuen stets rational handeln. Entscheidend ist nur, dass sie meistens und in der Masse rational handeln. Die am rationalen Verhalten der Individuen ansetzende Kritik riss jedoch nicht ab und ist heute wieder so aktuell wie nie.[2]

Wichtige Werke und Literaturtipps

Allais, M.: *Le Traité de l'Economie pure (Treatise on Pure Economics, Imprimerie Nationale,* 5. vol., in 40, Paris 1952 (1. Auflage 1943)

Allais, M.: »Le comportement de l'homme rationnel devant le risque: critique des postulats et axiomes de l'ecole americaine«, in: *Econometrica* 21, 1953, S. 503–546.

Allais, M.: *Economie et Intérêt (Economy and Interest),* Imprimerie Nationale et Librairie des Publications Officielles, Paris 1947

Allais, M.: »Die Hauptlinien meines Werkes, Nobel-Lesung vom 9. Dezember 1988«, in: *Die Nobelpreisträger der ökonomischen Wissenschaft 1969–1988,* Band II, hrsg. von Claus Horst Recktenwald, Düsseldorf 1989, S. 975–1012.

Fuess, R. und Vorsatz, G.: »Maurice Allais«, in: *Brockhaus, Nobelpreise, Chronik herausragender Leistungen,* hrsg. von der Lexikonredaktion des Verlags F. A. Brockhaus, 2. Auflage, Leipzig, Mannheim 2004. S. 878–879.

Villet, M.: »Nobelpreis für Ökonomie an Maurice Allais«, in: *das wirtschaftsstudium (wisu),* 1988, S. 639–640.

1) von Neumann, J. und Morgenstern, O.: *The Theory of Games and Economic Behavior,* 2. Aufl., Princeton University Press, Princeton 1947.

2) Prospective Theory

Das Marktportfolio

oder: leg nicht alle Eier in einen Korb!

Was besagte nochmal das Portfolio-Selektion-Modell von Harry M. Markowitz?

(1923–2000)

Merton Howard Miller wurde 1923 in Boston Massachusetts geboren. Er studierte an der Harvard University in Cambridge/Massachusetts Rechts- und Wirtschaftswissenschaften. Mit ihm studierte auch → Robert M. Solow, der 1987 den Nobelpreis für Ökonomie erhielt. Millers Arbeiten führten ihn ins US-Finanzministerium und in den Zentralbankrat. Nach seiner Promotion an der Johns Hopkins University in Baltimore/Maryland lehrte Miller als Gastdozent (1952/53) an der London School of Economics. Dann, von 1953 bis 1961, arbeitete er als Dozent an der Carnegie Mellon University, damals noch Carnegie Institute, in Pittsburgh/Pennsylvania. Hier lernte er neben → Herbert Simon (Nobelpreisträger von 1978) auch → Franco Modigliani (Nobelpreisträger von 1985) kennen, mit dem er später die so genannten Modigliani-Miller-Thesen publizierte.[1] Ab 1961 forschte und lehrte Miller als Professor für Bankwesen und Finanzen an der University of Chicago und wird zur Chicagoer Schule gerechnet. Miller starb am 3. Juni 2000 in Chicago.

(geboren 1927)

Harry Max Markowitz wurde 1927 in Chicago Illinois geboren. Markowitz studierte an der University of Chicago Ökonomie und arbeitete als Student unter der Leitung von Tjalling C. Koopmans (Nobelpreisträger von 1975) in der Cowles-Kommission für wirtschaftswissenschaftliche Forschung. Zwischen 1952 und 1963 war er bei der RAND-Corporation in Santa Monica/Kalifornien tätig. Zwischenzeitlich (1955/56) verbrachte er auf Einladung von James Tobin (Nobelpreisträger von 1981) ein akademisches Jahr an der Universität Yale in New Haven/Connecticut. Nach seiner Zeit als technischer Direktor des Consolidated Analysis Centers in Santa Monica/Kalifornien lehrte er als Professor an der University of Los Angeles, arbeitete als Wirtschaftsberater, war als Forscher für IBM und als Professor

1) Vgl. auch Nobelpreis 1985, »Die Kapitalstruktur«.

(geboren 1934)

für Wirtschafts- und Finanzwissenschaften am Baruch College der City University of New York tätig.[2)]

William Forsyth Sharpe wurde 1934 in Boston/Massachusetts geboren. Er begann zunächst Naturwissenschaften zu studieren, stellte jedoch bald fest, dass sein eigentliches Interesse den Wirtschaftswissenschaften galt. Sharpe wechselte daher von Berkley/Kalifornien an die University of California in Los Angeles (UCLA). Hier begann er mit dem Studium der Betriebswirtschaftslehre, musste jedoch bald erneut feststellen, dass ihm die Buchhaltung nicht wirklich lag, was ihn dazu brachte, zur Volkswirtschaftslehre zu wechseln. Zwischen 1956 und 1961 arbeitete er als Wirtschaftswissenschaftler für die RAND-Corporation. Anschließend wurde er Professor an der University of Washington in Seattle, wechselte dann zur University of Irvine/Kalifornien und 1970 an die Graduate School of Business der Stanford University in Palo Alto/Kalifornien. Zeitweise war er noch als Berater an der Wall Street tätig. 1990 erhielten Merton Howard Miller, Harry Max Markowitz und William Forsyth Sharpe gemeinsam den Nobelpreis für Wirtschaftswissenschaften.

Bis Ende der fünfziger Jahre war die Unternehmensfinanzierungsanalyse eine ausschließlich betriebswirtschaftliche Betrachtungsweise. *Merton H. Miller* begründete 1958 gemeinsam mit Franco Modigliani die Theorie der kapitalmarktbezogenen Unternehmensfinanzierung. Mit den so genannten *Modigliani-Miller-Thesen* postulierten sie, dass in einem vollkommenen Kapitalmarkt, der natürlich in der Realität nicht wirklich vorkommt, die Kapitalstruktur und die Dividendenpolitik den Marktwert eines Unternehmens nicht beeinflussen. Dividendenpolitik und Kapitalstruktur können somit nur in einem unvollkommenen Kapitalmarkt Einfluss auf den Unternehmenswert nehmen. Modigliani und Miller stellten zwei Hauptthesen über die Unternehmensfinanzierung auf: Die erste These betrifft die Beziehung zwischen Kapitalstruktur und Unternehmenswert. Hier bewiesen sie mit einem Arbitrage überlegen, dass der Aktienwert eines Unternehmens – unter der Annahme eines vollkommenen Kapitalmarktes – unabhängig von seiner Kapitalstruktur ist. Die zweite These betrifft den

2) Übrigens, Markowitz führte in seiner Nobelpreisrede aus, dass er sich während seiner Schulzeit »mit Comics und Abenteuerhelden« beschäftigte. Daher glauben wir, dass ihm auch dieses Buch gefallen würde.

Zusammenhang zwischen Dividendenausschüttung und Unternehmenswert. Auch hier wurde unter der Annahme eines vollkommenen Kapitalmarktes gezeigt, dass die Dividendenpolitik keinen Einfluss auf den Unternehmenswert haben kann. Die Thesen von Miller zeigten somit, dass unter der Prämisse eines vollkommenen Kapitalmarktes der Finanzierungsspielraum einer Unternehmung weitaus größer ist als bislang in der Finanzierungstheorie angenommen. Dies wiederum war der Anstoß für wichtige Forschungsarbeiten, die der Frage nachgingen, wieweit der tatsächliche Kapitalmarkt vom vollkommenen Kapitalmarkt entfernt ist und inwieweit dies dazu führt, dass die Verschuldungs- und Dividendenpolitik doch einen Einfluss auf den Unternehmenswert ausüben. Millers Arbeiten beschäftigten sich ferner mit den Einflüssen des Steuersystems auf die Finanzierungsentscheidungen und auf die Börsen.

Bekannt wurde *Harry M. Markowitz* insbesondere für sein Modell der Portfolio-Selektion, das die Grundlage der modernen Finanzierungstheorie bildet. Ausgangspunkt des *Portfolio-Selektion-Modells* von Markowitz ist die empirische Beobachtung, dass Anleger ihr Vermögen nicht nur in einen Anlagetitel investieren, sondern es auf mehrere Anlagetitel aufteilen. Sie stellen sich also einen ganzen »Korb« von Investitionstiteln zusammen. Eine solche Aufteilung (Diversifikation) ist aber nur dann sinnvoll, wenn die Anleger nicht nur die Rendite, sondern auch das Risiko ihrer Anlageentscheidung in Betracht ziehen. Würden sie nämlich nur die Rendite betrachten, so käme nur der Titel mit der höchsten zu erwartenden Rendite in das Portfolio. Markowitz schlägt daher vor, bei der Analyse von Anlageentscheidungen, also bei der Analyse von Portfolios, nicht nur die Rendite, sondern auch das Risiko zu betrachten. Die Portfoliorendite ist hierbei nichts anderes als die Summe der Einzelrenditen, gewichtet mit dem Anteil des jeweiligen Anlagetitels im Portfolio. Das Portfoliorisiko misst Markowitz mit Hilfe eines Streuungsmaßes, der Varianz beziehungsweise der Standardabweichung des Portfolios. Da die einzelnen im Portfolio enthaltenen Titel sich im Allgemeinen nicht immer gleich gerichtet entwickeln[3)], fällt die Varianz des Portfolios bei gleicher Rendite kleiner aus, als die Varianz eines einzelnen Titels mit gleicher Renditeerwartung. Die Ökonomen bezeichnen dies als Risikopooling. Markowitz zeigt nun, wie man unter der Annahme, dass sich die Entscheidungsträger risikoscheu verhalten, aus der Menge aller Anlagetitel und Portfolios die Menge aller effizienten Portfolios bestimmen kann. Effiziente Portfolios sind Portfolios, die bei

3) Manche Unternehmen werden heute vom Glück und morgen vom Pech verfolgt. Bei anderen Unternehmen ist es genau umgekehrt. Manche Unternehmen leiden stark unter einer Rezession, andere weniger.

einem vorgegebenen Renditeerwartungswert das geringste Risiko aufweisen, beziehungsweise bei einer bestimmten Risikohöhe den höchsten Renditeerwartungswert besitzen, so dass es kein Portfolio geben kann, das einen höheren Renditeerwartungswert bei gleichzeitig geringerem Risiko besitzt. Die Menge aller effizienten Portfolios lässt sich wie in Abbildung MMS 1 veranschaulichen:

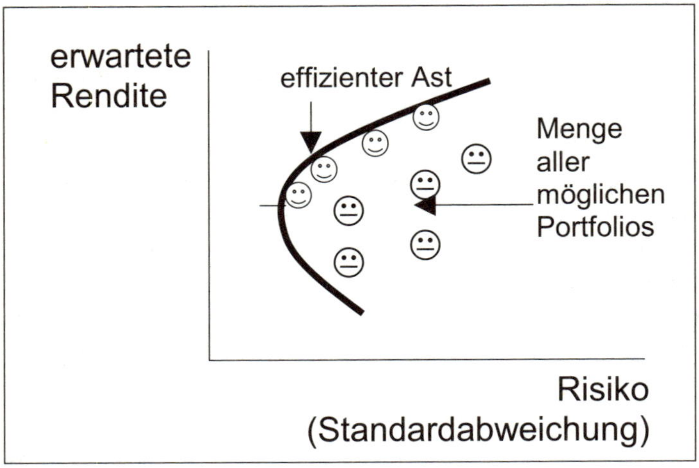

Abbildung MMS1: Effizienzkurve

Problematisch hierbei ist jedoch, dass – trotz der verwendeten und sehr einschränkenden Annahmen, die der Ermittlung der Effizienzkurve bereits zugrunde gelegt wurden[4)] – immer noch ein hoher Rechen- und Informationsaufwand notwendig wird. So werden zum Beispiel bei nur 100 Anlagetiteln über 5 150 Schätzwerte für Varianzen, Kovarianzen und Renditen benötigt.[5)] Die dem Markowitz-Modell innewohnende Datenproblematik hat zur Entwicklung des von *William F. Sharpe* stammenden *Indexmodells* (auch Single-Index-Modell oder Diagonalmodell) Anlass gegeben. Ziel dieses Indexmodells ist es, die Anzahl der zur Bestimmung der Effizienzlinie notwendigen Inputdaten zu reduzieren. Sharpe geht dazu davon aus, dass die bei Aktien häufig zu findenden positiven Zusammenhänge[6)] gemein-

4) Normalverteilung der Renditen oder quadratische Nutzenfunktion, keine Transaktionskosten, keine Steuern, beliebige Teilbarkeit der Wertpapiere und einperiodiger Betrachtungszeitraum (Zweizeitpunktmodell). Vgl. zur Kritik auch Perridon, L und Steiner, M.: *Finanzwirtschaft der Unternehmung*, Vahlen Verlag, 6. Auflage, München 2002, S. 264ff.

5) Bei **n** Anlagetiteln werden **n** Varianzen, **n(n-1)/2** Kovarianzen und **n** Renditen, also **n(n+3)/2** Informationen benötigt. Bei 100 Aktien werden also 5 150 Informationen benötigt.

6) Korrelationswerte zwischen 0,3 und 0,9.

same – genauer fundamentale – Ursachen haben. So wirken sich zum Beispiel Änderungen der Leitzinsen durch die Notenbank auf den gesamten Aktienmarkt aus. Ähnliches gilt für politische und wirtschaftspolitische Ereignisse. Unterstellt man, dass diese gemeinsamen Einflüsse durch einen Index erfasst werden und dieser die Renditeunsicherheit der Aktien vollständig erklärt, so kann die Rendite einer einzelnen Aktie durch ihre konstante unternehmensindividuelle Rendite und durch ihre ebenfalls als konstant unterstellte Reagibilität auf Veränderungen der Rendite des Indexes dargestellt werden.[7] Allerdings gibt es neben den gesamtwirtschaftlichen Einflussfaktoren noch unternehmensspezifische Einflüsse, die die titelspezifische Rendite beeinflussen. Zu nennen sind hier zum Beispiel das Versagen von Vorständen, Produktionspannen aber auch umgekehrt, außergewöhnliche Produktionserfolge. Sind diese Zufallsschwankungen erwartungsgemäß Null, so lässt sich ein Modell formulieren, das bei der Optimierung von Rendite und Risiko (Renditevarianz) mit deutlich weniger Werten auskommt.[8]

Aufbauend auf den Erkenntnissen der Portfoliotheorie entwickelte *William F. Sharpe* das Capital Asset Pricing Model (CAPM). Die Portfoliotheorie zeigt, dass sich das Risiko von Wertpapieren durch Diversifikation zum Teil eliminieren lässt. Dies wiederum bedeutet, dass auf einem vollkommenen Markt nicht das Gesamtrisiko für die Bewertung eines Wertpapiers entscheidend sein kann, sondern nur der Teil des Risikos, der vom Investor nicht durch Diversifikation eliminiert werden kann. Und auch nur dieser Teil des Risikos muss »vom Markt« vergütet werden. Die erweiterte Frage des CAPM lautete daher: Welche Rendite kann von einem Portfolio (R_P) im Kapitalmarktgleichgewicht (M) erwartet werden, wenn neben den risikotragenden Anlageformen auch noch eine risikolose Anlageform (R_f) existiert? Sharpe führt hierzu neben den Prämissen der Portfoliotheorie noch die Prämisse der Existenz eines risikolosen Zinssatzes ein, zu dem jederzeit beliebig viel Geld aufgenommen beziehungsweise angelegt werden kann. Ferner unterstellte Sharpe homogene, also gleiche Erwartungen der Anleger bezüglich der zu erwartenden Rendite und des Risikos. Durch die Hinzunahme der risikolosen Anlagemöglichkeit (R_f) wird es, gemäß der individuellen Rendite-Risikopräferenz des jeweils betrachteten Anlegers, zu einer Mischung aus der risikolosen Anlagemöglichkeit mit einem auf dem

7) $R_i = a_i + b_i R_I$: R_i = Rendite der Aktie i, a_i = konstante und unternehmensindividuelle Rendite, b_i = konstante Reagibilität der Aktie i auf Veränderungen der Rendite des Indexes I, R_I = Rendite des Indexes I, der alle für das Unternehmen bedeutsamen Ereignisse erfasst.

8) 3n+2, d. h. bei 100 Titeln mit 302 Inputdaten.

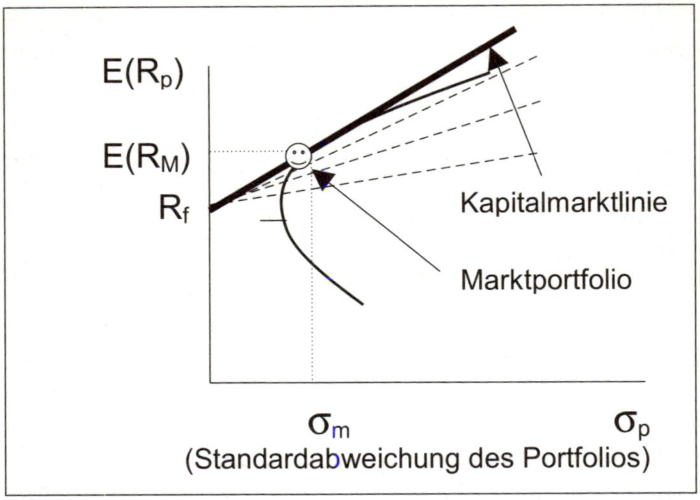

Abbildung MMS2: Kapitalmarktlinie

effizienten Ast der Effizienzlinie liegenden Portfolio kommen. Wie Abbildung MMS 2 verdeutlicht, gibt es aber ein Portfolio, das allen anderen Portfolios überlegen ist, das also in der Kombination mit der risikolosen Anlagemöglichkeit die so genannte Kapitalmarktlinie bildet. Diese Kapitalmarktlinie beschreibt, welche Rendite der Anleger maximal erwarten kann, wenn er bereit ist, ein bestimmtes Risiko einzugehen. Aufgrund ihrer homogenen Erwartungen identifizieren alle Anleger das gleiche Portfolio (*Marktportfolio*) und aufgrund ihres Gewinninteresses wollen alle Anleger eine Kombination aus der risikolosen Anlagemöglichkeit und diesem Marktportfolio halten. Für welche Kombination sich der einzelne Anleger letztendlich entscheidet, hängt von seiner individuellen Risikoeinstellung ab. Das von William F. Sharpe eingeführte Marktportfolio erbringt gegenüber der Portfoliotheorie also den Vorteil, dass alle Anleger anstatt eines individuellen Portfolios das gleiche Portfolio, nämlich das Marktportfolio, halten. In diesem Marktportfolio sind demzufolge alle Anlagetitel anteilig enthalten. Übrigens, dass alle Anleger eine Kombination aus zwei Anlageformen, der risikolosen Anlage und dem Marktportfolio halten, bezeichnet man auch als *Tobin-Separation* (James Tobin, Nobelpreisträger von 1981). Die zweite Frage, der sich das CAPM widmet, ist die nach dem Preis eines Wertpapiers im Kapitalmarktgleichgewicht. Die Antwort hierauf gibt die Wertpapierlinie. Um den Gleichgewichtspreis für ein einzelnes Wertpapier zu bestimmen, geht man vom Marktportfolio aus. Im Marktportfolio wiederum ist jedes Wertpapier gemäß seines Anteils am Gesamtbestand aller

Wertpapiere enthalten. Der Wert eines einzelnen Papiers kann daher auch in Relation zum Marktportfolio ausgedrückt werden. Tut man dies, so erhält man die Standardgleichung des CAPM:[9][10] Sie besagt, dass die erwartete Rendite eines Wertpapiers $E(R_i)$ dem risikolosen Zinssatz (R_f) zuzüglich einer Risikoprämie ($E(R_m) - R_f$) entspricht, wobei diese Risikoprämie mit dem nichtdiversifizierbaren Risiko des jeweiligen Papiers gewichtet wird. Mit dem CAPM hatte man erstmals ein Instrument, mit dem sich unter entsprechenden Annahmen objektiv der Marktwert einer Aktie ermitteln ließ.

Das CAPM ist insbesondere in den USA, aber auch in Deutschland zahlreichen Tests unterzogen worden. Hierbei führten die älteren Tests eher zu einer Bestätigung und die neueren Tests eher zu einer Ablehnung der Modellaussagen.[11] Kritikpunkt ist immer wieder das Marktportfolio, das *alle* Anlageformen enthalten müsste und in den Tests stets durch einen Marktindex ersetzt werden muss, wobei allerdings Studien zeigen, dass die Wahl des Marktportfolios nicht wirklich entscheidend ist.[12] Wenn wir zum Abschluss nochmal einen Blick auf das Eingangscartoon werfen, dann sehen wir, dass unser Anleger die zentrale Aussage des Modells von Markowitz nicht verstanden hat. Diese lautet nämlich: Leg nicht alle Eier in einen Korb. Was so viel bedeutet wie: Steck dein Geld nicht nur in eine Anlageart, sondern verteile es auf mehrere Investments. Dass dies ein guter Ratschlag ist, da sind wir uns sicher.

9) Vgl. Steiner, M. und Bruns, Ch.: *Wertpapiermanagement*, Schäffer/Poeschel Verlag, 8. Auflage, Stuttgart 2002, S. 25–27.

10) $E(R_i) = R_f + (E(R_m) - R_f) \times \beta_i \Rightarrow mit : \beta_i = \frac{Co\ddot{\varepsilon}_{im}}{\ddot{\omega}^2_m}$

11) Fama, E. F. und French, K. R.: »The Cross-Section of Expected Security Returns«, in: *Journal of Finance*, Vol. 47 No. 2, 1992, S. 427–465.

12) Stambaugh, R. F.: »On the exclusion of assets from tests of the two-parameter mode«, in: *Journal of Financial Economics*, 1982, Vol. 10, S. 237–268.

Wichtige Werke und Literaturtipps

Markowitz, H. M.: »Portfolio Selection«, in: *The Journal of Finance*, Vol. 7, 1952, S. 77–91.

Markowitz, H. M.: »The Optimization of a Quadratic Function Subject to Linear Constraints«, in: *Naval Research Logistics Quarterly*, Vol. 3, 1956, 111–133.

Markowitz, H. M.: »Grundlagen der Portfolio-Theorie, Nobel-Lesung vom 7. Dezember 1990«, in: *Die Nobelpreisträger der ökonomischen Wissenschaft 1969–1988*, hrsg. von Karl-Dieter Grüske, Band III, Düsseldorf 1989, S. 85–103.

Miller, M. H. und Modigliani, F.: »The Cost of Capital, Corporation Finance, and the Theory of Investment«, in: *American Economic Review*, Vol. 48, 1958, S. 261–297.

Miller, M. H. und Modigliani, F.: »Dividend Policy, Growth, and the Valuation of Shares«, in: *Journal of Business*, Vol. 34, 1961, S. 411–433.

Miller, M. H.: »Leverage, Nobel-Lesung vom 7. Dezember 1990«, in: *Die Nobelpreisträger der ökonomischen Wissenschaft 1969–1988*, Band III, hrsg. von Karl-Dieter Grüske, Düsseldorf 1989, S. 105–123.

Modigliani, F. und Miller M. H.: »Corporate Income Taxes and the Cost of Capital: A Correction«, in: *American Economic Review*, Vol. 53, 1963, S. 433–443.

Sharpe, W. F.: »Capital Asset Prices – A Theory of Market Equilibrium under Conditions of Risk«, in: *The Journal of Finance*, Vol. 19, 1964, S. 425–442.

Sharpe, W. F.: *Portfolio Theory and Capital Markets*, New York at al., 1970.

Sharpe, W. F.: »The CAPM: A ›Multi-Beta‹ Interpretation«, in: *Financial Decision Making under Uncertainty*, hrsg. von Levy, H. und Sarnat, M., New York, S. 127–135.

Sharpe, W. F.: »Preise von Kapitalanlagen mit und ohne negative Anlagepositionen, Nobel-Lesung vom 7. Dezember 1990«, in: *Die Nobelpreisträger der ökonomischen Wissenschaft 1969–1988*, Band III, hrsg. von Karl-Dieter Grüske, Düsseldorf 1989, S. 125–167.

von Hinten, P. und Neus, W.: »Nobelpreis 1990: Die Stunde der Finanzexperten«, in: *das wirtschaftsstudium (wisu)* 1990, S. 669–671.

Füss, R. und Vorsatz, G.: »Harry Max Markowitz, Merton Howard Miller, William Forsyth Sharpe«, in: *Brockhaus, Nobelpreise, Chronik herausragender Leistungen*, hrsg. von der Lexikonredaktion des Verlags F. A. Brockhaus, 2. Auflage, Leipzig, Mannheim 2004. S. 902–903.

Risikodefinitionen der Finanzierung

In der Finanzierungsliteratur unterscheidet man die folgenden Risikoarten.

Gesamtrisiko

Das Gesamtrisiko einer Anlageform entspricht den Abweichungen der tatsächlichen von den erwarteten Renditen im Laufe der betrachteten Periode. Man misst das Risiko mit Hilfe der Standardabweichung. Das Gesamtrisiko lässt sich unterteilen in ein diversifizierbares und in ein nichtdiversifizierbares Risiko.

Diversifizierbares Risiko

Unter diversifizierbarem Risiko versteht man alle Risiken, die man dadurch vermeiden kann, dass man sein Geld nicht nur in ein Wertpapier, sondern in mehrere unterschiedliche Wertpapiere anlegt. Beispiel: Man kauft nicht nur die Aktie eines Bademodenherstellers, sondern die Aktien mehrerer Bademodenhersteller. Hierdurch diversifiziert man das Risiko des Missmanagements. Denn wenn ein Hersteller seine Kollektion »ins Wasser« setzt und Pleite geht, profitieren die übrigen Hersteller. Die Nachfrage nach ihren Produkten steigt. Eine Aktie verliert und die anderen Aktien gewinnen. Aber das ist noch nicht alles. Bei schlechtem Wetter haben alle Bademodenhersteller geringe Umsätze, und die Umsätze der Schirm- und Regenmodenhersteller gehen nach oben. Auch dieses Risiko lässt sich diversifizieren, indem man neben Aktien der Bademodenhersteller auch noch Aktien der Schirmindustrie mit in sein Portfolio aufnimmt. Da das diversifizierbare Risiko somit vermieden werden kann, wird auf einem funktionierenden Markt hierfür auch keine Risikoprämie gezahlt. Das diversifizierbare Risiko misst man mit Hilfe der Korrelation.

Nichtdiversifizierbares- oder Marktrisiko

Hierunter versteht man das Risiko, das mit der allgemeinen Marktentwicklung (Konjunktur) einhergeht und das somit nicht durch Aufnahme unterschiedlicher Aktien wegdiversifizieren werden kann, da es alle Wertpapiere gleichermaßen betrifft. Beispiel: Wenn konjunkturbedingt die gesamte Nachfrage gering ausfällt, dann sinken die Gewinne der Unternehmen auf breiter Front und somit auch die Aktienkurse. Das Gleiche gilt, wenn die Zentralbank ihren Leitzinssatz heraufsetzt, dann bedeutet das für alle Wertpapiere einen Kursverlust. Ein solches Risiko lässt sich nicht durch Diversifikation – also durch die Aufnahme unterschiedlicher Titel – beseitigen, man bezeichnet es daher als Nichtdiversifizierbares Risiko. Das Nichtdiversifizierbare Risiko wird mit Hilfe des β-Wertes im Rahmen des CAPM erfasst.

Internalisierung externer Effekte

oder Verhandlungen mit dem Rennbahnbetreiber beeinflusst der Sulky-Sport!

Welcher Ökonomen und Nobelpreisträger beschäftigte sich mit externen Effekten und vertrat die Ansicht, dass externe Effekte auf dem Wege der Verhandlungen »automatisch« internalisiert werden, sofern nur die Eigentumsrechte klar geregelt sind?

(geboren 1910)

Ronald Harry Coase kam am 29. Dezember 1910 um 15.25 Uhr in Willesden, einem Vorort von London, zur Welt. Er studierte an der London School of Economics Betriebswirtschaftslehre. Von 1932 bis 1934 lehrte er an der School of Economics and Commerce in Dundee/Schottland und von 1934 bis 1935 an der University of Liverpool. Von 1935 bis 1951 arbeitete Ronald Coase als Professor an der London School of Economics. 1951 zog er in seine Wahlheimat USA und unterrichtete zunächst an der University of Buffalo/New York, wechselte jedoch 1964 an die University of Chicago, wo er bis zu seiner Emeritierung blieb. 1991 erhielt Coase den Nobelpreis für Wirtschaftswissenschaften. Coase ist mit seinen mittlerweile 103 Jahren der älteste noch lebende Nobelpreisträger.

Ronald Coase begann seine Nobelpreisrede mit den Worten:

»Im Laufe meines langen Lebens habe ich einige herausragende Ökonomen kennen gelernt. Ich habe mich indes nie zu ihnen gezählt, noch habe ich mich jemals länger in ihrem Wirkungskreis aufgehalten. Ich habe die hohe Theorie nicht mit grundlegenden Neuerungen bereichert. Mein Beitrag zur Wirtschaftswissenschaft bestand in der Forderung, dass bestimmte Elemente der Wirtschaftsordnung in unserer Analyse unbedingt berücksichtigt werden müssen, die so offenkundig sind, dass sie, beinahe wie der Briefträger in G. K. Chestertons Pater-Brown-Erzählung Der unsichtbare Mann, *gerne übersehen wurden. Werden diese Faktoren dagegen einmal in die Analyse einbezogen, bewirken sie, so glaube ich, einen grundsätzlichen Wandel der ökonomischen Theorie. …«*[1]

Was war so offenkundig, dass es von den Ökonomen über die Klassik, Neoklassik bis hin zum Keynesianismus, also über 150 Jahre hinweg, übersehen wurde? In seinem 1937 erschienenen Aufsatz *The Nature of the Firm* ging Coase der bislang noch nicht behandelten Frage nach, aus welchen Gründen sich Firmen bilden. Denn nach der klassisch ökonomischen Theorie müssten alle wirtschaftlichen Prozesse durch einzelne Verträge zwischen Individuen auf freien Märkten geregelt werden können, ohne dass es besonderer Organisationsformen wie Firmen mit Vorgesetzten, Managern und Verwaltungen bedarf. Coase stellte hierzu die These auf,

1) Coase, H. H., 1991, S. 180.

dass Firmen gebildet werden, um *Transaktionskosten* zu vermeiden. Sowie es für die Individuen kostengünstiger ist, nicht alle Fragen der Zusammenarbeit einzeln vertraglich auszuhandeln, sondern sie außerhalb des Marktes mit Hierarchien und Vorschriften zu regeln, bilden sich organisatorische Einheiten (Firmen). Umgekehrt kommt es erneut zum Outsourcing, wenn Aufgaben, die bislang in Abteilungen der Firmen gelöst wurden, wieder kostengünstiger durch kleinere, selbstständige Unternehmen gelöst werden können. Was dies für die Wirtschaft bedeutet, fasste Coase in seiner Nobelpreisrede wie folgt zusammen: *»Eine effiziente Wirtschaft benötigt nicht nur Märkte, sondern innerhalb von Organisationen geeigneter Größe auch eine entsprechende Planung. Das optimale Verhältnis beider Komponenten ist das Ergebnis des Wettbewerbs.«*[2)]

Ein weiterer Aufsatz, den die Königlich Schwedische Akademie ausdrücklich für die Nobelpreisverleihung genannt hat, war der 1960 erschienene Artikel *The Problem of Social Cost*[3)]. Darin analysiert Coase die Folgen positiver und negativer externer Effekte. Unter externen Effekten werden die positiven oder negativen Wirkungen verstanden, die vom Konsum oder von der Produktion auf Dritte ausgehen, ohne dass diese als Empfänger der positiven Wirkungen etwas dafür bezahlen müssen beziehungsweise als Empfänger der negativen Wirkungen dafür eine Entschädigung erhalten. Auf freien Märkten führt dies dazu, das bei positiven externen Effekten ein aus Wohlfahrtsgesichtspunkten zu kleines und bei negativen externen Effekten ein zu großes Angebot entsteht. Coase zeigte nun, dass bei gegen Null gehenden Transaktionskosten der Geschädigte und der Verursacher externer Effekte durch Verhandlung eine wohlfahrtsoptimale Lösung finden können, ohne dass der Staat interveniert. Dazu ist es notwendig, dass das Objekt, zum Beispiel die Umwelt, mit einem Eigentumsrecht versehen wird. Ohne Belang für die Effizienz des Verhandlungsergebnisses ist es jedoch, wem dieses Eigentumsrecht zugesprochen wird.[4)] Dieses Theorem wurde später von George Stigler als *Coase-Theorem* bezeichnet.[5)] Nach dem Coase-Theorem ist es also für eine volkswirtschaftlich optimale Lösung gleich, wie die Eigentumsrechte an den Umweltgütern zwischen Schädigern und Geschädigten zugeteilt werden. Statt den Lärmverursacher zu zwingen, weniger Lärm zu machen, könnte auch der Nachbar die Kosten für den Lärmschutz tragen. Nach Coase sind permanente staatliche Eingriffe zur Regulierung beziehungsweise Internalisierung der externen Kosten der Umweltnutzung nicht notwendig. Vielmehr werden sich Verur-

2) Coase, R. H., 1991, S. 186.
3) Coase, R.H., 1960.
4) Coase, R. H., 1991, S. 188.
5) Stiegler, G.: »Two Notes on the Coase Theorem«, in: *Yale Law Journal*, December 1989, S. 631–633.

sacher und Geschädigter infolge gegenseitiger Gewinn- beziehungsweise Nutzeninteressen im Rahmen von Verhandlungen auf eine Lösung einigen, so dass letztendlich derjenige die Kosten trägt, der damit den geringsten Aufwand hat. Das Coase-Theorem ist theoretisch überzeugend, hat jedoch nur geringe praktische Bedeutung, da es an viele Bedingungen geknüpft ist, die in der Realität nur selten vorliegen. Unser Cartoon zeigt eine Möglichkeit der Internalisierung der externen Effekte beim Sulky-Sport. Hier werden die externen Effekte der Pferde, d. h. die Pferdeäpfel, durch eine Auffangvorrichtung, wie bei den Wiener Droschken, einfach internalisiert. Die Fahrbahn bleibt sauber.

Wichtige Werke und Literaturtipps

Coase, R. H.: *The Firm, the Market and the Law*, University of Chicago Press, Chicago 1988.

Coase, R. H.: »The Problem of Social Cost«, in: *Journal of Law and Economics*, 1960, S. 1–44.

Coase, R. H.: »The Nature of the Firm«, in: *Economica*, Vol. 4, No. 16, 1937, S. 386–405.

Coase, R. H.: »Die institutionelle Struktur der Produktion, Nobel-Lesung vom 9. Dezember 1991«, in: *Die Nobelpreisträger der ökonomischen Wissenschaft 1989–1993*, Band III, hrsg. von Karl-Dieter Grüske, Düsseldorf 1989, S. 173–193.

Ballhaus, J.: »Moleküle der Wirtschaft, Ronald H. Coase: The Firm, the Market and the Law«, in: *Zeit-Bibliothek der Ökonomie. Die Hauptwerke der wichtigsten Ökonomen*, hrsg. von Wilfried Herz, Schäffer-Poeschel Verlag, Stuttgart 2000, S. 157–159.

Ökonomie des Alltags

und hierbei gilt oft: die Quantität geht zu Kosten der Qualität!

Gary S. Becker: Exot oder doch direkter Nachfolger von Adam Smith und Jeremy Bentham?

(geboren 1930)

Gary Stanley Becker wurde 1930 in Pottsville/Pennsylvania geboren. Er studierte an der Princeton-University in New Jersey und an der University of Chicago, wo er eine mikroökonomische Vorlesung von Milton Friedman besuchte. Diese entfachte seine Begeisterung für die Volkswirtschaftslehre. Ab 1957 lehrte Becker an der Columbia University in New York, ab 1960 als Professor. 1970 wechselte Becker an die University of Chicago und übernahm dort zunächst einen Lehrstuhl für Wirtschaftswissenschaften und ab 1983 einen zweiten für Soziologie. 1992 erhielt er den Nobelpreis für Wirtschaftswissenschaften. In der Preisbegründung hieß es: »Für seine Verdienste um die Ausdehnung der mikroökonomischen Theorien auf einen weiten Bereich menschlichen Verhaltens und menschlicher Zusammenarbeit, auch außerhalb von Märkten.« Gary S. Becker gilt als Exot unter den Ökonomen. Um ein besseres Verständnis menschlichen Verhaltens unter den verschiedensten Umständen und Situationsbedingungen zu erhalten, wendete er die mikroökonomische Analyse auf nahezu alle Lebensbereiche an und nicht nur auf wirtschaftliche Entscheidungen. Im Grunde findet er dadurch den Weg zurück zu Adam Smith und Jeremy Bentham, zurück zur Moralphilosophie als den Ursprung des ökonomischen Denkens. Beckers Leistung besteht darin, mit äußerst sparsamen Hypothesen wirtschaftliche und gesellschaftliche Phänomene zu erfassen und zu analysieren. So unterstellt er, dass ein jeder Mensch danach strebt, seinen individuellen Nutzen zu maximieren. Hierzu überprüfen die Menschen alle relevanten Alternativen auf ihren Nutzen hin und wählen dann jene Alternative, die ihnen den höchsten Nutzen stiftet. Diese Vorgehensweise wenden sie auf alle Entscheidungsfelder an. Entscheidungsfelder sind zum Beispiel Freundschaft, Ehe, Liebe, Familie, Bildung, Diskriminierung und Verbrechen. Beckers Vorgehensweise ist streng mikroökonomisch, so verglich er einen Familienhaushalt mit einer kleinen Fabrik, die Güter wie Mahlzeiten, Erholung und Wohnung herstellt und dabei Zeitaufwand und Kosten so gering wie möglich halten will.

Bei der ökonomischen Betrachtung von Ehe, Fruchtbarkeit und Familie zeigte er, dass Investitionen in die Ausbildung von Kindern bei gleichzeitiger Verpflichtung, die Eltern im Alter zu unterstützen, im Durchschnitt höhere Erträge als eine Rentenversicherung liefern. Er zeigte ferner, dass eine Entscheidung für eine höhere Quantität (Anzahl) von Kindern auf ihre

Qualität (Ausbildungsniveau) gehen wird. Oder, um es mit den Worten von Gary S. Becker zu sagen: »Die Verringerung der Anzahl senkt jedoch den Schattenpreis für Qualität ($P_q = \pi_q + n^*\pi$), was eine Substitution zugunsten der Qualität zur Folge haben wird.«[1]. Nach Betrachtung des Eingangscomics sind wir uns fast sicher, dass Gary S. Becker an dieser Stelle nicht immer Recht hat. Denn unser Schüler vereint Quantität und Qualität. Er hat eine gewisse Körperfülle, d. h. die Quantität ist vorhanden, und er verschlingt auch viel qualitativ hochwertige Literatur. Aber vielleicht haben wir an dieser Stelle auch etwas nicht richtig verstanden.

Im Rahmen seiner Forschungen zu Diskriminierung wies Becker nach, dass sie neben Gewinnen, zumeist kleiner Gruppen, immer auch zu Einkommensverlusten von Bevölkerungsteilen führt, die eigentlich nicht diskriminiert werden sollten. Am Beispiel Südafrikas zeigte er, wieso die Politik der Rassentrennung auch den Weißen insgesamt ökonomisch geschadet hat, auch wenn einige davon profitierten.[2]

An Beckers Arbeiten wird häufig kritisiert, er sähe moralische Verpflichtungen, religiöse Überzeugungen und ethische Positionen nur als das Resultat der Verfolgung des individuellen Eigeninteresses an. Der Mensch liebt seinen Mitmenschen nur, weil dies für ihn nutzenfördernder ist, als wenn er ihn hassen würde. Er hilft seinem Nachbarn nur, weil es für ihn die beste Alternative ist. Wäre es für ihn eine bessere Alternative, ihn zu töten, so würde er nicht zögern, dies zu tun. Becker leistet mit seinen Arbeiten einen Beitrag zur kritischen Vernunft, weg von einer moralisch-ethisch tönenden Rhetorik, die häufig nur scheinheilig ist und im Ergebnis nicht selten auf (Selbst-)Täuschung hinausläuft.[3] Mit Hilfe seiner Analysen ist es Gary S. Becker gelungen, empirisch überprüfbare Hypothesen zu den erwähnten Entscheidungsfeldern aufzustellen.

1) Becker, G. S., 1993, S. 219.
2) Becker, G. S., 1971, S. 30 f.
3) Vgl. Kirsch, G., 1992, S. 841–842.

Wichtige Werke und Literaturtipps

Becker, G. S.: *The Economics of Discrimination*, University of Chicago Press, 2. Auflage, Chicago 1971.

Becker, G. S.: *The Economic Approach to Human Behavior*, The University of Chicago Press, Chicago 1976. Deutsche Übersetzung von Monika und Viktor Vanberg: *Der ökonomische Ansatz zur Erklärung menschlichen Verhaltens*, Verlag J. C. B. Mohr (Paul Siebeck), 2. Auflage, Tübingen 1993.

Becker, G. S.: »Menschliches Dasein aus ökonomischer Sicht, Nobel-Lesung vom 9. Dezember 1992«, in: *Die Nobelpreisträger der ökonomischen Wissenschaft 1989–1993*, Band III, hrsg. von Karl-Dieter Grüske, Düsseldorf 1989, S. 195–236.

Kirsch, G.: »Gary S. Becker: Nobelpreis für Ökonomie 1992«, in: *das wirtschaftsstudium (wisu)* 21. Jahrgang, 1992, S. 841–842.

Neßhöver, Ch.: »Ökonomie des Alltags, Gary S. Becker: Volkswirtschaftliche Erklärung menschlichen Verhaltens«, in: *Zeit-Bibliothek der Ökonomie. Die Hauptwerke der wichtigsten Ökonomen*, hrsg. von Wilfried Herz, Schäffer-Poeschel Verlag, Stuttgart 2000, S. 153–156.

Die Tjost

oder: Nur noch 10 Minuten bis zum Aufprall.

Und weil Nullsummenspiele für den Ökonomen nicht immer befriedigend sind, mussten neue Spiel- und Lösungskonzepte her. Welche Ökonomen entwickelten die Spieltheorie weiter und erhielten hierfür 1994 den Nobelpreis für Wirtschaftswissenschaften?

(1920–2000)

John Charles Harsanyi wurde 1920 in Budapest geboren, nach Besuch des Gymnasiums studierte er zunächst Pharmazie, wendet sich aber nach dem Zweiten Weltkrieg dem Studium der Philosophie und Soziologie zu. Nach seiner Promotion 1947 und einer kurzen Assistentenzeit an der Budapester Universität flüchtete er mit seiner späteren Frau vor dem Kommunismus über Österreich nach Australien. Hier arbeitet Harsanyi zunächst als Fabrikarbeiter und studierte parallel Ökonomie an der University of Sydney. Über ein Stipendium promovierte er an der Stanford University in den USA bei Kenneth Arrow. 1964 wurde er zunächst Gast- und später ordentlicher Professor an der University of California in Berkeley. Harsanyi starb im Jahr 2000.

(geboren 1928)

John Forbes Nash wurde 1928 in Bluefield/ West Virginia geboren. Ökonomen kennen Nash durch das nach ihm benannte Gleichgewicht. Aber auch vielen Nichtökonomen ist er durch den mit vier Oscars ausgezeichneten biographischen Film *A Beautiful Mind* bekannt. Der Film zeigt John Nashs tragisches und gleichzeitig durch Genialität geprägtes Leben. Nash begann mit dem Studium der Chemie an der Carnegie Mellon University in Pittsburgh, wechselte jedoch bald zur Mathematik. Er erwies sich als so begabt, dass man ihm zum bestandenen Bachelor- noch den Masterabschluss verlieh. Zudem erhielt er zwei Forschungsstipendien, eines an der Harvard University und ein zweites in Princeton. Nash entschied sich für Princeton, wo er 1950 mit seiner Dissertation über Spieltheorie promovierte. In dieser Arbeit entwickelte er das später nach ihm benannte Nash-Gleichgewicht. 1951 wechselte er an das MIT und wurde temporäres Mitglied am IAS (Institute for Advanced Study), wo auch schon Einstein und → Neumann arbeiteten. 1959, als seine Frau gerade schwanger war, wurde bei Nash eine paranoide Schizophrenie diagnostiziert. Für ihn begannen mehr als zwanzig Jahre, die geprägt waren von Wahnvorstellungen und Klinikaufenthalten. Zum Schluss wanderte er wie der Schatten seiner selbst über den Campus von Princeton. Erst als 50-Jähriger überwand er die Krankheit und erhielt erneut eine Anstellung als Forschungsprofessor. Nashs Werk bildete die Grundlage für die Arbeiten von Harsanyi und Selten.

(geboren 1930)

Reinhard Selten, der erste deutsche Ökonomienobelpreisträger, wurde 1930 in Breslau geboren. Er studierte in Frankfurt am Main Mathematik und Wirtschaftsmathematik. Nach dem Studium promovierte und habilitierte er sich ebenfalls an der Frankfurter Universität. Im Rahmen eines Forschungsaufenthalts in den USA lernte er John Harsanyi kennen, mit dem er lange Zeit zusammenarbeitete. Selten lehrte als Professor in Berlin, Bielefeld und in Bonn. Aufgrund ihrer Arbeiten auf dem Gebiet der Spieltheorie erhielten diese drei Forscher 1994 gemeinsam den Nobelpreis für Wirtschaftswissenschaften.

Eine Spielsituation ist durch mehrere Handlungsalternativen beziehungsweise Strategien gekennzeichnet, die dem Spieler zur Verfügung stehen. Außerdem macht sich jeder Spieler Gedanken über die Strategien des Gegenspielers und über die Konsequenzen beziehungsweise Auszahlungen, die aus den verschiedenen Strategien für ihn selbst und den Gegenspieler resultieren. Je nachdem, inwieweit die Spieler über die Strategien und Auszahlungen der Gegenspieler informiert sind, werden unterschiedliche Lösungsansätze beziehungsweise Gleichgewichtskonzepte zur Vorhersage der Spielergebnisse von der Spieltheorie bereitgestellt. Lösungen, die sich dadurch auszeichnen, dass die Spieler ihre strategischen Entscheidungen nicht revidieren wollen, nennt man ein Gleichgewicht. Im Zusammenhang mit → John von Neumann haben wir bereits ein solches Gleichgewicht kennen gelernt, die Maximinlösung – ein Lösungskonzept für einen sehr ängstlichen Spieler mit extrem pessimistischen Erwartungen hinsichtlich des Verhaltens seiner Gegenspieler. Er schaut sich für jede seiner strategischen Möglichkeiten an, was ihm schlimmstenfalls passieren kann, wenn seine Gegenspieler ihm Böses wollen. Dann wählt er jene Strategie, bei der ihm am wenigsten zustoßen kann. Im Grunde ist dieses Lösungskonzept nur geeignet für *Nullsummenspiele,* also für Spiele, bei denen der Gewinn des einen Spielers dem Verlust des anderen Spielers entspricht. Unser Cartoon zeigt ein solches Nullsummenspiel. Anfangs ist der Ruhm beider Ritter noch gleich verteilt. Doch während der Tjost gewinnt der eine Ritter den Ruhm, den der andere Ritter verliert. Aber selbst hier gibt es Vorbehalte.[1] Für *John Nash* ist dieses pessimistische Lösungskonzept höchst unbefriedigend. In der Wirtschaft gibt es nämlich nicht nur Nullsummenspiele. Ein neues optimistischeres Lösungskonzept musste gefunden werden. Das *Nash-Gleichgewicht* ist eine Strategiekombination, bei der jeder Spieler eine optimale Strategie wählt, bei gegebenen optimalen Strategien aller anderen Spieler. Ausgehend von einem Nash-Gleichgewicht besteht für keinen Spieler mehr ein Anreiz, von seiner gewählten Gleichgewichtsstrategie abzuweichen. Die Erwartungen über das Verhalten der Mitspieler finden ihre Bestätigung. Die Strategiewahl eines Spielers erweist sich auch im Nachhinein als optimal. Unser Gaststättenbeispiel (vgl. auch → Neumann) mag dies verdeutlichen. Schauen wir uns also wieder die beiden Gaststätten »Zur Forelle« und »Zum fröhlichen Wildschwein« an. Gehen wir aber diesmal davon aus, dass die Anzahl der Gäste kein Nullsummenspiel mehr darstellt, also nicht die gewonnene Gästezahl der einen Gaststätte der verlorenen Gästezahl der anderen Gaststätte entspricht. Und gehen wir ferner davon aus, dass beiden Gaststätten jetzt drei Strategien (also drei mögliche Tagesgerichte: Schweinebraten, Eintopf und Fisch) zur Verfügung stehen. Die Gästezahl einer Gaststätte hängt nun von der von ihr gewählten Strategie und der ihres Konkurrenten ab. Die Gästezahlen werden in ihren jeweiligen Abhängigkeiten in der folgenden Matrix dargestellt.

		Zum fröhlichen Wildschwein		
		Schweinebraten	Eintopf	Fisch
Zur Forelle	Schweinebraten	80 10	50 20	20 20
	Eintopf	30 60	65 65	30 10
	Fisch	40 40	50 20	10 80

1) Vgl. Ellsberg, D.: »Theory of the Reluctant Duellists«, in: *American Economic Review* Vol. 46, 1956, S. 909–923.

Die Gästezahl der Gaststätte »Zur Forelle«, die sie bei ihrer Strategie erwarten kann, steht jeweils in der linken unteren und die Gästezahl der Gaststätte »Zum fröhlichen Wildschwein« in der rechten oberen Ecke des zugehörigen Feldes. Nehmen wir zum Beispiel an, dass beide Gaststätten Schweinebraten auf die Tageskarte setzen, dann erhält die Gaststätte »Zur Forelle« zehn Gäste, während das »Fröhliche Wildschwein« von achtzig Gästen besucht wird. Setzt die »Forelle« hingegen Eintopf auf die Tageskarte, während das »Fröhliche Wildschwein« bei seinem Schweinebraten bleibt, so steigt die Gästezahl der »Forelle« auf sechzig, während die des »Fröhlichen Wildschweins« auf dreißig sinkt. Welche Gaststätte wird welche Strategie fahren, welches Gericht auf die Tageskarte setzen? Die Antwort von John Nash ist eindeutig. Beide Spieler werden Eintopf auf die Speisekarte setzen. Denn diese Strategie ist wechselseitig die beste Antwort. Denn für keine Gaststätte besteht jetzt ein Anreiz, hiervon abzuweichen. Würde beispielsweise die »Forelle« ein anderes Tagesgericht, Schweinebraten oder Fisch, wählen, so würde sich ihre Gästezahl von 65 auf zwanzig reduzieren. Entsprechendes gilt für das »Fröhliche Wildschwein«. Würde es von seiner Strategie Eintopf abweichen, gesetzt der Fall, die »Forelle« bleibt bei ihrer Strategie Eintopf, so ginge ihre Gästezahlen von 65 auf dreißig zurück. Das Nash-Gleichgewicht ist erreicht, denn für beide Akteure lohnt es sich nicht, von diesem Gleichgewicht abzuweichen.[2)]

Aber nicht alle Nash-Gleichgewichte sind gleich plausibel. Von *Reinhard Selten* stammt ein Kriterium zum Ausschluss unplausibler Gleichgewichte. Spieler können nämlich Fehler machen, sie wählen sozusagen mit »zittriger Hand«, so dass sie nicht immer die beabsichtigte Strategie spielen, sondern mit einer gewissen sehr kleinen Wahrscheinlichkeit auch mal die falsche. Wenn jetzt aber ein Nash-Gleichgewicht nicht mehr erhalten bleibt, dann ist es nach Reinhard Selten nicht *»trembling-hand«*-perfekt. Solche Gleichgewichte werden sich nicht einstellen und können daher aus der Menge möglicher Lösungen eliminiert werden.

John Charles Harsanyi führte in die Spieltheorie eine Typen-Methode ein. Hier werden mit Hilfe der Wahrscheinlichkeitsrechnung die Spieler in *Handlungstypen* eingeordnet. Hierdurch konnte die bislang notwendige Annahme, dass alle Spieler vollständige Informationen über die Situation und Präferenzen der Mitspieler besitzen, aufgehoben werden. Harsanyis theoretische Forschungen ermöglichten es, zum Beispiel die Wechselwirkungen zwischen der Politik, der Zentralbank und der Herausbildung von

2) Übrigens: Die Strategie des Pessimisten, die Maximin-Strategie nach Neumann/Morgenstern, läge bei (Fisch; Eintopf). Die Gaststätte »Zur Forelle« würde Fisch wählen, und das »Fröhliche Wildschwein« würde Eintopf auf die Tageskarte setzen.

Erwartungen auf den verschiedenen Finanzmärkten genauer zu untersuchen.

Wichtige Werke und Literaturtipps

Harsanyi, J. C.: »Games with Incomplete Information Played by Bayesian Players«, in: *Management Science*, Vol. 14, 1967/8, S. 159–182, S. 320–334, S. 486–502.

Harsanyi, J. C.: *Rational Behavior and Bargaining Equilibrium in Games and Social Situations*, Cambridge University Press, Cambridge 1977.

Harsanyi, J. C. und Selten, R.: »A Generalized Nash Solution for Two-Person Bargaining Games with Incomplete Information«, in: *Management Science*, Vol. 18, Part II, 1971, S. 80–106.

Nash, J. F.: »The Bargaining Problem«, in: *Econometrica*, Vol. 18, 1950, S. 155–162.

Nash, J. F.: »Non-Cooperative Games«, in: *Annals of Mathematics*, Vol. 54, 1951, S. 286–295.

Nash, J. F.: »Two-Person Cooperative Games«, in: *Econometrica*, Vol. 21, 1953, S. 128–140.

Selten, R.: »Spieltheoretische Behandlung eines Oligopolmodells mit Nachfrageträgheit«, in: *Zeitschrift für die gesamte Staatswissenschaft*, Vol. 12, 1965, S. 301–324 und 667–689.

Selten, R.: »Reexamination of the Perfectness Concept for Equilibrium Points in Extensive Games«, in: *International Journal of Game Theory*, Vol. 4, 1975, S. 25–55.

Selten, R.: *Die konzeptionellen Grundlagen der Spieltheorie einst und jetzt*, Bonn Econ Discussion Papers, Discussion Paper 2/2001, Bonn 2001.

Gigerenzer, G. und Selten, R.: »Rethinking Rationality«, in: *Bounded Rationality*, hrsg. von Gigerenzer and Selten, Cambridge (Mass.) 2001, S. 1–12.

Dixit, A. K. und Nalebuff, B. J.: *Spieltheorie für Einsteiger, Strategisches Know-how für Gewinner*, Schäffer-Poeschel Verlag, Stuttgart 1997.

Füss, R. und Vorsatz, G.: »John Charles Harsanyi, John Forbes Nash, Reinhard Selten«, in: *Brockhaus, Nobelpreise, Chronik herausragender Leistungen*, hrsg. von der Lexikonredaktion des Verlags F. A. Brockhaus, 2. Auflage, Leipzig, Mannheim 2004. S. 952–953.

Holler, M. J. und Illing, G.: *Einführung in die Spieltheorie*, Springer Verlag, 5. Auflage, Berlin, Heidelberg, New York 2003.

Merseburg, A.: »Wirtschaftswissenschaften 1994«, in: *Harenberg Lexikon der Nobelpreisträger. Alle Nobelpreisträger von 1901 bis heute, ihre Leistungen, ihr Leben, ihre Wirkung*, hrsg. von der Redaktion des Harenberg Lexikon Verlags, 2. Auflage, Dortmund 2000, S. 636–638.

Menschen haben rationale Erwartungen
oder: Das Supermannkostüm

Was besagt die Theorie der rationalen Erwartungen und wer erhielt unter anderem hierfür 1995 den Nobelpreis für Wirtschaftswissenschaften?

(geboren 1937)

Robert Emerson Lucas jr. wurde 1937 in Yakima, Washington geboren. An der University of Chicago studierte er Geschichts- und Wirtschaftswissenschaften. Er lehrte von 1967 bis 1975 an der Carnegie Mellon-University in Pittsburgh/Pennsylvania, seit 1970 als Professor für Wirtschaftswissenschaften. Seit 1975 ist Lucas Professor für Ökonomie an der University of Chicago. 1995 erhielt er unter anderem für die Hypothese rationaler Erwartungen und der Formulierung einer Gleichgewichtstheorie der Geschäftszyklen den Nobelpreis für Wirtschaftswissenschaften. Bis Mitte der sechziger Jahre beherrschte die (post-)keynesianische Theorie die makroökonomische Forschung. Sie war gekennzeichnet durch eine nachfrageseitige Betrachtungsweise, bei unausgelasteten Kapazitäten und elastischem Güterangebot. Die theoretisch/politische Folge dieser Theorie war, dass eine auftretende Rezession mit antizyklischen Eingriffen bekämpft werden sollte. Die staatliche Nachfrage sollte die in der Rezession ausgefallene private Nachfrage kompensieren. Das ganze wurde als »Demand Management« bezeichnet. Diese nachfragetheoretische Sichtweise wurde durch die Arbeiten von Robert Lucas nachhaltig erschüttert. Im Zentrum der Lucasschen Arbeiten steht das einzelne Individuum (der Anbieter von Gütern, der Nachfrager von Gütern, der Investor), das seinen Nutzen unter den Nebenbedingungen seiner Lebensumstände zu maximieren sucht. Ein Haushalt strebt also danach, seinen Nutzen aus gegenwärtigem und zukünftigem Konsum und dem hierzu erforderlichen Arbeitsangebot zu maximieren. Hierzu verwendet er alle gegenwärtigen Informationen über die aktuellen Preise, Zinsen und Löhne und über die zukünftigen Preise, Zinsen und Löhne bildet er unter Einbeziehung aller verfügbaren Informationen rationale Erwartungen. Bekannt ist die *Lucas-Angebotsfunktion* (1973). Hier geht Lucas von einem Anbieter, zum Beispiel einem Handwerker aus. Angenommen der Handwerker erwartet eine Inflationsrate von 2,5 Prozent und der Preis des von ihm hergestellten Gutes steigt um 5 Prozent. Dann fasst er 50 Prozent des Preisanstiegs als einen Anstieg der relativen Preise auf, das heißt er glaubt, sein Gut ist aufgrund verstärkter Nachfrage teurer geworden. Dies führt dazu, dass er seine produktiven Anstrengungen erhöht, da die Produktion in seinen Augen lohnender geworden ist.[1] So wird er insbesondere dann handeln, wenn er den wahrgenommenen Preisanstieg für eine nur vorübergehende Erscheinung hält, denn in diesem Fall ist eine zeitliche Substitution von Freizeit gegen Arbeit vorteilhaft. Ist das allgemeine Preisniveau jedoch um 5 Prozent gestiegen, dann hat der Handwerker den Preisanstieg seines Gutes falsch eingeschätzt, der Preisanstieg war nicht Folge der relativen Preise und somit wachsender Güterknappheit, sondern nur des allgemeinen Preisniveaus. Aber dies erfährt der Handwerker erst im Nachhinein. Zuvor hat er jedoch die Produktion und somit auch die Nachfrage nach Vorprodukten und Arbeitskräften gesteigert. Geht man davon aus, dass die Mehrheit der Produzenten die tatsächliche Inflation falsch eingeschätzt haben, dann kommt es auf breiter Front zu steigender Produktion. Gesamtwirtschaftlich besteht somit ein Zusammenhang zwischen Preisniveau und Güterangebot. Geldpolitische Maßnahmen zur Veränderung des Preisniveaus können somit zu einer Steigerung des Angebots führen. Bei rational handelnden Individuen gelingt dies jedoch nur dann, wenn die tatsächliche Preiserhöhung höher ausfällt als die erwartete. An dieser Stelle schlägt Lucas eine Brücke zur Geldpolitik.[2] Geldpolitische Aktionen, die zu einer häufigen Änderung des allgemeinen Preisniveaus führen, erhöhen für die Individuen das Problem, die geldpolitischen Wirkungen richtig abschätzen zu können (*Signal-Extraction-Problem*) und somit die Unsicherheit des Anbieters. Durch Unsicherheit aber entstehen Fehlinvestitionen und somit volkswirtschaftliche Kosten. Fazit, eine verstetigte Geldpolitik ist gefragt, die Sicherheit schafft. Den schwersten Schlag versetzte Lucas jedoch der kurzfristigen Stabilisierungspolitik mit seiner Arbeit aus dem Jahre 1976, die heute als »*Lucas-Kritik*« bekannt ist. Die konjunkturelle Entwicklung lässt sich nur steuern, wenn die Wirkungen von stabilitätspolitischen Maßnahmen bekannt sind. Diese Wirkungen kennen wir jedoch nur aus Reaktionsmustern der Vergangenheit, die man dann auch für die Zeit nach der Durchführung dieser Maßnahmen als gültig ansehen muss, also für die Zukunft. Rational handelnde Entscheidungsträger passen ihre Entscheidungen jedoch an die Politikmaßnahmen an, mit der Folge, dass nach einem stabilitätspolitischen Eingriff unter Umständen ein völlig neues Reaktionsmuster entsteht. Wendet man nun aber Modelle an, die die alten Erfahrungen abbilden, so hat man das Lernverhalten der Akteure vernachlässigt und begeht einen systematischen Fehler.

1) Anmerkung: Hier wird unterstellt, dass er nicht erkennt, dass die nachgefragte Menge gleich geblieben ist.

2) Vgl. auch Alexander, V., 1995, S. 891–892.

Robert E. Lucas, Thomas J. Sargent, Neil Wallace und Robert J. Barro gehören zu den Begründern der Neuklassischen Theorie. Die Theorie der rationalen Erwartungen ist auch Gegenstand unseres Comics. Unser Protagonist, stolzer Besitzer eines Supermannkostüms, hat die aus Fernsehen und Kino gewonnene »rationale« Erwartung, jetzt wie Supermann fliegen zu können. Seine Erwartungen wurden jedoch herb enttäuscht. Was lernen wir daraus? Auf Supermannkostüme gehört der Warnhinweis: »Das Tragen dieses Kleidungsstücks ermöglicht es nicht zu fliegen!« In den USA ist dieser Warnhinweis mittlerweile angebracht worden. Aber wir lernen auch, dass die Bildung von rationalen Erwartungen letzten Endes auch das Ergebnis der Bildung ist.[3)]

Mit einem gewissen Schmunzeln erzählt man sich an der Universität Chicago die folgende Anekdote über Robert E. Lucas: Anscheinend verfügte auch seine Exfrau über rationale Erwartungen und hatte zudem genügend Informationen hinsichtlich der Qualität seiner Forschungen, dass sie im Scheidungsvertrag den Anspruch auf die Hälfte eines eventuellen Nobelpreisgeldes festschreiben ließ, sofern Lucas den Nobelpreis innerhalb der nächsten sieben Jahren nach der Scheidung erhalten sollte. Die Frist lief am 31. Oktober 1995 ab. Und genau in diesem Monat sprach das Nobelkomitee Robert Lucas den Nobelpreis zu.

Wichtige Werke und Literaturtipps

Lucas, Robert E. jr.: »Expectations and the Neutrality of Money«, in: *Journal of Economic Theory*, Vol. 4, 1972, S. 103–124.

Lucas, Robert E. jr.: »Some International Evidence on Output-Inflation Tradeoffs«, in: *American Economic Review*, Vol. 63, 1973, S. 326–334.

Lucas, Robert E. jr.: »Econometric Policy Evaluation: A Critique«, in: *The Phillips Curve and Labor Markets*, hrsg. von Karl Brunner und Allan H. Meltzer, North-Holland Publishing Company, Amsterdam, New York, Oxford 1976, S. 19–46.

Lucas, Robert E. jr.: »Understanding Business Cycles«, in: *Stabilization of the Domestic and International Economy*, hrsg. von Karl Brunner und Allan Meltzer, Carnegie-Rochester Conference Series, Vol. 5, 1977, S. 7–29.

Lucas, Robert E. jr.: *Studies in Business-Cycle Theory*, MIT Press, Cambridge 1981.

Lucas, Robert E. jr.: *Models of Business Cycles*, Basil Blackwell, Oxford 1987.

Alexander, V.: »Robert Lucas: Der aktiven Konjunktursteuerung den Todesstoß versetzt«, in: *das wirtschaftsstudium (wisu)*, 1995, S. 891–892.

Schmid, G.: »Robert Emerson Lucas«, in: *Brockhaus, Nobelpreise, Chronik herausragender Leistungen*, hrsg. von der Lexikonredaktion des Verlags F. A. Brockhaus, 2. Auflage, Leipzig, Mannheim 2004. S. 964–965.

3) Und genau wie unser Protagonist vermutlich zukünftig vorsichtiger sein wird, wird sich das Ergebnis einer wirtschaftspolitischen Maßnahme unter rationalen Erwartungen ceteris paribus nur dann identisch wiederholen, wenn die von allen Beteiligten getroffenen Entscheidungen (Strategien) optimal im Sinne einer Nash-Lösung waren. In allen anderen Fällen – und dies bedeutet in der Realität immer – muss mit veränderten Ergebnissen gerechnet werden.

Die richtige Steuerbasis

oder: Warum ist die Besteuerung des Einkommens nur second-best?

Wer gilt als einer der Väter der Optimal-Steuertheorie?

(1936 – heute)

James Alexander Mirrlees wurde am 05.07. 1936 in Minnigaff (Schottland) geboren. Nach einem Studium der Mathematik und Volkswirtschaft an der Universität von Edinburgh arbeitete er als Berater im Zentrum für internationale Studien in Neu Delhi. Von 1963 bis 1966 war er als Dozent für Volkswirtschaftslehre am Trinity College in Cambridge und später zwischen 1968 bis 1995 als Professor an der Universität Oxford tätig. Seit 1995 lehrt und forscht er an der Universität Cambridge. Mirrlees gilt als einer der Väter der Optimal-Steuertheorie. Zusammen mit P. Diamond entwarf er ein Mehr-Sektoren-Modell für die optimale Besteuerung der Produktion und des Konsums. Damit konnte er Fragen der optimalen Besteuerung der Einkommen und der Konsumgüter beantworten.

Konsumsteuern führen dann zu einem Wohlfahrtsverlust, wenn durch die steuerlich bedingte Preiserhöhung die abgesetzte Menge zurückgeht. Es entsteht ein Verlust an Konsumentenrente, der auch nicht in Form von Steuereinnahmen vorliegt. Dies liegt einfach daran, dass durch die Steuer der Preis, den die Konsumenten zu bezahlen haben, über den Grenzkosten der Produktion liegt. Folglich gibt es einige Konsumenten deren Wertschätzung für das Produkt größer ist als die Grenzkosten, aber kleiner als der Preis und die somit das Produkt nicht kaufen. Ökonomen sprechen davon, dass die die Knappheit der Güter mindernden und damit vorteilhaften und somit die Wohlfahrt erhöhenden Tauschmöglichkeiten nicht realisiert werden. Mirrlees ging nun der Frage nach, wie solche Wohlfahrtsverluste möglichst klein gehalten werden können. Ein weiteres Aufgabenfeld, dem sich Mirrlees zuwandte, war die optimale Ausgestaltung der Einkommensteuer. Für eine First-best-Lösung müssen Pauschalsteuern und Pauschalsubventionen zur Verfügung stehen. Ist dies der Fall besagt der 2. Hauptsatz der Wohlfahrtsökonomik, dass durch die Umverteilung der Anfangsausstattung jede beliebige Allokation als ein Gleichgewicht bei vollkommener Konkurrenz und somit als Pareto-Optimum realisiert werden kann. Das bedeutet Effizienz- und Gerechtigkeitsüberlegungen stehen nicht in einem Widerspruch zueinander. Allerdings erfordert die Umverteilung mit Hilfe von Pauschalsteuern und Pauschalsubventionen die Kenntnis der tatsächlichen Leistungsfähigkeit eines jeden einzelnen Individuums. Informationen über die der Staat offensichtlich nicht verfügt. Während der Staat und seine Finanzbeamten nur unvollständig über die individuellen Verhältnisse der Steuerzahler informiert sind, wissen diese genau, was sie verdient haben. Diesen Informationsvorsprung können sie ausnutzen, um Steuern zu vermeiden. Zudem muss die Finanzgesetzgebung so gestaltet sein, dass sie Leistungsanreize bietet und nicht abwürgt. Nachdem William S. Vickrey, der mit James Mirrlees 1996 den Nobelpreis erhielt, dieses Problem bereits 1945 beschrieb, gelang es Mirrlees 1971 dieses Problem der asymmetrischen Informationen theoretisch zu lösen.[1] Die Frage, die sich hier stellt ist: Wie kann ein gegebenes Steueraufkommen bei minimalem mit der Steuererhebung verbundenen Wohlfahrtsverlust realisiert werden. Der besteuerungsbedingte Wohlfahrtsverlust entsteht auf Grund des reduzierten Nettolohnes und der damit verbundenen geringeren Kaufkraft sowie des veränderten Arbeitsangebots als Reaktion auf die Besteuerung. Ökonomen bezeichnen diese Effekte als Einkommens- und Substitutionseffekt. Zwar stammt die Beschreibung des Substitutionseffekts als Maß für Ineffizienz im Rahmen der Besteuerung von Eugin Slutsky und John Hicks, Mirrlees verband jedoch die Effizienzaspekte der Besteuerung mit normativen Vorstellungen bezüglich der Nachsteuerverteilung. Er zeigte wie es unter Berücksichtigung individueller Optimierungskalküle auch bei asymmetrischen Informationen möglich ist, Effizienz- und Verteilungsziele im Rahmen der Besteuerung simultan zu erreichen. In seinem Modell der Einkommensbesteuerung beschrieb Mirrlees erstmals den Zusammenhang von Wohlfahrtsverlusten durch höhere Grenzsteuersätze bei den Beziehern hoher Einkommen und den Wohlfahrtsgewinnen für die Bezieher niedriger Einkommen, die dann von den Umverteilungen profitieren. Er zeigte unter anderem, dass Steuersatzerhöhungen erhebliche Wohlfahrtsverluste nach sich ziehen können. Denn bei den Betroffenen kann es unter Umständen zu erheblichen Ausweichreaktionen kommen, so dass mit der Steuersatzerhöhung kaum höheren Steuereinnahmen verbunden sind. Im Ergebnis hält Mirrlees einen linearen Steuertarif für eine gute Annäherung an einen optimalen Tarif.

1) Mirrlees, J., »An Exploration in the Theory of Optimum Income Taxation«, in: *The Review of Economic Studies*, 1971, S.

Wichtige Literatur

Diamond, Peter A. and James R. Mirrlees: »Optimal Taxation and Public Production I: Production Efficiency«, in: *American Economic Review*, Vol. 61, 1971, S. 8–27.

Diamond, Peter A. and James R. Mirrlees: »Optimal Taxation and Public Production II: Tax Rules«, in: *American Economic Review*, Vol. 61, 1971, S. 261ff.

Mackscheidt, K., Willian Vickrey und James A. Mirrlees: »Gurus der Informationsökonomie«, in: *das wirtschaftsstudium (wisu)*, S. 964–965.

Mirrlees, J. A.: »An Exploration in the Theory of Optimal Income Taxation«, in: *Review of Economic Studies* 38, 1971, S. 175–208.

Der verwirrte Auktionator

oder: Wie bringe ich die Teilnehmer einer Versteigerung dazu, ihre wahren Präferenzen offenzulegen?

Wie funktioniert das Vickreysche Wahrheitsserum und wer war William Spencer Vickrey?

(1914–1996)

William (Bill) Spencer Vickrey wurde 1914 in Victoria, British Columbia (Kanada) geboren. Er studierte Mathematik an der Yale Univertity, wo er im Jahr 1935 den Bachelor of Science erhielt. Von 1935 bis 1937 machte er den Master of Science im Fach Wirtschaft an der Columbia Universität in den USA. Er arbeitete für das »National Resources Planning Board« in Washington und für die »Division of Tax Research« des US-Schatzamtes. Für seine Doktorarbeit »Agenda for Progressive Taxation« verlieh ihm die Columbia Universität 1948 den Ph. D. für Wirtschaftswissenschaften. 1946 begann er seine Lehrtätigkeit im Bereich Wirtschaftswissenschaften an der Columbia. 1958 wurde er ordentlicher (full) Professor und 1972 McVickar Professor für politische Ökonomie.

Vickrey wurde 1982 als McVickar Professor emeritiert. Vickrey verstarb am 11.10.1996, nur drei Tage nachdem er von der Verleihung des Nobelpreises erfuhr.

Zusammen mit James Alexander Mirrlees erhielt er den Nobelpreis für seine »fundamentalen Beiträge für die ökonomische Theorie von Anreizen unter asymmetrischen Informationen«. Vom Sprecher der Königlich Schwedischen Akademie der Wissenschaften, Prof. Bertil Näslund, wurden hinsichtlich der Würdigung des Werkes von William S. Vickrey besonders seine Beiträge für ökonomische Transaktionen mit versiegelten Geboten hervorgehoben, z. B. versiegelte Gebote bei öffentlichen Ausschreibungen. Hier bestand vor Vickreys Forschungen das Problem, dass der Bieter – sofern er den Zuschlag erhielt – auch den von ihm gebotenen Preis bezahlen musste. Sofern er also seine maximale Zahlungsbereitschaft in das Gebot hineinschrieb, würde er genau so viel bezahlen, wie ihm die Sache letztlich Wert war. Sein Gewinn wäre somit null. Aus strategischen Gründen haben die Bieter daher im Regelfall ein Gebot abgegeben, das unter ihrer wahren Zahlungsbereitschaft lag. Denn nur so hatten sie eine Chance, einen Gewinn zu erzielen. Jetzt kann aber gezeigt werden, dass ein solches strategisches Verhalten, das die wahre Zahlungsbereitschaft verschleiert, volkswirtschaftlich ineffizient sein kann. Dies ist immer dann der Fall, wenn ein Bieter sein Gebot zu klein gewählt hat, so dass ein Mitbieter, trotz geringer Zahlungsbereitschaft, letztlich das Gut erhält. Denn jetzt hat

Jemand das Gut erhalten, der diesem einen geringeren Wert beimisst und man könnte durch Umverteilung eine Paretoverbesserung erzielen und den volkswirtschaftlichen Nutzen erhöhen. William S. Vickrey fand die Lösung, ein Verfahren, das die Bieter veranlasst, ihre wahren Zahlungsbereitschaften offenzulegen. Avinash Dixit und Susan Skeath bezeichneten dies als »Vickrey's Wahrheitsserum«[1]. Vickrey zeigte, dass wenn der höchste Bieter nicht den Preis bezahlen muss, den er bietet, sondern nur den des zweithöchsten Bieters, dann hat er keine Motivation mehr, seine wahre Zahlungsbereitschaft zu verschleiern. Ferner verkörpert der bezahlte Preis die volkswirtschaftlichen Opportunitätskosten des zu versteigernden Gutes. Im Folgenden soll ein einfaches Beispiel zeigen, dass es für den Bieter bei einer Vickreyschen Zweitpreisauktion rational ist, seine wahre Zahlungsbereitschaft offenzulegen.

Beispiel: Die Auktion selbst ist so gestaltet, dass nur ganzzahlige Gebote in verschlossenen Umschlägen abgegeben werden können. Derjenige, der das höchste Gebot abgibt, erhält das Gut, aber zum Gebotspreis des zweithöchsten Bieters. Sind die höchsten Gebote gleich, so entscheidet das Los. Der Einfachheit halber sind nur ganzzahlige Gebote zulässig und das höchstmögliche Gebot auf 5 \$ begrenzt. Nehmen wir ferner an, es existieren nur zwei Bieter, Armin und Bob, alternativ könnten wir auch davon ausgehen, dass dies die Bieter mit den höchsten Zahlungsbereitschaften sind. Armin hat für das zu ersteigernde Gut eine Zahlungsbereitschaft von 4 \$, während Bob eine Zahlungsbereitschaft von 3 \$ besitzt. Für Armin ist

Bob

Armin	$b_B = 1$	$b_B = 2$	$b_B = 3$	$b_B = 4$	$b_B = 5$
$b_A = 1$	1 / 1,5	2 / 0	2 / 0	2 / 0	2 / 0
$b_A = 2$	0 / 3	0,5 / 1	1 / 0	1 / 0	1 / 0
$b_A = 3$	0 / 3	0 / 2	0 / 0,5	0 / 0	0 / 0
$b_A = 4$	0 / 3	0 / 2	0 / 1	-0,5 / 0	-1 / 0
$b_A = 5$	0 / 3	0 / 2	0 / 1	0 / 0	-1 / -0,5

1) Dixit, Avinash und Skeath, Susan, Games of Strategie, 2. Auflage, New York, London 2004, S. 546.

das Gut also 4 $ Wert und Bob ist es 3 $ Wert. Die Frage, die sich jetzt stellt ist, ob es für Armin und Bob rational ist, ihre wahre Zahlungsbereitschaft im Rahmen ihres Gebotes für das Gut offenzulegen, sofern sie bei Erhalt des Gutes nur den Preis des zweithöchsten Gebotes zahlen müssen, oder ob es für sie sinnvoll ist, ihre wahre Zahlungsbereitschaft zu verschleiern und eine geringere oder höhere Zahlungsbereitschaft zu äußern?

Die obige Matrix gibt die Antwort. Sie zeigt die sich bei den verschiedenen Geboten (Strategien) von Armin (bA) bzw. Bob (bB) einstellende Gewinnsituation (Konsumentenrente), gegeben das Gebot des Konkurrenten. Die Zeilen zeigen die Gebote von Armin und die Spalten die Gebote von Bob. Das jeweils zughörige Feld beschreibt die Gewinnsituation. Unten links findet sich die Gewinnsituation von Armin und oben rechts die Gewinnsituation von Bob. Bietet Armin beispielsweise 3 $ (bA=3) und Bob 2 $ (bB=2), so erhält Armin das Gut zu dem von Bob gebotenen Preis, also für 2 $. Sein Nutzen liegt somit bei 2 $, seiner Zahlungsbereitschaft von 4 $, abzüglich dessen was er bezahlen muss (2 $). Bob bekommt nichts, er zahlt aber auch nichts, sein Nutzen ist null. Bieten beide 3 $, dann entscheidet das Los wer das Gut erhält. Armin oder Bob können also mit 50-prozentiger Wahrscheinlichkeit damit rechnen, dass sie das Gut erhalten. Der von Armin zu erwartende Gewinn sieht somit wie folgt aus: [4 $ (seine Zahlungsbereitschaft) – 3 $ (der Preis des zweithöchsten Gebots)] · 0,5 (der Wahrscheinlichkeit, dass er das Gut erhält) = 0,5 $. Bobs erwarteter Gewinn gestaltet sich wie folgt: [3 $ (seine Zahlungsbereitschaft) – 3 $ (der Preis des zweithöchsten Gebots)] 0,5 (der Wahrscheinlichkeit, dass er das Gut erhält) = 0 $. Schaut sich Armin alle seine denkbaren Gebote, bA = 1 $, 2 $, 3 $, 4 $ oder 5 $, in den Zeilen mit ihren denkbaren Auswirkungen an, dann wird er feststellen, dass er mit dem Gebot, das seiner wahren Zahlungsbereitschaft (bA = 4 $) entspricht, am besten abschneidet. Denn jetzt ist es egal wie sich Bob verhält, er schneidet immer gleich gut oder besser ab als bei allen anderen denkbaren Geboten. Armins Werte in der Zeile bA = 4 sind also immer größer oder gleich den Werten aller anderen Zeilen. Für ihn ist es also rational 4 $ zu bieten. Für Bob, dessen Gebotsstrategien in den Spalten zu finden sind, gilt das Gleiche für bB = 3. Jeder sollte also seine wahre Zahlungsbereitschaft äußern. Das Ergebnis der Versteigerung liegt somit bei bA = 4 und bB = 3, wobei Armin einen Nutzen von 1 $ und Bob einen Nutzen von null erhält. Dieses Ergebnis ist pareto-effizient, da es jetzt nicht mehr möglich ist, den Nutzen eines Individuums durch Umverteilung zu steigern, ohne dass man einem anderen Individuum einen größeren Nutzenanteil wegnimmt. Der gesamtwirtschaftliche Nutzen ist also durch Umverteilung nicht mehr steigerbar.

Vickrey's Beiträge führten zu einer Veränderung des öffentlichen Versteigerungswesens, so wurden zum Beispiel Verkehrs-, Funk- und UMTS-Lizenzen im Rahmen einer Vickrey-Auktion versteigert.

Wichtige Literatur

Vickrey, W., Counterspeculation, »Auctions, and Competitive sealed Tenders«, in: *The Journal of Finance*, Band 16, 1961, S. 8–37.

Vickrey, W., »Auctions and Biddings Games«, in: *Recent Advances in Game Theory*, Princeton University Press 1962.

Warum müssen Menschen hungern?

Warum kommt die Nahrung nicht an?
Warum bleiben die Menschen hungrig?

Und noch eine Frage: Warum fehlen in China und Indien 44 beziehungsweise 37 Millionen Frauen?

(geboren 1933)

Amartya Kumar Sen wurde 1933 in der Nähe von Kalkutta in Santiniketan, Indien geboren. »Auf dem Universitätscampus geboren und auf dem Universitätscampus gelebt«, so stellte sich Amartya Sen in seiner Nobelpreisrede vor. Sein Denken und seine späteren Arbeiten wurden durch die 1943 in Indien herrschende Hungersnot geprägt. Amartya Sen, der mit seinem Ökonomiestudium in Indien begann, es in Cambridge/England beendete und hiernach an den verschiedensten renommierten Hochschulen unter anderem in London, Oxford und Harvard lehrte, erhielt 1998 den Nobelpreis für Wirtschaftswissenschaften. Während seines Lebens setzte er sich mit wohlfahrts- und entwicklungsökonomischen Fragen auseinander. So stand die Aggregation individueller Präferenzen im Focus seiner Betrachtungen. → Kenneth Arrow hatte zuvor mit seinem Unmöglichkeitstheorem gezeigt, dass es nicht möglich ist, individuelle Präferenzen zu aggregieren, ohne dass das Pareto-Prinzip (siehe → Vilfredo Pareto) verletzt oder Präferenzen von Bevölkerungsteilen ignoriert werden. Daher ist die Bildung einer gesamtgesellschaftlichen Präferenzfunktion unmöglich. Sen stellte sich in diesem Zusammenhang die Frage, unter welchen Bedingungen es vielleicht dennoch möglich sei, zu gesellschaftlichen Entscheidungen zu gelangen. In seinem berühmten Artikel *The Impossibility of Paretian Liberal* von 1970 bewies er, dass es Situationen gibt, in denen entweder nur die individuellen Rechte oder das Pareto-Prinzip Beachtung finden können, aber nicht beide (*Liberalitätsparadoxon*[1)]).

Sen richtet sich gegen die neoklassische Theorie und den hierin implementierten Utilitarismus (siehe → Jeremy Bentham), der davon ausgeht, dass die Individuen ausschließlich bestrebt sind, ihren Nutzen zu maximieren. Der Staat wiederum ist bestrebt, den gesellschaftlichen Nutzen, die volkswirtschaftliche Wohlfahrt, zu maximieren. Und der gesellschaftliche Nutzen ist wiederum nichts anderes als die Summe dieser Einzelnutzen.[2)] An dieser Nutzenmaximiererei kritisiert Sen, dass sie das menschliche Handeln nur unzureichend beschreibt und als normatives gesellschaftliches Ziel äußerst fragwürdig ist. Denn die Menschen handeln nicht immer rational, sie gehen beispielsweise wählen, obwohl ihre Stimme praktisch

1) Vgl. auch den Abschnitt über die »Paradoxa der Volkswirtschaftslehre«.

2) Vgl. hierzu auch → Jeremy Bentham.

keinen Einfluss auf das Wahlergebnis hat und mit dem Wahlgang Mühen und Unbequemlichkeiten (Kosten) verbunden sind. Da nur die Summe des Nutzens entscheidend ist, vernachlässige der Utilitarismus neben der Verteilung des Nutzens auch noch andere wohlfahrtsrelevante Einflussgrößen wie Rechte und Freiheiten. Sen schlug daher Alternativen vor. Statt sich auf den Nutzen zu fokussieren, sollten »*Verwirklichungschancen und Funktionsbündel*« (Capabilities to Funktion) – wie gut genährt, gesund, gebildet, gekleidet, behaust und gesellschaftlich integriert – betrachtet werden. Sen fordert also, dass die gesellschaftlichen Entscheidungen nicht auf den aggregierten, nutzenmaximierten individuellen Präferenzen fußen dürfen, wie in den neoklassischen Modellen unterstellt, sondern auf der Bereitstellung der größtmöglichen Zahl von Verwirklichungschancen und Funktionsbündeln für die Individuen. Ferner entwickelte Sen mehrere Indikatoren zur Messung von Armut, Einkommensungleichheit und Wohlstand. Seine Wohlstandsindikatoren verbinden Wachstum und Einkommensverteilung. Einkommenswachstum erhöht den Wohlstand, während eine größere Einkommensungleichheit ihn wieder verringert.[3] Auf Basis von Sens Überlegungen entwarf das United Nations Develeopment Program 1990 – zum Vergleich des Wohlstands der verschiedenen Nationen – den »Index der menschlichen Entwicklung«. Dieser Index verbindet das Pro-Kopf-Einkommen, die Lebenserwartung und die Bildung.

Auch Amartya Sens empirische Arbeiten sind nicht zu verachten. Unser Cartoon, das zugegebenermaßen nicht besonders witzig ist, verweist auf Sens Arbeiten, die sich mit den Ursachen von Hungersnöten auseinandersetzen. In seinen Untersuchungen stellt Sen fest, dass die zentrale Ursache von Hungersnöten nicht primär im Rückgang der vorhandenen Lebensmittel zu finden ist, sondern in einem Verfall der Kaufkraft. Die vom Hunger betroffenen Bevölkerungsgruppen können sich die Lebensmittel aufgrund von Preiserhöhungen oder Einkommensrückgängen nun nicht mehr leisten (*Entitlement-Hypothese*). Es ist somit nicht überraschend, »dass die Weltgeschichte kein Beispiel für eine Hungersnot in einer funktionierenden Demokratie kennt, sei diese nun wirtschaftlich wohlhabend – wie das heutige Westeuropa und Nordamerika – oder vergleichsweise arm – wie Indien nach der Unabhängigkeit oder wie Botswana und Simbabwe.«[4] Nur Diktaturen, deren Machthaber sich keiner demokratischen Wiederwahl stellen müssen, können es sich »leisten«, große Teile des Volkes hungern zu lassen.

3) Wohlfahrtsmaß: Pro-Kopf-Einkommen*(1-Gini-Koeffizient)

4) Vgl. Sen, A. K., 2002, S. 27.

Ferner schockierte Sen die Welt mit dem Ergebnis, dass in China 44 und in Indien 37 Millionen Frauen fehlen (gestorben sind). Die Ursache dieses erschreckenden Ergebnisses führt Sen auf die Diskriminierung von Mädchen und Frauen zurück. Da hier Frauen im Vergleich zu Männern als weniger wert angesehen werden, wird für sie auch weniger Sorge getragen. Sie werden schlechter ernährt und im Krankheitsfall seltener in eine Klinik gebracht. Folglich ist ihre Sterberate in jungen Jahren höher als die der Männer.[5] Dieses Ergebnis erregte weltweit Aufsehen und verstärkte den Kampf gegen Diskriminierung. Das zentrale Ergebnis seiner empirischen Arbeiten fasst Amartya K. Sen dann noch selbst wie folgt zusammen: »Demokratie macht satt.«[6]

Wichtige Werke und Literaturtipps

Sen, A. K.: »The Impossibility of Paretian Liberal«, in: *Journal of Political Economy* 1970, S. 152–157.

Sen, A. K.: *Collective Choice and Social Welfare, San Francisco*, CA: Holden-Day, 1970.

Sen, A. K.: *On Economic Inequality*, Oxford University Press, Oxford 1973, Erweiterte Ausgabe: Oxford 1997.

Sen, A. K.: *Poverty and Famines: An Essay on Entitelement and Deprivation*, Oxford University Press, Oxford 1981.

Drèze, J. und Sen, A. K. (Hrsg.): *The Political Economy of Hunger*, Vols. 1–3, Oxford University Press, Oxford 1990.

Sen, A. K.: *Development as Freedom*, Alfred A. Knopf, Inc., New York 1999. Deutsche Übersetzung von Christiana Goldmann: *Ökonomie für den Menschen. Wege zu Gerechtigkeit und Solidarität in der Marktwirtschaft*, Fischer Taschenbuch Verlag, München 2002.

Klasen, S.: »Amartya Sen: Das Gewissen der Ökonomie«, in: *das wirtschaftsstudium (wisu)* 1998, S. 1255–1256.

Loos, A.: »Amartya Kumar Sen«, in: *Brockhaus, Nobelpreise, Chronik herausragender Leistungen*, hrsg. von der Lexikonredaktion des Verlags F. A. Brockhaus, 2. Auflage, Leipzig, Mannheim 2004. S. 1000–1001.

5) Vgl. Sen, A. K., 2002, S. 133 und die hier angegebene Literatur.

6) Vgl. Sen, A. K., »Demokratie macht satt«, in: *Süddeutsche Zeitung* vom 12. Dezember 1998.

Das Assignment-Problem

oder: Welches Instrument für welchen Zweck?

Welcher Ökonom und Nobelpreisträger bot eine Lösung für das Assignment-Problem?

(geboren 1932)

Robert A. Mundell wurde 1932 in Kingston/Ontario (Kanada) geboren. Mundell studierte an der University of British Columbia in Vancouver sowie in Seattle/Washington und lehrte an der Stanford University in Palo Alto/Kalifornien. Zwischen 1966 und 1971 war er Professor an der University of Chicago und hielt außerdem Vorlesungen am Institut für Internationale Studien in Genf. Seit 1974 lehrt Mundell an der Columbia University in New York. In wirtschaftspolitischen Fragen beriet er unter anderem die Vereinten Nationen, die Weltbank, die Europäische Kommission und die kanadische Regierung. Für seine Untersuchungen der Geld- und Fiskalpolitik unter unterschiedlichen Wechselkursregimen und seiner Untersuchung optimaler Währungsräume erhielt Robert A. Mundell 1999 den Nobelpreis für Wirtschaftswissenschaften. In seinem 1963 veröffentlichten Aufsatz erweiterte Mundell das von → Sir Hicks entwickelte IS-LM-Modell um internationale Handelsbeziehungen und internationalen Kapitalverkehr. Hierbei diskutierte er die Frage, welche kurzfristigen Auswirkungen stabilisierungspolitische Maßnahmen in offenen Volkswirtschaften haben. Mundell zeigte in diesem Zusammenhang, dass die Wirkung von Geld- und Fiskalpolitik entscheidend vom Grad der Kapitalmobilität und dem Wechselkurssystem abhängig ist. Geht man beispielsweise von einem *festen Wechselkurssystem* aus, bei welchem die Zentralbanken zur Verhinderung von Kursschwankungen am Devisenmarkt intervenieren müssen, dann ist Geldpolitik wirkungslos. Versucht zum Beispiel ein Land durch eine expansive Geldpolitik die Zinssätze zu senken, um hierdurch positive Einkommenseffekte zu erzielen, so löst diese Zinssenkung nur entsprechende Kapitalabflüsse aus, da die Anleger ohne Wechselkursrisiko jetzt im Ausland höhere Zinssätze vorfinden. Hierdurch gerät die Zahlungsbilanz ins Defizit, was die Notenbank zu Devisenverkäufen zwingt, um den Abwertungsdruck auf die inländische Währung zu beseitigen und den Wechselkurs konstant zu halten. Letzten Endes sinkt die inländische Geldmenge im Umfang der Devisenverkäufe, so dass der angestrebte Einkommenseffekt durch die expansive Geldpolitik vollständig verloren geht.[1] Umgekehrt erweist sich eine Fiskalpolitik unter fixen Wechselkursen als effizient, zumal auch die mit der Fiskalpolitik einhergehende

1) Die Zentralbank nimmt das Geld, das sie im Rahmen einer expansiven Geldpolitik ausgegeben hat, durch den Devisenverkauf letzten Endes wieder zurück.

Erhöhung der Zinssätze zu Kapitalzuflüssen führt, die zusätzlich expansive Wirkungen entfaltet. Das Umgekehrte gilt im Falle *flexibler Wechselkurse.* Geldmengenpolitik wird hier wieder zu einem wirkungsvollen Instrument. Denn wenn jetzt bei einem niedrigen Preisniveau eine expansive Geldpolitik zu einem sinkenden Zinssatz führt, dann werden die Anleger einiges Geld ins Ausland übertragen und auf diese Weise zu einer Abwertung der Landeswährung beitragen. Diese Abwertung der inländischen Währung lässt die im Inland produzierten Waren relativ billiger werden und regt damit die Nettoexporte an. Das volkswirtschaftliche Einkommen steigt. Dieser Effekt wird nach Robert Mundell und Marcus Fleming, langjähriger Leiter der Forschungsabteilung des IWF, als *Mundell-Flemming-Wechselkurseffekt* bezeichnet. Das Umgekehrte gilt aber auch im Falle der Fiskalpolitik. Unter flexiblen Wechselkursen ist sie völlig unwirksam, da die mit ihr einhergehende Zinserhöhung zu Kapitalzuflüssen führt. Diese wiederum bewirken eine Aufwertung der Inlandswährung und damit ein Rückgang der Auslandsnachfrage. Somit wird die durch die Fiskalpolitik induzierte steigende Inlandsnachfrage durch einen Rückgang der Auslandsnachfrage kompensiert.

Wie kommen Wissenschaftler auf ihre genialen Modelle? Woher nehmen Wissenschaftler ihre Ideen? Wir sind uns da nicht so ganz sicher, aber in Bezug auf Robert Mundell haben wir eine Idee. Wie unser Comic zeigt, stellen uns viele Alltagssituationen immer wieder vor das Problem der Wahl des richtigen Instruments, Hammer oder Bohrer, Möhre oder Stock[2], Fiskal- oder Geldpolitik. Wenn wir dann das zweiten Bild betrachten, wird klar: Es bleibt schwierig! Weder Hammer noch Bohrer sind treffgenaue Instrumente und so bleibt auch hier nur die Wahl des relativ am besten geeigneten Instruments. Und das gilt auch für die meisten ökonomischen Situationen. Mundell ging als Erster der Frage nach, welches der beiden makroökonomischen Instrumente »Geldpolitik« oder »Fiskalpolitik« für welches der Ziele »Internes Gleichgewicht (Vollbeschäftigung bei Preisstabilität)« und »Externes Gleichgewicht (Zahlungsbilanzausgleich bei festen Wechselkursen)« eingesetzt werden sollte. Mundells Idee war es, die Nachfragepolitik in die Geldpolitik und in die Fiskalpolitik aufzuspalten und eines der beiden Instrumente dem außenwirtschaftlichen und das andere dem binnenwirtschaftlichen Gleichgewicht zuzuordnen. Doch welches Instrument sollte welchem Ziel zugeordnet werden? Das ist das *Assignment-Problem.* Denn beide Instrumente beeinflussen beide Gleichgewichte. Da jedoch die Geldpolitik einen komparativen (relativen) Vorteil für die

2) Um den Esel voranzutreiben.

Erreichung des außenwirtschaftlichen und die Fiskalpolitik (entsprechend umgekehrt) einen komparativen Vorteil für die Erreichung des internen Gleichgewichts hat, sollte die Fiskalpolitik dem internen Gleichgewicht und die Geldpolitik dem externen Gleichgewicht zugeordnet werden. Ein Instrument sollte nach Mundell immer jenem Ziel zugeordnet werden, auf das es den relativ stärksten Einfluss ausübt.

In der ebenfalls von Mundell entwickelten Theorie der optimalen Währungsräume wies er nicht nur die Vorteile einer gemeinsamen Währung in großen Regionen nach, sondern analysierte auch das Problem möglicher Krisen in solchen Währungsräumen. Er zeigte, dass eine gemeinsame Währung nur dann erfolgreich sein kann, wenn ein großer Teil der Bevölkerung mobil genug ist, in Krisenfällen umzuziehen, oder wenn ein großer Teil der Tätigkeiten standortunabhängig geleistet werden kann, zum Beispiel durch Internet-Arbeitsplätze. In wieder anderen Arbeiten untersuchte Mundell die Rolle der Erwartungen beim Investitionsverhalten. So zeigte er, dass beispielsweise Inflationserwartungen zu einem Anstieg der Investitionen führen. Dieser Effekt wird als *Mundell-Effekt* bezeichnet.

Wichtige Werke und Literaturtipps

Mundell, R. A.: »A Theory of Optimum Currency Areas«, in: *American Economic Review*, Vol. 51, 1961, S. 509–517.

Mundell, R. A.: »The Appropriate Use of Monetary and Fiscal Policy under Fixed Exchange Rates«, in: *IMF Staff Papers*, Vol. 9, 1962, S. 70–79.

Mundell, R. A.: »Capital Mobility and Stabilization Policy under Fixed and Flexible Exchange Rates«, in: *Canadian Journal of Economics and Political Science*, Vol. 29, 1963, S. 475–485.

Mundell, R. A.: *International Economics*, Macmillan, New York 1968.

Robert, R. A. : »A Reconsideration of the Twentieth Century, Prize Lecture, December 8, 1999«, in: *Nobel Lectures, Including Presentation Speeches and Laureates Biographies, Economic Sciences 1996–2000*, hrsg. von Torsten Persson, 2003, S. 217–243.

Schmid, G.: »Robert Mundel«, in: *Brockhaus, Nobelpreise, Chronik herausragender Leistungen*, hrsg. von der Lexikonredaktion des Verlags F. A. Brockhaus, 2. Auflage, Leipzig, Mannheim 2004. S. 1012–1013.

Das moderne Kaufhaus

oder: Asymmetrische Informationen verhindern funktionierende Märkte, aber Screening und Signaling können das Problem lösen.

Welche Ökonomen befassten sich mit den Problemen asymmetrischer Informationen und diskutierten Screening und Signaling als mögliche Lösung?

George Akerlof wurde 1940 in New Haven/Connecticut geboren. Er studierte an der Yale Universität und promovierte 1966 am MIT. Akerlof war unter anderem Professor am Indian Statistical Institute, an der London School of Economics und an der University of California in Berkeley, wo er den größten Teil seiner Laufbahn verbrachte und seit 1980 wieder lehrt.

(geboren 1940)

Michael Spence wurde 1943 in Montclair/New Jersey geboren. Nach einem Studium an der Princeton University promovierte er zwischen 1966 und 1972 in Harvard. Anschließend lehrte er zunächst als außerordentlicher Professor in Stanford, wechselte jedoch bereits 1975 als ordentlicher Professor für Volks- und Betriebswirtschaft nach Harvard. 1990 führte ihn sein Weg wieder zurück an die Stanford University.

Joseph Stiglitz wurde 1943 in Gary/Indiana geboren. Nach seinem Studium am Amherst College wechselte er an das MIT, wo er 1967 seine Promotion beendete. Nach einer ersten Professur an der Yale University (1970) unterrichtete Stiglitz noch an den verschiedensten Einrichtungen sowie an den Universitäten Princeton, Stanford und am MIT. Von 1993 bis 1999 war er Wirtschaftsberater von Bill Clinton und von 1997 bis 2000 Chefökonom und Vize-Präsident der Weltbank. Als solcher übte er heftig Kritik am Internationalen Währungsfonds, insbesondere an dessen Reaktionen auf die Asienkrise. Eine Auseinandersetzung, die mit seinem Rücktritt endete. Zur Zeit ist Stiglitz Professor für Wirtschaft und Finanzen an der Columbia University in New York.

(geboren 1943)

Für ihre Arbeiten erhielten diese drei Ökonomen 2001 den Nobelpreis für Wirtschaftswissenschaften.

Die drei Ökonomen waren mit der in den sechziger Jahren herrschenden neoklassischen Theorie nicht zufrieden. Ihr Unbehagen lag vor allem in der neoklassischen Annahme, dass alle Marktteilnehmer über die gleichen, vollkommenen Informationen verfügen. Sie untersuchten daher, wie sich

(geboren 1943)

die modelltheoretischen Aussagen ändern, wenn die Informationen asymmetrisch verteilt sind, das heißt bestimmte Marktteilnehmer sind sehr gut informiert, andere hingegen nicht. Dies wurde erstmals von Akerlof in seinem Aufsatz *The Market for »Lemons«. Quality Uncertainty and the Market Mechanismen* behandelt. Asymmetrische Informationen liegen zum Beispiel bei Käufer und Verkäufer vor. So hat der Verkäufer einer Ware zumeist bessere Informationen über ihre Qualität als der Käufer. Schauen wir uns hierzu das in der Abbildung ASS1 skizzierte Gebrauchtwagenhändlerbeispiel an.

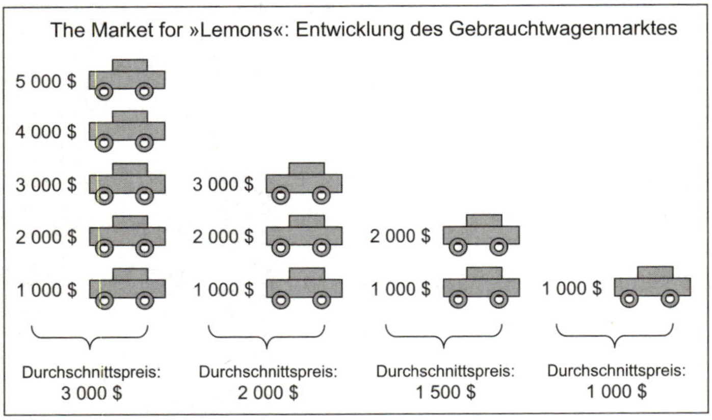

Abbildung ASS1: Entwicklung des Gebrauchtwagenangebots

Die Gebrauchtwagenhändler wissen in der Regel besser über die versteckten Mängel ihrer Autos Bescheid als ihre Kunden. Nehmen wir an, in der Ausgangssituation verfügen die Gebrauchtwagenhändler einer Stadt über insgesamt fünf gleichwertig erscheinende Fahrzeuge eines Typs. Die Fahrzeuge weisen jedoch versteckte Mängel auf und sind daher unterschiedlich wertvoll. Ihre Werte reichen von 1 000 bis 5 000 Dollar und sind in der ersten Spalte der obigen Abbildung angegeben. Ein mit der *Schwackeliste* bewaffneter Kunde, der zwar um die durchschnittliche Qualität und um den durchschnittlichen Wert der Fahrzeuge weiß, den Wert eines einzelnen

Fahrzeuges jedoch nicht einschätzen kann, wird dem Händler allenfalls ein Preisangebot abgeben, das dem durchschnittlichen Wert entspricht. In unserem Beispiel 3 000 Dollar, denn dann schließt er im Durchschnitt ein faires Geschäft ab. Händler mit qualitativ hochwertigen Fahrzeugen werden sich jedoch auf diesen Handel nicht einlassen. Ein solches Angebot ist für sie unattraktiv. Sie ziehen sich vom Markt zurück. Somit bieten nur noch die Händler ihre Ware an, deren Qualität mittelmäßig oder schlechter ist. In unserm Beispiel bleiben nur noch die Händler übrig, deren Fahrzeuge 3 000 Dollar oder weniger wert sind (siehe Spalte zwei). Aber auch das werden die Kunden rasch merken und den Händlern zukünftig nur noch Preise bieten, die dem jetzt geringern durchschnittlichen Wert von 2 000 Dollar entsprechen. Was wieder dazu führen würde, dass die Händler alle Fahrzeuge aussortieren, die einen höheren Wert aufweisen. Dieser Prozess setzt sich solange fort, bis auf dem Markt nur noch »Zitronen« oder wir würden sagen »Gurken« gehandelt werden. Es findet aufgrund dieser asymmetrischen Informationen eine Negativauslese (Adverse Selection) statt, die letzten Endes zum Zusammenbruch des Marktes führt. Akerlof übertrug dieses Beispiel der asymmetrischen Informationen auf verschiedene Felder, den Kreditmarkt in Entwicklungsländern, die Krankenversicherung und die Diskriminierung von Minderheiten auf dem Arbeitsmarkt.

Michael Spence griff Akerlofs Überlegungen zur asymmetrischen Informationsverteilung auf. In seinem Aufsatz *Job Market Signaling* von 1973 stellte er sich die Frage, ob der Gefahr adverser Selektion am Arbeitsmarkt dadurch begegnet werden kann, dass der besser informierte Transaktionspartner, also in diesem Fall der Arbeitssuchende, dem Arbeitgeber glaubhafte Informationen über seine Leistungsbereitschaft signalisieren kann (*Signaling-Theorie*). Ja, er kann, und zwar durch Vorlage seiner Zeugnisse. Je höher der Ausbildungsabschluss, je besser das Ausbildungsergebnis, desto größer ist die Wahrscheinlichkeit, dass er auch zukünftig entsprechende Leistungen erbringt. Übrigens, auch im Fall des Gebrauchtwagenhändlers kann die besser informierte Seite signalisieren, dass sie eine gute Qualität liefert, und zwar durch Gewährung einer Garantie. Je länger und je umfassender diese Garantie ist, desto glaubhafter wird sein Versprechen, eine gute Qualität zu liefern. Die Aussendung glaubhafter Signale kann also den Marktzusammenbruch verhindern und für eine Gleichgewichtslösung sorgen. Diese erstmals von Spence analysierten Signalisierungsgleichgewichte haben in mehreren Bereichen Anwendung gefunden. So wurden zum Beispiel beobachtbare Wahlhandlungen auf Finanz- und Produktmärkten wie etwa die Wahl der Finanzierungsform, des Werbeaufwands oder des Dividendenniveaus dahingehend untersucht, inwieweit sie glaubwürdige Signale beinhalten.

Ein anderes Konzept wählte **Joseph Stiglitz**. Sein *Screening Ansatz* ist die natürliche Ergänzung zur Signaling-Theorie. Bei der Screening-Methode findet der Abbau von Informationsunterschieden durch die schlechter informierte Seite statt. Durch geschickte Vertragsgestaltung wird die besser informierte Seite dazu gebracht, ihre Informationen offen zu legen. Stiglitz zeigt dies am Beispiel von Versicherungen. Hier ist es der Versicherungsnehmer, der besser über sein Krankheits- oder Unfallrisiko Bescheid weiß als der Versicherungsgeber. Die schwächer informierte Seite – die Versicherung – kann aber den Versicherungsnehmer durch Gestaltung des Versicherungsvertrages dazu bringen, sich selbst in die richtige Risikoklasse einzuordnen. So zeigt sich, dass Kunden mit hohem Risiko und hoher Schadenswahrscheinlichkeit im Allgemeinen eine Vollversicherung wählen, während Kunden mit geringem Risiko und geringer Schadenswahrscheinlichkeit einen Vertrag mit Selbstbeteiligung und niedrigerer Prämie vorziehen. Die Kunden ordnen sich also selbst in die angemessene Risikoklasse ein. Und entsprechend ist es in unserem Comic. Auch hier haben wir asymmetrische Informationen vorliegen. Die Kundinnen kennen ihre Schwachstellen und sind somit der besser informierte Teil, der Verkäufer hingegen ist der schlechter informierte Teil. Zunächst erfolgt in unserem Kaufhaus das Screening, hier gibt der besser informierte Teil, die Kundin, Auskunft über sich und sortiert sich selbst »richtig« ein. Dessous für schöne Frauen und Dessous für den ganzen Rest. Nach dem Screening ist aber noch ein Signaling vorgesehen. Hier signalisiert der besser informierte Teil, also wieder die Kundin, dem schlechter informierten Teil die Passgenauigkeit. Und wenn – wie in unserem Comic – Screening und Signaling zusammenkommen, dann sollte der Markt doch wieder funktionieren und eine passgenaue Lösung finden. Tut er es nicht, so entsteht wieder Raum für staatliches Handeln. Stiglitz, ein Verfechter ausgewogener Staatstätigkeit, fasst seine Erkenntnis in seinem Buch *The Roaring Nineties* wie folgt zusammen:

»Immer wenn Länder das richtige Gleichgewicht fanden, erzielten sie hohe Wachstumsraten – das gilt für die USA über weite Strecken ihrer Geschichte, für Ostasien in den Sechzigern, Siebzigern und Achtzigern. Immer wenn Länder nicht das richtige Gleichgewicht fanden und entweder auf zu viel oder zu wenig Staat setzten, kam es zum Desaster. Obwohl ein Übermaß an staatlicher Lenkung zu besonders eklatantem Systemversagen führte – wie der Zusammenbruch des kommunistischen Blocks zeigt –, gibt es auch Beispiele für Krisen durch zuwenig Staat.«[1]

1) Vgl. Stiglitz, J. E., 2003/2005, S. 51.

Unter welchen Bedingungen der Staatsanteil wie hoch sein sollte, darüber gibt es allerdings bis heute keine genauen Erkenntnisse.[2]

Wichtige Werke und Literaturtipps

Akerlof, G. A.: »The Market for ›Lemons‹: Quality Uncertainty and the Market Mechanism«, in: *Quarterly Journal of Economics*, Vol. 84, 1970, S. 488–500.

Akerlof, G. A.: »Gift Exchange and Efficiency Wage Theory: Four Views«, in: *American Economic Review*, Vol. 74, 1984, S. 79–83.

Spence, M.: »Job Market Signaling«, in: *Quarterly Journal of Economics*, Vol.87, 1973. S. 355–374.

Spence, M.: »Competition in Salaries, Credentials, and Signaling Prerequisites for Jobs«, in: *Quarterly Journal of Economics*, Vol. 90, 1976. S. 51–74.

Arnott, R. und Stiglitz, J. E.: *Equilibrium in Competitive Insurance Markets with Moral Hazard*, NBER Working Papers Series No. 3588, Cambridge 1991.

Grossman, S. und Stiglitz, J. E.: »On the Impossibility of Informationally Efficient Markets«, in: *American Economic Review*, Vol. 70, 1980, S. 393–408.

Shapiro, C. und Stiglitz, J. E.: »Equilibrium Unemployment as a Worker Discipline Device«, in: *American Economic Review*, Vol. 74, No.3, 1984, S.433–444.

Stiglitz, J. E. und Weiss, A. M.: »Credit Rationing in Markets with Imperfect Information«, in: *American Economic Review*, Vol. 71, 1981, S. 393–410.

Stiglitz, J. E.: *The Roaring Nineties: A New History of the World's Most Prosperous Decade*, W. W. Norton & Company, New York 2003. Deutsche Übersetzung von Thorsten Schmidt: *Die Roaring Nineties: Vom Boom zum Crash*, Wilhelm Goldmann Verlag, München 2005.

Füss, R.: »George A. Akerlof, A. Michael Spence, Joseph E. Stiglitz«, in: *Brockhaus, Nobelpreise, Chronik herausragender Leistungen*, hrsg. von der Lexikonredaktion des Verlags F. A. Brockhaus, 2. Auflage, Leipzig, Mannheim 2004. S. 1038–1039.

Terberger, E. und Tyrell, M.: »Akerlof, Spence und Stiglitz: Wer will schon Zitronen?«, in: *das wirtschaftsstudium (wisu)* 2001, S. 1450–1451.

2) Auch zur Erklärung unfreiwilliger Arbeitslosigkeit leistete Stiglitz zusammen mit Shapiro wichtige Beiträge. Shapiro/Stiglitz 1984. Siehe hierzu auch die Ausführungen zum »Neukeynesianismus«.

Der Mensch ist unvollkommen

oder: Verhaltensökonomen »beschmutzen« das »vollkommene« Haus der Neoklassik!

Welcher Psychologe wies in vielen Experimenten nach, dass die neoklassischen Modelle die reale Welt nur sehr unzutreffend widerspiegeln und schlug einen erweiterten Ansatz vor: die Prospect Theory?

(1934 – heute)

Daniel Kahneman wurde 1934 in Tel Aviv geboren. Er studierte Psychologie und Mathematik an der Hebräischen Universität in Jerusalem und erhielt 1954 den Bachelor of Science. Anschließend arbeitete er in der psychologischen Abteilung der israelischen Armee, wo er sich insbesondere mit der Auswahl von Offiziersanwärtern beschäftigte. 1958 ging Kahneman an die University of California nach Berkely, wo er in Psychologie promovierte. Zwischen 1961 und 1978 lehrte Kahneman an der Hebrew University und wechselte 1978 an die University of British Columbia.

Zwischen 1986 und 1994 lehrte er als Professor an der University of California in Berkeley. Seit 1993 hat der inzwischen emeritierte Kahneman die Eugene-Higgins-Professur für Psychologie und Public Affairs an der Woodrow Wilson School in Princeton inne. Zusammen mit Vernon L. Smith erhielt er 2002 den Nobelpreis für Wirtschaftswissenschaften. Kahneman und Smith stellten den in den klassisch-neoklassischen Modellen stets unterstellten »homo oeconomicus« in Frage und zeigten, unter welchen Bedingungen die Marktergebnisse mit den Modellergebnissen kompatibel sein können und wann eher nicht.

Kahneman und sein Kollege Amos Tversky von der Stanford University, der leider schon 1996 verstarb und daher den Nobelpreis nicht mit erhielt, bereicherten die Wirtschaftswissenschaften um die Psyche des Menschen und schufen damit die Grundlage für die Verhaltensökonomik (Behavioral Economics), ein Forschungsgebiet, welches das abweichende Verhalten der Individuen von dem in den neoklassischen Modellen unterstellten rationalen Verhalten analysiert und erklärt. 1979 stellten sie ihre Prospect Theory (PT) vor, die sie 1992 in ihrem Aufsatz »Cumulative Prospect Theory« modifizierten. Die Cumulative Prospect Theory erlaubt es, bestimmte Verstöße gegen die Rationalitätsannahmen der Neoklassik, wie dem Unabhängigkeitsprinzip und dem Framing Effekt, genauso konsistent zu erklären und funktional abzubilden wie die Verhaltensweisen, die mit der Annahme rationalen Verhaltens vereinbar sind.

Rationales Verhalten im Sinne der Neoklassik setzt die Erfüllung einer Reihe von Annahmen (Axiome) voraus, mit deren Hilfe sich rationale Vorhersagen in ungewissen Situationen treffen lassen. Eine zentrale Annahme hierbei ist das Unabhängigkeitsprinzip, das wiederum drei Anforderungen umfasst:

1. Die Präferenz für eine Lotterie gegenüber einer anderen Lotterie darf sich nicht ändern, wenn man zu beiden Lotterien den gleichen Betrag mit gleicher Eintrittswahrscheinlichkeit hinzuaddiert (Common Consequence Property).
2. Bei Lotterien, die sich nur in einem Ergebnis und der dazugehörigen Eintrittswahrscheinlichkeit unterscheiden, darf die Vorziehenswürdigkeit der Lotterien nicht dadurch berührt werden, dass die Eintrittswahrscheinlichkeiten ihrer Ergebnisse mit dem gleichen Faktor multipliziert werden. (Common Ratio Property).
3. Auf die Präferenz für eine Lotterie darf es unter sonst gleichen Bedingungen keinen Einfluss haben, ob sie als einstufig oder mehrstufig dargestellt wird (Reduction to Compound Lottery Property).

In der Realität findet man häufig Verstöße gegen die 2. Anforderung des Unabhängigkeitsprinzips. Ein Beispiel: Nehmen wir zunächst das Lotteriepaar 1 und lassen Individuen wählen, welche Lotterie, A1 oder A2, sie aus diesem Lotteriepaar lieber spielen wollen:

Lotteriepaar 1

Lotterie A1:	Mit Sicherheit (Wahrscheinlichkeit 100%) erhält man 3000 $.
Lotterie B1:	Mit einer Wahrscheinlichkeit von 80% gewinnt man 4000 $. und mit einer Wahrscheinlichkeit von 20% nichts.

Hier wählten 80% der Befragten die Lotterie A1 und nur 20% die Lotterie B1. Präsentiert man den Probanden hingegen das zweite Lotteriepaar.

Lotteriepaar 2

Lotterie A2:	Mit einer Wahrscheinlichkeit von 25% gewinnt man 3000 $. mit einer Wahrscheinlichkeit von 75% gewinnt man nichts.
Lotterie B2:	Mit einer Wahrscheinlichkeit von 20% gewinnt man 4000 $. mit einer Wahrscheinlichkeit von 80% gewinnt man nichts.

Jetzt wählten 35% die Lotterie A2 und 65% die Lotterie B2. Dies aber stellt eine Verletzung der 2. Bedingung des Unabhängigkeitsprinzips dar, denn dadurch, dass man die Eintrittswahrscheinlichkeit mit dem Faktor 0,25 multipliziert, also geviertelt hat, hat sich das Wahlverhalten umgedreht, was nicht rational im Sinne der Neoklassik ist.

Auch bei den empirischen Überprüfungen der 3. Anforderung des Unabhängigkeitsprinzips zeigen sich Schwächen. Betrachten wir hierzu das folgende Beispiel einer zweistufigen Lotterie:

Lotteriepaar 3

Ein Zweirundenspiel. In der **ersten Runde** scheidet man mit einer Wahrscheinlichkeit von 75% aus und erhält nichts. Mit einer Wahrscheinlichkeit von 25% erreicht man die zweite Runde. In der **zweiten Runde** hat man die Wahl:

Lotterie A3:	Mit Sicherheit (Wahrscheinlichkeit 100%) erhält man 3000 $.
Lotterie B3:	Mit einer Wahrscheinlichkeit von 80% gewinnt man 4000 $. Und mit einer Wahrscheinlichkeit von 20% gewinnt man nichts.

Beim Lotteriepaar 3 wählten 78% der Befragten die Lotterie A3 und 22% die Lotterie B3.

Dies aber widerspricht der 3. Bedingung des Unabhängigkeitsprinzips. Es muss irrelevant sein, ob ein Entscheidungsproblem ein oder mehrstufig dargestellt wird. Denn das Lotteriepaar 3 ist bei näherer Betrachtung – abgesehen von seiner Zweistufigkeit – identisch mit dem Lotteriepaar 2. Das Wahlergebnis dreht sich aber. Hatten sich beim Lotteriepaar 2 nur 35% der Befragten für Lotterie A2 und entsprechend 65% für Lotterie B2 entschieden, so sind es jetzt 78% für A3 und nur 22% für B3. Auch diese Beobachtung widerspricht dem in der Neoklassik unterstellten rationalen Verhalten.

Rationales Verhalten verlangt aber auch, dass sich Individuen nicht durch die Art der Informationsdarbietung, durch sogenanntes Framing, beeinflussen lassen. Es darf also, vereinfacht gesagt, nur auf den Inhalt und nicht auf die Verpackung ankommen. Um die Beeinflussung durch Framing zu belegen, wurden Probanden die folgenden Optionen zur Auswahl angeboten:

Option 1:
Stellen Sie sich vor, man würde Ihnen hier und jetzt 1000 $ geben. Danach müssten Sie sich zwischen diesen beiden Optionen entscheiden:

Angebot C1:	Ein weiterer sicherer Zusatzertrag von 500 $.
Angebot D1:	Der Teilnahme an einer Lotterie, die Ihnen mit 50% Wahrscheinlichkeit weitere 1000 $ gibt oder eben nichts.

Bei einer Befragung zu dieser Option entschieden sich 84% der Probanden für Angebot C1 und nur 16% für D1.

Option 2:
Stellen Sie sich vor, man würde Ihnen hier und jetzt 2000 $ geben. Danach müssten Sie sich zwischen diesen beiden Optionen entscheiden:

Angebot C2:	Ein weiterer sicherer Verlust von 500 $.
Angebot D2	Teilnahme an einer Lotterie, die Ihnen mit 50% Wahrscheinlichkeit einen Verlust 1000 $ bringt oder eben nichts.

Bei einer Befragung zu Option 2 wählten nur 31% der Probanden das Angebot C2 und 69% D2. Obwohl beide Optionen im Ergebnis völlig gleich sind und allein die Darstellungsweise, der Rahmen, verändert wurde, kommt ein völlig anderes Wahlergebnis zustande. Dies entspricht nicht den in der Neoklassik unterstellten Annahmen von streng rational handelnden Individuen.

Derartige Beobachtungen veranlassten Kahneman und Tversky, eine theoretische Basis zu entwickeln, die dieses empirisch zu beobachtende Verhalten der Individuen mit einschließt. Kahneman und Tversky erkannten, dass Menschen weniger dem Vermögen an sich als vielmehr Gewinnen und Verlusten einen Wert beimessen. Die von ihnen entwickelte Prospect Theory (PT) geht daher davon aus, dass der jeweilige Entscheidungsträger, von einem Referenzpunkt (Status quo) ausgehend, die Konsequenzen seiner Alternativen (Prospects) beurteilt. Verbesserungen gegenüber dem Referenzpunkt werden als Gewinne, Verschlechterungen entsprechend als Verluste angesehen. Interessant ist, dass Verluste stärker bewertet werden als Gewinne. Ein Verlust in Höhe von X senkt das Wohlbefinden massiver als ihn ein Gewinn in gleicher Höhe heben würde. Verluste erscheinen größer als Gewinne. Das Cartoon übrigens zeigt die sich so ergebene Wertefunktion nach Kahneman und Tversky (1979). Hier als Graffiti, das die schöne Hauswand des neoklassischen Gebäudes beschmutzt. [1)]

Kahneman und Tversky erkannten ferner, dass Menschen Ereignisse nicht mit objektiven Wahrscheinlichkeiten bewerten, sondern eigene Entscheidungsgewichte setzen, die sich von den objektiven Wahrscheinlichkeiten unterscheiden. So wird z. B. eine 10-prozentige Erhöhung der Eintrittswahrscheinlichkeit im Falle einer Steigerung der Eintrittswahrscheinlichkeit von 30% auf 40% als weniger gravierend beurteilt, als eine Erhöhung der Eintrittswahrscheinlichkeit von 90% auf 100%. Kahneman und Tversky konstruierten daher eine Entscheidungsgewichtungsfunktion, die der objektiven Eintrittswahrscheinlichkeit noch ein Entscheidungsgewicht zuordnet, nach der das Individuum handelt.[2)]

Fasst man die Erkenntnisse zusammen, so zeigt sich (an den Rändern der Wahrscheinlichkeitsverteilung) das folgende »viergeteilte Muster«:

	Gewinne	**Verluste**
Hohe Wahrscheinlichkeit	95-prozentige Wahrscheinlichkeit, 10000 $ zu gewinnen. **Risikoscheu:** Hier herrscht die Angst vor Enttäuschung und die Individuen sind bereit, ein sicheres, aber ungünstigeres Angebot (Angebot unterhalb des Erwartungswertes) zu akzeptieren.	95-prozentige Wahrscheinlichkeit, 10000 $ zu verlieren. **Risikofreudig:** Hier dominiert die Hoffnung den drohenden Verlust doch noch zu vermeiden. Die Individuen lehnen daher einen vom Erwartungswert her günstigeren, aber sicheren Verlust ab.
Geringe Wahrscheinlichkeit	5-prozentige Wahrscheinlichkeit, 10000 $ zu gewinnen. **Risikofreudig:** Hier besteht die Hoffnung auf einen hohen Gewinn. Ein wahrscheinlichkeitstheoretisch günstiger Vergleich wird daher in der Regel abgelehnt.	5-prozentige Wahrscheinlichkeit, 10000 $ zu verlieren. **Risikoscheu:** Hier besteht die Furcht vor einem hohen Verlust. Ein wahrscheinlichkeitstheoretisch ungünstiger Vergleich wird daher in der Regel angenommen.

1) Die Wertefunktion wurde von Kahneman und Tversky in experimentellen Studien ermittelt. Der Referenzpunkt entspricht dem Ursprung von dem aus die Prospects bewertet werden.

2) Diese Entscheidungsgewichtsfunktion wurde bei der Neufassung der Prospect Theory (1992) modifiziert. Hierbei gelten unterschiedliche Entscheidungsgewichte für positive und für negative Prospects.

Zusammenfassend lässt sich sagen, dass Kahneman und Tversky durch ihre experimentell gestützte Forschung und der daraus resultierenden Prospect Theory einen revolutionären Beitrag zur Beschreibung des individuellen Entscheidungsverhaltens geleistet und damit die bisherige Wirtschaftsliteratur in Frage gestellt haben. Dennoch sollten die Aussagen der bisherigen Literatur nicht vollständig verworfen werden, denn zum einen erscheint es uns wahrscheinlich, dass bei einer langfristig orientierten Betrachtungsweise die bisherigen Grundaussagen weiterhin Gültigkeit besitzen und zum anderen zeigt die experimentelle Forschung von Vernon Smith, dass die bisherige Theorie bei einfachen Produkten die Marktergebnisse sehr gut prognostiziert.

(1927 – heute)

Vernon L. Smith wurde am 01.01.1927 in Wichita Kansas geboren. 1949 erhielt er vom California Institute of Technology (Caltech) den Bachelor in Elektroingenieurwesen. Den Master in Wirtschaft machte er 1952 an der University of Kansas und promovierte 1955 an der Harvard University. Anschließend lehrte Smith an verschiedenen Universitäten, so an der Krannert School of Management und der Purdue University, bis er 1967 von der Brown University zum ordentlichen Professor (full professor) ernannt wurde. Zwischen 1968 bis 1972 lehrte er an der University of Massachusetts, dann – zwischen 1972 und 1973 – arbeitete er am Center for Advanced Study im Bereich der Verhaltenswissenschaften. Zwischen 1973 und 1975 arbeitete er am California Institute of Technology und zwischen 1976 und 2002 an der University of Arizona. Von 2002 bis zu seiner Emeritierung war Vernon L. Smith Professor für Wirtschaft und Recht an der George Mason University in Virgina.

Mit einer rund 10 Seiten umfassenden Literaturliste, auf der rund 200 Aufsätze in exzellenten Zeitschriften und etwa ein Dutzend Bücher vermerkt sind, zeigt Vernon L. Smith die breite Anwendbarkeit der experimentellen Wirtschaftsforschung. So beschäftigte er sich u. a. mit der Überprüfung der Funktionsfähigkeit von Wettbewerbsmärkten, der Analyse verschiedener Auktionsformen, den Privatisierungs- und Regulierungsfragen von Wirtschaftseinheiten und Institutionen sowie der Entwicklung von Methoden zum experimentell sauberen Arbeiten.

Funktionsfähigkeit von Wettbewerbsmärkten: Die auf Alfred Marshall zurückgehende und die vermutlich fundamentalste Erkenntnis der Ökonomie ist das Gleichgewicht von Angebot und Nachfrage. Unter vollkommenen Wettbewerbsbedingungen stellt sich ein Marktpreis ein, bei dem sich Angebot und Nachfrage entsprechen. Der letzte noch Käufer, der marginale Käufer, misst dem Gut den gleichen Wert bei wie der letzte noch Verkäufer, der marginale Verkäufer. Die theoretische Herleitung dieses Gedankens ist unter den in der Neoklassik getroffenen Annahmen logisch konsistent. In der Realität sind diese Annahmen jedoch zumeist nicht mal ansatzweise erfüllt, kein durchweg egoistisches Verhalten der Individuen, keine vollständigen Informationen usw. Dennoch wurde das sich so theoretisch ergebende Marktgleichgewicht zunächst völlig unkritisch akzeptiert und postuliert, dass es sich so und nicht anders auch in der Praxis einstellen würde, wenn man die Gleichgewichtsfindung nur dem ungestörten Markt überließe. An dieser Stelle setzte Smith ein. Er überprüfte die Marktpreisbildung in einer kontrolliert experimentellen Umgebung. Hier zeigte sich, dass bereits vollkommenes Privateigentum und institutionelle Handelsregeln ausreichten, um experimentelle Ergebnisse zu erhalten, die nahezu 100-prozentig den modelltheoretischen Vorhersagen entsprechen. Eine solche von Smith als »Superrationalität« bezeichnete Situation findet man vor allem in Bereichen der Produktions- und Konsumgütermärkte.[3] Im Rahmen seiner experimentellen Studien wurde aber auch deutlich, dass mit einer wachsenden Komplexität der Ausgangsbedingungen die Fähigkeit der Märkte abnimmt, die Informationen im Sinne der Theorie zu verarbeiten. Beispielsweise haben die Teilnehmer am Börsenhandel nur sehr eingeschränkte, unsichere Informationen über die Werte der hier gehandelten Papiere. Auch – so Vernon L. Smith – steht die Welt nicht still, bis der Markt das rationale Erwartungsgleichgewicht gefunden hat. Auf solchen Märkten stimmen die experimentell beobachteten Preise nur noch bedingt mit den modelltheoretischen Vorhersagen überein. Wird man noch praxisnäher und modelliert die experimentelle Umgebung in einem mehrstufigen Zeitintervall mit zwei voneinander abhängigen Handelsperioden und unterschiedlichen Fundamentalwerten, dann ist die in der Theorie vorhergesagte Fähigkeit des Marktes zur Integration der Informationen in die Preisbildung experimentell nicht mehr nachweisbar. Zusammenfassend

3) Dies gilt, sofern diese Märkte nicht durch einen zu hohen Kooperationsgrad »gestört« sind.

lässt sich also sagen, dass Marktmodelle unter einfachen Strukturen gute bis sehr gute Prognoseeigenschaften aufweisen. Sind die Marktstrukturen hingegen komplexer, haben die modelltheoretischen Aussagen nur noch wenig mit den sich experimentell einstellenden Ergebnissen zu tun.

Experimente im Windkanal: Bei wirtschaftspolitischen Problemen im Rahmen von Regulierung und Deregulierung oder der Privatisierung einzelner Wirtschaftsbereiche, aber auch bei der Bereitstellung von öffentlichen Gütern scheitern theoretische Analysen häufig an der einzelfallspezifischen Komplexität. Wenn zudem keine vergleichbaren Erfahrungswerte existieren, dann tappen die politisch Verantwortlichen häufig im Dunkeln. Da ein Scheitern teuer werden kann, bietet es sich an, mögliche Alternativen im Labor experimentell zu testen. Smith selbst vergleicht seine Arbeiten mit den aerodynamischen Untersuchungen von Flugzeugen im Windkanal, die helfen Fehlentscheidungen und somit die damit verbundenen Kosten zu minimieren. Mit seinen Laborversuchen konnte er beispielsweise die zu erwartenden Auswirkungen von Deregulierungen auf den Strommärkten in Australien und Neuseeland abschätzen und hiermit die Wirtschaft vor den negativen Folgen falscher Rahmenbedingungen bewahren.

Induced Value Method: Experimente finden in Umgebungen statt, die nicht der Realität entsprechen, so sind die Gewinne, die in Experimenten realisiert werden können, deutlich kleiner als die Gewinne, die sich in der Realität ergeben würden. Die experimentellen Resultate könnten somit erheblich von den Resultaten der Realität abweichen. Smith entwickelte eine Methode, durch die die Anreize im Experiment so modelliert werden, dass die Wahrscheinlichkeit steigt, dass sich experimentelle Ergebnisse auch auf reale Marktsituationen anwenden lassen. Mit dieser sogenannten »Induced Value Method« werden die natürlichen Präferenzen der Experimentteilnehmer mit den vom Experimentator erwünschten Präferenzen gleichgerichtet. Den Teilnehmern werden durch Anreize entsprechende Werte induziert. Müsste man die vielfältigen Arbeiten von Vernon L. Smith in drei Worte zusammenfassen, so würden diese wahrscheinlich lauten: Ökonomie im Windkanal.

Wichtige Werke und Literaturtipps

Bischoff, I.: »Prospekt Theory«, in: *das wirtschaftsstudium* (wisu), 2007, S. 1334–1341.

Kahneman, D. und Tversky, A.: »Prospect Theory: An Analysis of Decision under Uncertainty«, in: *Econometrica*, Vol. 47, 1979, S. 263–291.

Kahneman, D. und Tversky, A.: »Advances in Prospect Theory: Cumulative Representation of Uncertainty«, in: *Journal of Risk and Uncertainty*, Vol. 3, 1992, S. 297–323.

Kahneman, D.: »Schnelles Denken, langsames Denken (Thinking, Fast and Slow)«, Siedler Verlag, München 2011.

Jungermann, H.: »Der Homo Oeconomicus: Fiktion oder Realität«, in: *das wirtschaftsstudium* (wisu) 11/2002, S. 1361–1364.

Füss, R.: »2002 Nobelpreis für Wirtschaftswissenschaften«, in: Brockhaus, *Nobelpreise, Chronik herausragender Leistungen*, Mannheim 2004, S. 1050–1051.

Schiereck, D.: »Behavioral Economics und experimentelle Wirtschaftsforschung, Zum Nobelpreis an Daniel Kahneman und Vernon Smith«, in: *Wissenschaft für die Praxis*, 2002, S. 694–700.

Smith, V. L.: »Experimental Economics: Induces Value Theory«, in: *American Economic Review*, 66 1976, S. 274–279.

Smith, V. L. : »An Experimental Study of Market Behavior«, in: *Journal of Political Economy*, 70 1962, S. 111–137.

Smith, V. L.: »Experimental Studies of Discrimination versus Competition in Sealed Bid Auction Markets«, in: *Journal of Business*, 40 1967, S. 56–84.

Das Chicken-Spiel

oder: Ein Commitment ist nicht immer eine gute Strategie!

Ein Commitment kann die Lösung eines Spiels sein. Man bindet sich selbst und bedeutet damit dem Gegner, dass man jetzt gar nicht mehr anders handeln kann. Beim Chicken-Spiel kann eine Selbstbindung dadurch erreicht werden, dass man im Extremfall das Lenkrad ausbaut und somit nicht mehr ausweichen kann.

Der Nobelpreis für Wirtschaftswissenschaften wurde 2005 zum zweiten Mal nach 1994 an Spieltheoretiker vergeben. **Robert J. Aumann** von der Hebrew University of Jerusalem in Israel (rechts im Bild) und **Thomas C. Schelling**, der dem Department of Economics and School of Public Policy der University of Maryland in den USA angehört (links im Bild), erhielten den Nobelpreis für ihre Beiträge zum Verständnis von Konflikt und Kooperationssituationen mit Hilfe der Spieltheorie. Robert Aumann, der 1930 in Frankfurt am Main geboren wurde, ist israelischer und US-amerikanischer Staatsbürger. Er studierte Mathematik am City College in New York und machte 1952 seinen Master of Science am MIT. Mit einer Analyse der Knotentheorie promovierte er 1955. Bis zu seiner Übersiedelung nach Israel 1956 lehrte er in Princeton. Thomas Schelling wurde 1921 in den USA geboren, studierte Ökonomie an der University of Berkeley und promovierte 1951 an der Harvard University.

(geboren 1930)

(geboren 1921)

In den fünfziger Jahren wandte Thomas Schelling die Spieltheorie auf strategisches Verhalten im Kalten Krieg und das Wettrüsten an. Insbesondere befasste sich Schelling mit der Frage, welche Faktoren die Verhandlungsposition einer Partei stärken oder schwächen und wie sich diese im Verhandlungsprozess entwickelt. Er kam zu dem Ergebnis, dass es im Interesse einer Verhandlungspartei liegen kann, ihre Handlungsoptionen – oder Alternativenmenge, wie Spieltheoretiker sagen – unwiderruflich einzuschränken. Alle Brücken hinter sich abzubrechen kann für den Verhandlungsgegner eine äußerst glaubhafte Drohung sein. Ein solches strategisches Verhalten – auch *Commitmentstrategie* genannt – wird dem spanischen Entdecker und Eroberer Hernán Cortés nachgesagt. Nachdem er sich 1519 entschloss, Mexiko zu erobern, ließ er nach der Ankunft seine Schiffe verbrennen, wodurch er sich und seinen Leuten die Möglichkeit des Rückzugs nahm. Auch bei dem in der Spieltheorie häufig herangezogenen »Chicken-Spiel«, das man beispielsweise auch in dem bekannten Film »Denn sie wissen nicht was sie tun« mit James Dean in einer etwas abgewandelten Form spielt, könnte – wie unser Comic zeigt – ein Commitment die Lösung sein, allerdings nicht ohne Risiko. Erst Jahre später gelang es → Reinhard Selten, die Ideen Schellings zur freiwilligen Einschränkung der eigenen Handlungsalternativen und glaubhaften Signalen mathematisch rigoros zu entwickeln. Darüber hinaus beschäftigte sich Schelling mit der Entwicklung einer Vertrauensbasis zwischen Verhandlungspartnern bei Langzeit-Kooperationen. Er zeigte, dass es auf lange Sicht für die Verhandlungspartner gewinnbringend sein kann, kurzfristig Zugeständnisse zu machen. Seine Forschungen publizierte er 1960 in dem Buch *The Strategy of Conflict*, welches heute zu den Klassikern der Spieltheorie zählt.

Thomas Schelling erforschte auch die Möglichkeiten von Individuen, sich in Situationen ohne ernsthaftes Konfliktpotenzial, aber mit hohen Kosten im Falle einer Nichteinigung auf eine Lösung zu verständigen, die für alle Parteien vorteilhaft ist. Mit Hilfe seiner Studierenden, die er immer wieder in Experimente einbezog, konnte er zeigen, dass koordinierte Lösungen – die er als Fokal-Punkte bezeichnete – in der Praxis wesentlich häufiger auftreten als von der Theorie vorausgesagt.

In einem weiteren berühmt gewordenen Buch *Micromotives and Macrobehavior* von 1978 setzt sich Schelling mit der Frage auseinander, zu welchem Ergebnis individuelles Verhalten im sozialen Kontext führt. Dabei geht es um Fragen, wie Zuschauer in einem Auditorium ihre Sitzplätze wählen oder auch um solche rassistischer und sexueller Diskriminierung, wie zum Beispiel die Gleichberechtigung der Frauen und die Gleichbehandlung gleichgeschlechtlicher Partnerschaften. Üblicherweise wird die Trennung sozialer Gruppen auf Unterdrückung und Gewalt zurückgeführt. Schelling zeigte jedoch in einem Modell mit toleranten Individuen, die problemlos mit Menschen anderer Kultur, Religion oder Hautfarbe zusammenleben, aber den Wunsch haben, zumindest einige Menschen gleicher Kultur als Nachbarn zu haben, dass strikt getrennte Wohnbereiche sozialer Gruppen entstehen. Demnach bedarf es keiner extrem rassistisch individuellen Haltung, um soziales Konfliktpotenzial entstehen zu lassen.

Während Thomas Schellings Stärke in der Darlegung origineller Ideen mit einem Minimum an mathematischem Aufwand liegt, besteht der Beitrag von Robert Aumann in der Entwicklung und Anwendung stringenter und präziser mathematischer Formulierungen, die zu exakten Schlussfolgerungen führen. So zeigte Robert Aumann beispielsweise, dass in wiederholten Spielsituationen kooperative Lösungen, die in einmaligen Spielsituationen nicht erreicht werden können, ein für alle Beteiligten vorteilhaftes Gleichgewicht darstellen können. Aumann zeigte mit Hilfe der so genannten *Trigger Strategie*, inwieweit die Bestrafung einer Partei bei einmaliger Abweichung von der kooperativen Lösung eine glaubhafte Drohung darstellt, die eine kooperative Lösung erzwingt. Damit hatte er mathematisch exakt gezeigt, dass die teilweise intuitive Argumentation von Thomas Schelling korrekt ist. Aumann dehnte seine Analyse wiederholter Spiele zusammen mit Michael Maschler auf Situationen unvollständiger Information aus. Ein Beispiel hierfür ist eine Wettbewerbssituation, in der die Kostensituation eines Unternehmens dem anderen Unternehmen nicht bekannt ist. Ein anderes Beispiel sind internationale Konfliktsituationen, in denen den jeweiligen Ländern die militärische Stärke des Gegners unbekannt ist.

Darüber hinaus beschäftigte sich Aumann mit der Frage, welche Auswirkung das Wissen des jeweiligen Spielers über das des jeweiligen Gegenspielers auf das Spielergebnis hat. Aufgrund seiner formalen Analyse können heute derartige Probleme systematisch untersucht werden. Außerdem entwickelte Aumann das *Correlated Equilibrium Concept*. Dieses Gleichgewichtskonzept beruht auf schwächeren Anforderungen als das von → John Nash entwickelte Nash-Gleichgewicht. Mit Hilfe dieses Gleichgewichtskonzepts kann erklärt werden, warum es vorteilhaft für Verhandlungsparteien sein kann, unparteiische Vermittler zu akzeptieren, die mit beiden Parteien zusammen oder getrennt sprechen und unterschiedliche Informationen weitergeben.

Mit ihrer Arbeit haben Robert Aumann und Thomas Schelling nicht zuletzt dazu beigetragen, Verhaltensweisen rational zu erklären, die bis dahin als irrational und unverständlich abgetan wurden. Robert Aumann und Thomas Schelling, → John von Neumann und Oskar Morgenstern, → John Harsanyi, → Reinhard Selten und → John Nash – um nur einige zu nennen – haben mit ihren Beiträgen zur Entwicklung der Spieltheorie das Tor ökonomischer Analyse weit hinter die Grenzen wirtschaftlicher Fragestellungen aufgestoßen. Einen Teil des neu entdeckten Weges haben sie selbst beschritten. Mit großer Spannung dürfen die nächsten Jahrzehnte und ihre Entdeckungen erwartet werden.

Wichtige Werke und Literaturtipps

Aumann, R.: »What is Game Theory Trying to Accomplish?«, in: *Frontiers of Economics*, hrsg. von Kenneth Arrow und Seppo Honkapohja, Basil Blackwell 1985.

Schelling, Th.: *The Strategy of Conflict*, Harvard University Press, Cambridge (Massachusetts), Cambridge 1960.

Schelling, Th.: *Micromotives and Macrobehavior*, Norton, New York 1978.

Dixit, A. und Nalebuff B.: *Thinking Strategically: The Competitive Edge in Business, Politics and Everyday Life*, Norton, New York 1991. Deutsche Übersetzung von Christian Schütte: *Spieltheorie für Einsteiger, Strategisches Know-how für Gewinner*, Schäffer-Poeschel Verlag, Stuttgart 1997.

Gibbons, R.: *A Primer in Game Theory*, Prentice Hall, Munich 2004.

Fundenberg, D. und Tirole, J.: *Game Theory*, MIT Press, Cambridge (Massachusetts) 1991.

Die Krise hat ein Gesicht

oder: Öffnen wir doch einfach die Geldschleusen und spülen sie weg!

Es gibt im Grunde mehrere, mindestens aber zwei Wege mit einer Krise umzugehen. Alle Wege haben unterschiedliche Konsequenzen und Risiken und belasten vor allem unterschiedliche Gruppen. Welcher Weg letztendlich gegangen und welche Gruppe belastet wird, das entscheiden die Volksvertreter, die wir gewählt haben.

(1953 – heute)

Paul Krugman Wirtschaftswissenschaftler, Kolumnist, Autor und seit 2008 Nobelpreisträger für Wirtschaftswissenschaften. Paul Robin Krugman wurde am 28. Februar 1953 in Albany, New York, geboren. Seine akademische Ausbildung begann er mit einem Bachelorstudium an der Yale University. Bereits in seiner Bachelorarbeit beschäftigte er sich 1974 mit der Außenhandelstheorie in Form einer Wechselkursanalyse. Er promovierte 1977 bei Rüdiger Dornbusch am MIT in Boston. Rüdiger Dornbusch war zu dieser Zeit ein führender Vertreter der sogenannten

Monetären Außenhandelstheorie. Im Rahmen dieser Theorie wird u. a. das IS-LM Modell um Außenhandelsbeziehungen in Form von Devisenmärkten erweitert. Im Unterschied zur realen Außenhandelstheorie, auf die wir hier noch zurückkommen werden, können im Rahmen der Monetären Außenhandelstheorie Preisniveau, Inflation, Wechselkurse und Arbeitslosigkeit integriert und erklärt werden. Dornbusch schlug zur Erklärung der Wechselkursvolatilität ein Modell überschießender Wechselkurse vor. 1984 wurde Krugman am MIT zum Ford International Professur für Ökonomie berufen. 1991 wurde er von der American Economic Association mit der John Bates Clark Medaillie ausgezeichnet. Diese Ehrung wird alle zwei Jahre an Ökonomen im Alter von unter 40 Jahren, die einen wesentlichen Beitrag zur Erweiterung der ökonomischen Erkenntnis geleistet haben, verliehen. Seit 2000 lehrt Krugman an der Princeton University.

Die Außenhandelstheorie blieb bis heute ein zentrales Thema seiner wissenschaftlichen als auch populärwissenschaftlichen publizistischen Arbeit. Im Rahmen seiner wissenschaftlichen Forschung gilt Krugman als Mitbegründer der sogenannten Neuen Außenhandelstheorie und der Theorie von Agglomeration und Konzentration, die auch als »Neue ökonomische Geographie« bezeichnet wird. Für seine Beiträge auf diesen Gebieten wurde er 2008 mit dem Nobelpreis für Wirtschaftswissenschaften ausgezeichnet.

Zwei Jahre nach seiner Dissertation am MIT publizierte Krugman 1979 einen Beitrag mit dem Titel »Increasing Returns, Monopolistic Competition and Internationale Trade«, der heute als Beginn der »Neuen Außenhandelstheorie« gilt. Eine Kritik an der bis dahin vorherrschenden klassischen oder realen Außenhandelsliteratur besteht darin, dass diese Theorie den weltweit zu beobachtenden internationalen Handel mit ähnlichen oder gar gleichen Gütern nicht erklären kann. Die bislang vorherrschende reale Außenhandelstheorie, die auf → Adam Smith, → David Ricardo und → John Stuart Mill zurückgeht, postuliert, dass sich jedes Land auf die Produktion der Güter und somit auf die Branchen konzentriert, in der es über relative (komparative) Kostenvorteile verfügt, denn die komparativen Kostenvorteile schlagen sich letztlich in günstigeren Preisen nieder. Diese Güter werden exportiert. Importiert werden umgekehrt die Güter, bei denen das Land komparative Nachteile aufweist. Im Ergebnis führt Außenhandel nach dieser Theorie zu einem Wohlfahrtsgewinn und damit zu einer Linderung der Ressourcenknappheit in allen am internationalen Handel beteiligten Ländern. Worin besteht aber der Grund für Relativpreisunterschiede? David Ricardo sieht ihn im unterschiedlichen technologischen Wissen, das zu unterschiedlichen Grenzkosten in der Produktion und damit zu unterschiedlichen Faktorpreisen und letztlich zu unterschiedlichen relativen Güterpreisen führt. John Stuart Mill folgerte, dass der internationale Handel auf freien Märkten zu einem Ausgleich der Handelsbilanz führen wird. Länder werden wertmäßig nur so viel exportieren wie notwendig ist, um die Importe bezahlen zu können. Ein offensichtlicher Widerspruch zu dem vielfach geäußerten Argument, ein möglichst hoher Handelsbilanzüberschuss sei zur Sicherung von Arbeitsplätzen und somit für ein hohes Wirtschaftswachstum wünschenswert.

Bertil Ohlin und Eli Heckscher begründeten die relativen Faktor- und damit Güterpreisunterschiede vor der Aufnahme von Handelsbeziehungen mit unterschiedlichen relativen Faktorausstattungen in den verschiedenen Ländern. Während David Ricardo noch von Arbeit als einzigem Produktionsfaktor ausgegangen ist, unterstellen Heckscher und Ohlin Arbeit und Sachkapital als die zur Verfügung stehenden Produktionsfaktoren. Das Heckscher-Ohlin Theorem sagt aus, dass ein Land in dem Gut einen komparativen Kostenvorteil hat, das den relativ reichlich vorhandenen und deshalb relativ billigen Produktionsfaktor intensiv in der Produktion nutzt. Das andere Gut wird importiert. Heckscher und Ohlin gehen dabei von vollkommener Konkurrenz auf den Güter- und Produktionsfaktormärkten aus. Wolfgang Stolper und Paul Samuelson gossen Wasser in den Wein der schönen neuen Welt des stets wohlfahrtserhöhenden internationalen Handels, indem sie zeigten, dass internationaler Handel auch in einer Welt vollkommener Konkurrenz nicht nur Gewinner, sondern auch reale Verlierer hervorbringen kann.

Paul Krugman reformulierte die Außenhandelstheorie unter der Annahme steigender Skalenerträge. Unter steigenden Skalenerträgen ist eine Produktionssituation zu verstehen, in der beispielsweise eine Verdoppelung aller Produktionsfaktoreinsatzmengen zu einer mehr als das Doppelte betragenden Erhöhung der Output-Menge führt. Dies kann z. B. durch Lerneffekte begründet werden. In der Konsequenz führen höhere Produktionsmengen daher zu niedrigeren Stückkosten. In einer Reihe von Beiträgen 1979, 1980 und 1981 konnte er zeigen, dass für wohlfahrtserhöhenden internationalen Handel bei steigenden Skalenerträgen nicht notwendigerweise unterschiedliche relative Güterpreise vorherrschen mussten. Vielmehr genügt eine Vergrößerung des Absatzmarktes und somit die Möglichkeit, steigende Skalenerträge auszunutzen. In der Diskussion um die Auswirkungen der Schaffung eines EU-Binnenmarktes im Jahr 1992 wurde exakt diese Argumentation von praktisch allen Ökonomen akzeptiert. Mit der Annahme steigender Skalenerträge gelingt es Krugman die Vorteilhaftigkeit internationalen Handels auch für zunächst zwei völlig identische Volkswirtschaften zu zeigen. Allerdings wird aus den Modellen der »Neuen Außenhandelstheorie« nicht klar, warum sich welches Land im Zuge der Ausnutzung steigender Skalenerträge und damit sinkender Stückkosten auf die Produktion welcher Güter konzentriert, wenn die Länder vor Aufnahme internationalen Handels völlig identisch sind. Die Annahme steigender Skalenerträge erlaubt zudem die Integration unfreiwilliger Arbeitslosigkeit in Modelle des internationalen Handels.

In den 80er Jahren wandte sich Paul Krugman der Analyse von wirtschaftlichen Ballungszentren wie z. B. dem Silicon Valley zu. Mit *Geography and Trade* publizierte Paul Krugman 1991 eines der bis heute einflussreichsten ökonomischen Bücher zur sogenannten Neuen Ökonomischen Geographie. 2008 wurde Krugman für seine Forschung zur »Neuen Außenhandelstheorie« und der Analyse der Wechselwirkungen zwischen der Agglomeration von Produktion und dem internationalen Handel im Rahmen der »Neuen ökonomischen Geographie« mit dem Nobelpreis für Wirtschaftswissenschaften ausgezeichnet.

Ab Mitte der 80er Jahre engagierte sich Krugman zunehmend in der öffentlichen Diskussion um Globalisierung, Arbeitslosigkeit und Währungsspekulation. Zu diesen und anderen Themen veröffentlichte er eine Vielzahl populärwissenschaftlicher Schriften. Darin setzt er sich z. B. auch mit der »japanese-slump«, der über zwei Jahrzehnte hinweg andauernden und bis heute nachwirkenden wirtschaftlichen Stagnation Japans, auseinander. Die Medizin, die er für die Beseitigung der japanischen Krise vorschlug, und die er selbst als für in normalen Zeiten höchst unvernünftig bezeichnete, war es, den Markt mit Geld zu überschwemmen. Diesen Vorschlag diskutieren auch die beiden »Geldschleusenwärter« in unserem Cartoon, um die Subprime-Krise, die die Europäische und die US-amerikanische Wirtschaft immer noch bedroht, einfach weg zu spülen. Der Gedanke, jetzt wieder auf die japanische Wirtschaft bezogen, ist der Folgende: Die japanische Notenbank möge den Geldmarkt in noch nie da gewesenem Ausmaß mit Yen überschwemmen, so dass es trotz stagnierender Wirtschaft zu einer positiven Inflationserwartung in der Wirtschaft kommt. Dies würde nach der Fisher Gleichung den Realzins senken und so Investitionen befördern. Krugmans Argumentation basiert auf einem erweiterten IS-LM Modell. Dieses Modell ist eine Interpretation von → John Hicks der seiner Ansicht nach wichtigsten Ideen der General Theory von → John Maynard Keynes. Damit zeigt sich Paul Krugman als durchaus keynesianischen Ideen nahestehender Ökonom. Er selbst bezeichnete sich in einem Artikel in der *Süddeutschen Zeitung* vom 16. März 2003 selbst als »Free-Market-Keynesianer«. Parallelen zu → Joseph Stiglitz, Nobelpreis 2001, sind offensichtlich. Stiglitz und Krugman sehen die gigantischen Vorteile der Globalisierung, aber auch ihre Schattenseiten. Beide sind Fürsprecher freier Märkte, dort wo sie zu gewünschten Ergebnissen führen. Ebenso sehen sie eine zentrale Rolle für den Staat in der Stabilisierung der gesamtwirtschaftlichen Nachfrage und der Kontrolle des Geldes und der Finanzmärkte, um die Krisen des Kapitalismus einzudämmen. Beide treten wortstark für die Verlierer der Globalisierung in allen Ländern ein und fordern eine aktive Wirtschaftspolitik zur Bekämpfung von Arbeitslosigkeit und zunehmender Einkommens- und Vermögensungleichheit. Außerdem scheuen sich beide nicht, ihre Positionen in der Öffentlichkeit zu vertreten. Daher können Stiglitz und Krugman durchaus als »Brüder im ökonomischen Geiste« bezeichnet werden.

Im Jahr 1999 übernahm Krugman eine Kolumne in der *New York Times*. Hier zeigte er sich vor allem als scharfsinniger Kritiker der Wirtschaftspolitik der Bush-Administration. Insbesondere gab er immer wieder seiner Besorgnis über die zunehmende Einkommens- und Vermögensungleichheit in den USA Ausdruck. In und nach der Finanzkrise 2008 befürwortete Krugman eine ausgeprägte expansive Geld- und Fiskalpolitik zur Stützung der gesamtwirtschaftlichen Nachfrage. So sieht er in den Sparbemühungen der Regierung Merkel einen Hauptgrund für die Stagnation der südlichen Länder des Euro-Raums.

Literatur

Krugman, Paul R.: *Geography and Trade*, The MIT Press Cambridge, Massachusetts.1991.

Krugman, Paul R. and Robin Wells: *Volkswirtschaftslehre*, Schäffer Poeschel, Stuttgart, 2010.

Krugman, Paul R., Maurice Obstfeld und Marc Melitz: *Internationale Wirtschaft: Theorie und Politik der Außenwirtschaft*, Pearson Studium, München, 9. Auflage, 2012.

Krugman, Paul R.: *Der Mythos vom globalen Wirtschaftskrieg. Eine Abrechnung mit den Pop-Ökonomen*, Campus, Frankfurt 1999.

Krugman, Paul R.: *Die große Rezession. Was zu tun ist, damit die Weltwirtschaft nicht kippt*, Campus, Frankfurt 1999.

Krugman, Paul R.: *Schmalspur-Ökonomie. Die 27 populärsten Irrtümer über Wirtschaft*, Campus, Frankfurt 2000.

Krugman, Paul R.: *Der Ausweg aus der Krise*, Campus Verlag, Frankfurt am Main, 2012.

Krugman, Paul R.: *Vergesst die Krise! Warum wir jetzt Geld ausgeben müssen*, Campus-Verlag, Frankfurt am Main, 2012.

Krugman, Paul R.: »Increasing Returns, Monopolistic Competition, and International Trade«, in: *Journal of International Economics*, Amsterdam, Elsevier, Vol. 9.,1979, S. 469–479.

Krugman, Paul R.: »Scale Economies, Product Differentiation, and the Pattern of Trade«, *American Economic Review*, Vol. 70, 1980, S. 950–959.

Der letzte Löwenzahn

oder: Die Tragik der Allmende

Jetzt aber schnell!

Welche Politologin und Ökonomin zeigte, dass es auch Menschengruppen durchaus gelingen kann, mit Allmenderessourcen verantwortungsvoll umzugehen?

(1933-2012)

Elinor Ostrom wurde 1933 in Los Angeles geboren. Sie studierte Politikwissenschaften an der University of California in Los Angeles (UCLA) und schloss 1954 mit dem Bachelor of Arts ab. Zwischen 1955 und 1957 arbeitete sie für eine Anwaltsfirma in Boston. Anschließend kehrte sie zurück nach Los Angeles und arbeitete in der Personalabteilung der UCLA. 1962 machte sie hier ihren Master und 1965 ihre Promotion (PhD). Der Titel ihrer Dissertation lautete: *Public Entrepreneurship: A Case Study in Ground Water Basin Management*. Zwischen 1965 und 1991 arbeitete sie an der Indiana University in Bloomington, zunächst als Visiting Assistant Professor, dann als Assistant Professor und Associate Professor, bis sie ab 1974 eine ordentliche Professur erhielt. Für ihre wissenschaftlichen Leistungen erhielt sie 2009 zusammen mit Oliver Williamson, University of California Berkeley, den Nobelpreis für Wirtschaftswissenschaften. Elinor Ostrom starb am 12.06.2012 in Bloomington, Indiana.

Um in die Arbeiten von Elinor Ostrom einzuführen, soll mit einem provokanten Artikel von Garret Hardin begonnen werden, der 1968 unter dem Titel »The Tragedy oft the Commons«[1] (Die Tragik der Allmende) in der Zeitschrift *Science* veröffentlicht wurde. In diesem Artikel fordert Hardin seine Leser auf, sich ein frei zugängliches Weideland vorzustellen. Stellen wir uns jetzt noch mindestens zwei Hirten vor, wobei jeder Hirte von seinen Tieren unmittelbar profitiert, aber nur einen Teil der durch Überweidung entstehenden Kosten einer Verschlechterung der Allmende trägt. Dann weist diese Situation Ähnlichkeit mit der eines Gefangenendilemmas auf. Denn für die Weide existiert eine obere Grenze an Tieren, die eine Saison lang auf ihr weiden können und am Ende der Saison gut genährt sind. Beträgt diese Zahl der Tiere 100, so verlangt die kooperative Strategie bei einem Zwei-Personenspiel, dass jeder Hirte 50 Tiere weiden lässt. Die konkurrierende (defektive) Strategie besteht für die Hirten darin, mehr Tiere weiden zu lassen, so viele Tiere wie sie glauben, am Ende mit Gewinn verkaufen zu können. Nehmen wir in diesem Zusammenhang an, dass,

1) Hardin, G.: »The Tragedy of the Commons«, in : *Science*, Vol. 162, 1968, S. 1243-1248.

sofern die beiden Hirten ihre Viehzahl auf 50 beschränken, ihr Gewinn bei 10 Gewinneinheiten liegt. Wenn sie aber die konkurrierende Strategie wählen und mehr als 50 Tiere auf die Weide schicken, dann gehen beide leer aus. Wenn aber einer der beiden Hirten seine Tier Zahl auf 50 beschränkt (kooperiert) und der andere eine höhere Anzahl wählt (konkurriert), so erhält der egoistische Spieler 11 Gewinneinheiten und der andere Spieler -1. Würde man diese Überlegung in einer Matrix veranschaulichen, so folgt die untere Abbildung. Hierbei stellen die Zeilen die strategischen Möglichkeiten des Hirten 1 und die Spalten die des Hirten 2 dar. In den bei Realisation der einzelnen Strategien sich ergebenden Feldern, stellt die erste Zahl die Auszahlung des Hirten 1 und die zweite Zahl die des Hirten 2 dar. Falls sich die beiden Spieler unabhängig voneinander entscheiden und keine Möglichkeit haben, einen verbindlichen Vertrag zu schließen, würde jeder seine dominante Strategie wählen, d. h. konkurrieren. Denn die konkurrierende Strategie bringt jedem Hirten, unabhängig von der Strategie des anderen, immer das beste Ergebnis. So würde Hirte 1 11 statt 10 bekommen, sofern Hirte 2 kooperiert und Null statt -1, sofern Hirte 2 ebenfalls konkurriert.

Spieler		Hirte 2	
	Strategie	kooperativ	konkurrierend
Hirte 1	kooperativ	10 ; 10	-1 ; 11
	konkurrierend.	11 ; -1	0 ; 0

Da sich jetzt aber beide Spieler egoistisch verhalten, macht keiner einen Gewinn. Individuell rationales Verhalten führt also zu kollektiv irrationalem Verhalten. Mit diesem oder einem ähnlichen Beispiel wird häufig das Bild hilfloser Individuen herbei beschworen, die in einem unausweichlichen Prozess ihre eigene Lebensgrundlage zerstören. Als Lösungen wurden hier bislang stets nur die Verstaatlichung oder die Privatisierung gesehen. Die Vertreter der Verstaatlichung sehen das Problem der Allmende als die logische Basis für ein massives regulierendes Eingreifen des Staates. Die Vertreter der Privatisierung betonen hingegen das Versagen des Staates und plädieren dafür, das Gemeineigentum abzuschaffen und es durch ein

System privater Eigentumsrechte zu ersetzen. Privatisierung würde z. B. bedeuten, dass die beiden Hirten ihre Wiese halbieren und jeder die Hälfte zugeteilt bekommt. Jetzt spielen die Hirten nur noch gegen die Natur und nicht mehr gegen den oder die anderen Spieler. Die Hirten müssen jetzt in Zäune, deren Unterhalt sowie in Überwachung und Sanktionierung investieren, um ihren Anspruch auf ihre Weidefläche durchzusetzen. Probleme könnten jetzt auftauchen, wenn die Niederschläge ungleich verteilt sind und/oder von Jahr zu Jahr unterschiedlich fallen. Dann kann es sein, dass einer der Hirten sein Vieh auf üppigem Grün weiden kann und hohe Gewinne einfährt, während der andere leer ausgeht. Spätestens jetzt wird Handel zwischen den Hirten und/oder die Initiierung eines Versicherungssystems notwendig. Noch komplizierter wird es, wenn es sich um nichtstationäre Ressourcen wie Wasser und Fischgründe handelt. Elinor Ostrom hat jetzt mit einer Vielzahl durchgeführter Experimente und an vielen Beispielen gezeigt, dass es einen dritten Weg gibt, bei dem die Individuen selbst, gegebenenfalls unterstützt durch geeignete Institutionen, einen Ausweg aus dem Allmendeproblem finden. Ihre Resultate lassen sich kurz wie folgt zusammenfassen:[2)]

1. Wenn die Nutzer nicht miteinander kommunizieren können oder dürfen, dann neigen sie dazu, die Allmende auf einem aggregierten Niveau zu übernutzen, so wie es von den traditionellen Theorien vorausgesagt wird.
2. Wenn die Nutzer persönlich miteinander kommunizieren können, dann erzielen sie wesentlich höhere gemeinsame Erträge als ohne diese Kommunikation.
3. Ärmere Nutzer, die direkt miteinander kommunizieren, schaffen es des Öfteren, Vereinbarungen zu erzielen und aufrecht zu erhalten, die dem optimalen Niveau sehr nahe kommen.
4. Wenn die Nutzer hingegen über größere finanzielle Mittel verfügen, neigen sie hingegen eher dazu, sich über einmal getroffene Vereinbarungen hinwegzusetzen. Die Ergebnisse sind dann zwar besser als sie ohne Kommunikation währen, aber dennoch deutlich schlechter als sie sein könnten.
5. Wenn die Akteure die Möglichkeit haben, die vereinbarungsgemäße Nutzung der Allmende zu überwachen und diejenigen, die sich nicht an die Vereinbarungen halten zu sanktionieren, dann tun sie dies und sind sogar bereit, hierfür hohe eigene Kosten in Kauf zu nehmen.

2) Ostrom, E., 2012, S. XVIII – XIX.

6. Wenn die Nutzer der Allmende über ihre eigenen Nutzungsniveaus und ihre Sanktionssysteme offen diskutieren und diese aushandeln, dann zeigt sich, dass die Art und der Umfang der Regelverletzungen sehr gering ausfallen. In diesen Fällen erreichen sie häufig ohne nennenswerte Sanktionen nahezu optimale Erträge.

Mit ihren theoretischen und praktischen Forschungen wurde Elinor Ostrom zu einer bedeutenden Vertreterin der modernen Institutionenökonomik. Leider haben wir sie nie persönlich kennengelernt, aber alles was wir von ihr gehört oder gelesen haben, das lässt sie als eine sehr sympathische, engagierte Frau erscheinen, der die Umwelt und der Fortbestand der Menschheit am Herzen lagen.

Wichtige Werke und Literaturtipps

Ostrom, E. : *Die Verfassung der Allmende,* Mohr Siebeck, Tübingen 2012, 1. Auflage, zweiter Nachdruck.

Ostrom, E. : *Was mehr wird, wenn wir teilen. Vom Gesellschaftlichen Wert der Gemeingüter,* Hrsg. von Helfrich, S., Oekom Verlag, München 2012, 2. Auflage.

Vanberg, V. J. und Wohlgemuth, M. : »Selbstorganisation als Lösung sozialer Dilemmas«, in: *das wirtschaftsstudium* (wisu) 2012, S. 1540–1541.

Fehr und unfair

oder: Was empfinden wir als fair und was als unfair!

Welcher Ökonom erforscht die Fairness und hat damit einen wichtigen Beitrag zur Reform der Mikroökonomik geleistet?

(1956 – heute)

Ernst Fehr wurde am 21. Juni 1956 in Hard am Bodensee geboren. Der Österreicher ging in Hörbranz und Bregenz zur Schule. Das Studium der Wirtschaftswissenschaften führte ihn von 1975 bis 1980 an die Universität Wien. Ernst Fehr promivierte 1986 und erhielt die Lehrbefugnis für Wirtschaftswissenschaften im Rahmen seiner Habilitation 1991. Seit 1994 ist Ernst Fehr ordentlicher Professor für Mikroökonomik und experimentelle Wirtschaftsforschung an der Universität Zürich. Im Laufe der letzten beiden Jahrzehnte lehnte er eine Reihe von Angeboten internationaler Spitzen-Universitäten ab. Darunter befinden sich die Universitäten von Cambridge, Oxford, Berkeley, sowie New York und Princeton. Am MIT in Boston bekleidet er eine ständige Gastprofessur. Darüber hinaus wurde Fehr mit einigen sehr renommierten Wissenschaftspreisen ausgezeichnet. Neben dem Gossen Preis, der Hicks-Tenberg-Medaille und dem Cogito-Preis, erhielt er im Jahr 2008 als erster Ökonom den mit 100 000 CHF dotierten Marcel-Benoist-Preis. Er ist einer der forschungsstärksten Ökonomen im deutschsprachigen Raum und wurde in den letzten Jahren stets als einer der Top-Kandidaten für den Nobelpreis für Wirtschaftswissenschaften gehandelt.

Das Züricher Institut für experimentelle Wirtschaftsforschung hat sich unter der Leitung von Ernst Fehr zu einer breit angelegten interdisziplinären Forschungseinrichtung entwickelt, die weltweit eine Ausnahmestellung einnimmt. So beschäftigen sich Fehr und seine Mitarbeiter mit typisch ökonomischen Themen, wie der Erforschung von Arbeitslosigkeit und der Erklärung sozialer Normen. Fehr zählt zweifellos zu den Wissenschaftlern, die der sogenannte Verhaltensökonomie Rang und Bedeutung verliehen haben. So trug er wesentlich dazu bei, die experimentelle Forschung in die Ökonomie zu integrieren. Damit leistete er einen wichtigen Beitrag zur Reform der Mikroökonomik. In zahlreichen Experimenten konnte er zeigen, dass Menschen in kontrollierten Entscheidungssituationen, systematisch vom Menschenbild des Homo oeconomicus abweichen. Ernst Fehr ist durch die Tür, die → Daniel Kahneman zwei Jahrzehnte zuvor mit der Prospect Theory aufgestoßen hat, in ein neues Gebäude der Wirtschaftswissenschaften eingetreten.

Ausgehend vom Diktatorspiel, das zwei Kölner Ökonomen entworfen haben, entwickelte Fehr eine komplexere Entscheidungssituation, die für viele Alltagsentscheidungen charakteristisch ist. In dem von Fehr aufgebauten Spiel erhält jeder Teilnehmer 100 CHF. Jeder Spieler kann dann entscheiden, ob er das Geld behält und nach Hause geht, oder ob er das Geld an den Experimentleiter zurückgibt. Dieser erhöht den Betrag um 20 CHF und teilt die Summe von 120 CHF zu gleichen Teilen unter den Spielteilnehmern auf. Im Falle von zwei Spielern bedeutet dies, dass der Spieler von seinen 100 CHF zunächst nur 60 zurück erhält – ein schlechtes Geschäft für den Homo oeconomicus, der nur an seiner eigenen Auszahlung interessiert ist und deshalb die 100 CHF behalten würde. Im besten Fall bekommt er vom anderen Spieler noch weitere 60 CHF und geht mit 160 CHF nach Hause. Diese Entscheidungssituation kann anhand einer Auszahlungsmatrix verdeutlicht werden:

Spieler		Spieler 2	
	Rückgabe der 100 CHF	Nein	Ja
Spieler 1	Nein	100; 100	160; 60
	Ja	60; 160	120; 120

Ein egoistisch und rational handelnder Akteur wie der Homo oeconomicus wird die 100 CHF behalten, da dies unabhängig vom Verhalten des anderen Spielers für ihn stets zur höchsten Auszahlung führt. Spieltheoretiker sprechen in diesem Fall von einer dominanten Strategie. So rational dieses Verhalten aus individueller Sicht auch sein mag, führt es zu einem sozialen Dilemma. Beide Spieler lassen sich je 20 CHF entgehen. Eine derartige Situation bezeichnen Ökonomen als Gefangenendilemma. Denn diese Situation wurde mal für den Fall zweier Einbrecher untersucht, die in einem getrennten Verhör, vor der Frage standen, gegeneinander auszusagen oder zu schweigen, mit entsprechenden in Aussicht stehenden Gefängnisstrafen.

Obschon dafür gesorgt wurde, dass die Spieler die Entscheidungssituation und die sich daraus ergebenden Konsequenzen verstehen und ihnen versichert wurde, dass egoistisches Verhalten keinerlei negative Konsequenzen für sie hat. Hierbei wurde beobachtet, dass mehr als 50% aller Spieler ihre 100 CHF an den Versuchsleiter zurückgaben. In zehn aufeinanderfolgenden Spieldurchführungen bricht dieses kooperative Verhalten allerdings in den letzten Runden fast vollständig zusammen. Wie lässt sich dieser offensichtliche Widerspruch zum Verhaltensmodell des Homo oeconomicus erklären?

Fehr entwickelte zusammen mit seinem Co-Autor K. Schmidt eine Beschreibung der Nutzen der Spielteilnehmer, in der Geldbeträge, die auf Kosten des anderen Spielteilnehmers erzielt werden, in einem gewissen Umfang den eigenen Nutzen reduzieren. Das Gleiche gilt für Geldbeträge, die der andere Spieler durch sogenanntes Trittbrettfahrverhalten erhalten hat. Die beiden Parameter, die den Umfang der Nutzenreduzierung angeben, können als Ausdruck von Fairness und Aversion gegen Ungleichheit bzw. schlicht Neid interpretiert werden. Beträgt der Fairnessparameter beispielsweise 0,5, so bedeutet dies, dass jeder Euro, den ein Spieler auf Kosten eines anderen Spielers erhält, seinen Nutzen nur um 50 Eurocent erhöht. Die anderen 50 Eurocent sind Ausdruck seiner Fairnesseinstellung bzw. schlicht seines schlechten Gewissens. So konnten Fehr und Schmidt zeigen, dass kooperatives Verhalten, das aus Sicht des Homo oeconomicus irrational erscheint, durchaus rational sein kann, wenn auch das Wohlergehen der anderen Spieler den Nutzen eines Spielers tangiert. Offensichtlich ist dies bei vielen Menschen der Fall.

Allerdings beobachtete Fehr, ein mit wachsender Spielerzahl zunehmend egoistisches Verhalten. In diesem Zusammenhang weist Fehr darauf hin, dass mit einer steigenden Anzahl an Spielteilnehmern der Betrag, den jeder kooperative Spieler von seinen 100 CHF an den Versuchsleiter zurückgibt, immer kleiner wird. Je größer die Gruppe, desto stärker der Anreiz sich egoistisch zu verhalten. Fehr selbst bezeichnet es als eine seiner wichtigsten Erkenntnisse, dass Menschen ihr eigenes Verhalten abhängig vom erwarteten Verhalten des sozialen Umfeldes gestalten. Glauben wir ein faires bzw. egoistisches soziales Umfeld anzutreffen, werden wir in der Regel selbst fair bzw. egoistisch handeln.

Als die Möglichkeit eingeführt wurde, dass kooperative Spielteilnehmer unter Aufwendung eines bestimmten eigenen Geldbetrages und ohne, dass sie davon finanziell profitieren, nichtkooperativen Spielern einen Geldbetrag kaputt machen können, stieg die Kooperation auf über 90 % und blieb stabil bis zur letzten Spieldurchführung. Auch dieses Verhalten kann mit Hilfe der Fehr-Schmidt-Präferenzen erklärt werden. Altruismus muss nicht notwendigerweise positiv sein, sondern kann auch z. B. in Form von Strafen, negative Konsequenzen zeigen. Dies unterscheidet den Ansatz von Fehr und Schmidt z. B. von der Arbeit von Andreoni und Miller (2002, 2008), die positiven, aber keinen negativen Altruismus erklären können.

Diese Ergebnisse überraschen weder Psychologen noch Soziologen. Anders ausgedrückt: Wer, außer Ökonomen, wundert sich schon darüber, dass Menschen nicht nur Egoisten sind? Der Erkenntnisfortschritt liegt darin, dass es Fehr und anderen gelungen ist, altruistisches Verhalten auf individueller Ebene so zu verankern, dass soziale Interaktion mit den Methoden der Ökonomie, insbesondere der Spieltheorie, untersucht werden können. Eine Frage, die sich unmittelbar aufdrängt lautet: Wie müssen Institutionen und ihre Regeln designt sein, dass diese sozial wünschenswerte Ergebnisse produzieren, und zwar auch dann, wenn die dort arbeitenden Individuen nicht immer den höchsten moralischen Ansprüchen genügen. Zur Beantwortung dieser Frage, die zweifellos von allergrößtem gesellschaftlichem Interesse ist, leistet die Forschung von Ernst Fehr einen wesentlichen Beitrag.

Ein weiterer Zweig der Forschung von Ernst Fehr befasst sich mit dem Sozialverhalten von Kindern. Fehr weist nach, dass Kinder im Alter von 3 bis 5 Jahren schon sehr egalitär ausgerichtet sind, d. h. die Kinder waren bereit, bis zur Hälfte einer bestimmten Menge an Süßigkeiten an andere Kinder abzugeben. Außerdem zeigte sich, dass Kinder mit 8 und 9 Jahren bereits eine ähnliche Fairnessnorm entwickelt haben wie Erwachsene. Das Verhalten der Kinder ändert sich jedoch grundlegend, wenn nicht mehr Süßigkeiten, sondern Geld aufgeteilt werden soll. Hier verhalten sich Kinder deutlich egoistischer. Dies geht soweit, dass Kinder nicht bereit sind, einem anderen Kind einen Geldbetrag, den sie selbst nicht erhalten können, aber ohne Aufwand weiter geben könnten, zu geben. Geld ist eben etwas Besonderes. Wissen wir das nicht alle?

Eine weitere Besonderheit des Züricher Instituts für Wirtschaftsforschung besteht darin, dass es unter der Leitung von Ernst Fehr zu einem Zentrum für die Erforschung neuronaler Aktivitäten bei menschlichen Entscheidungsprozessen ausgebaut wurde. So werden die Gehirnaktivitäten der Probanden in Entscheidungssituation mit Hilfe von bildgebenden Verfahren wie z. B. mit Magnet-Resonanz-Tomographien gemessen. Auf diesem Weg konnte festgestellt werden, dass bei unfairen Angeboten im Diktator- oder Ultimatumspiel, bei denen es um die Aufteilung eines Geldbetrages geht, dieselben Gehirnareale aktiv sind, die auch für die Empfindung körperlichen Schmerzes verantwortlich sind. Für einiges Aufsehen in der Schweizer und internationalen Presse sorgte die Meldung, dass die Forschergruppe um Ernst Fehr den Ort im Gehirn lokalisiert habe, der für die Fairness verantwortlich sei (*Sdd* vom 17.05.2010). Die Hoffnung besteht darin, eines Tages erklären zu können, wie Fairness entsteht.

Literatur

Fehr, E.: »Economic Theory of Self Management and Profit« Sharing, Campus Verlag, 1988.

Fehr, E.: »Moral Sentiments and Material Interests«, MIT Press, Cambridge, Massachusetts, 2005.

Fehr, E.: Kirchsteiger, G., und Riedl A.: »Does Fairness Prevent Market Clearing? An Experimental Investigation«, in: *Quarterly Journal of Economics*, 1993, S. 437–459.

Fehr, E., Schmidt, K.: »A Theory of Fairness, Competition and Cooperation«, in: *Quarterly Journal of Economics*, 1999, S. 817–868.

Fehr, E., Fischbacher U.: »The Nature of Human Altruism«, in: *Nature*, Vol. 425, 2003, S. 785–791.

Fehr, E., Fischbacher U.: »Third-party Punishment and Social Norms«, in: *Evolution and Human Behavior*, Vol. 25, 2004, S. 63–87.

Fehr, E., List, J.A. : »The Hidden Costs and Returns of Incentives-Trust and Trustworthiness among CEOs«, in: *Journal of the European Economic Association*, 2004, S. 743–771.

Fehr, E., Singer, T.: »The Neuroeconomics of Mind Reading and Empathy«, in: *Neuroscientific Foundations of Economic Decision-Making*, Vol. 95, 2005, S. 340–345.

Fehr, E., Bernard, H., Rockenbach, B.: »Egalitarianism in Young Children«, in: *Nature*, Vol. 454, 2008, S. 1079–1108.

Theorien im Überblick

Die Klassik

Zu den Klassikern zählen: Adam Smith (1723–1790), Thomas Robert Malthus (1766–1834), Jean-Baptiste Say (1767–1831), David Ricardo (1772–1823), Heinrich von Thünen (1783–1850), John Stuart Mill (1806–1873) und andere. Bereits → Adam Smith ging davon aus, wenn Mitgefühl, die Regeln der Ethik, ein System von positiven Gesetzen und der Wettbewerb vorhanden sind, dass dann alle vom Eigeninteresse geleiteten Individuen aus einem freien Tausch Nutzen ziehen, denn sonst würde kein Tausch zustande kommen. Aber nicht nur das, auch der von allen Interessenten realisierte Tauschwert ist für die Allgemeinheit von Nutzen. So ist zum Beispiel erst unter Berücksichtigung des Tauschs von Waren eine Spezialisierung in der Produktion möglich und sinnvoll. Beim Tausch der arbeitsteilig gefertigten Produkte entsteht ein Preis, ein Wert, der zugleich dem Entgelt für die an der Produktion beteiligten Produktionsfaktoren, Arbeit, Boden und Kapital, entspricht. Die Klassiker sahen diesen Preis gleich dem *natürlichen Preis*, der der Summe der Aufwendungen für Arbeit, Kapital und Boden entspricht. Erst später, unter den Neoklassikern → Alfred Marshall, konnten die kurzfristig bestehenden Abweichungen zwischen dem tatsächlichen und dem natürlichen Preis erklärt werden. Der freie Wettbewerb sorgt dafür, dass sich die auf dem Markt bildenden Preise immer wieder auf ihre jeweiligen natürlichen Preise einpendeln. Ist beispielsweise der Marktpreis für ein Gut gesunken, so müssen jene Anbieter ausscheiden, die zu diesem Preis nicht mehr kostendeckend produzieren können. Ist umgekehrt der Marktpreis gestiegen, so lohnt es sich für weitere Anbieter, das Gut zu produzieren und auf den Markt zu bringen. Der Preis informiert und koordiniert. So sagt ein hoher Preis: Das Gut ist knapp, und es lohnt sich, das Gut anzubieten, woraufhin allein das Gewinninteresse des Unternehmers für ein höheres Angebot sorgt. Das Umgekehrte gilt für einen niedrigen Preis. Im Gleichgewicht entspricht die angebotene der nachgefragten Menge, und der Markt ist am besten versorgt. Folgerichtig sollte hier auch kein Staat in das freie Spiel von Angebot und Nachfrage eingreifen und das Gleichgewicht stören. Es ist auch aus makroökonomischer Sicht nicht nötig, denn alle angebotenen Güter finden stets ihren Absatz, *jedes Angebot schafft sich seine Nachfrage* (→ Saysches Theorem). Denn mit der Produktion von Gütern entsteht Einkommen in Form von Gewinn, Kapital- und Arbeitseinkommen. Dieses Einkommen wird wiederum vollständig zum Erwerb von

Gütern ausgegeben. Allein das Angebot bestimmt mithin das reale Volkseinkommen. Eine These, welche die »modernen« Anhänger der so genannten Angebotstheorie (→ Supply Side Economies) immer noch vertreten. Das Geld erfüllt in der klassischen Welt nur die Aufgabe eines Schmiermittels der Wirtschaft und hat somit nur die Funktion als Tausch- oder Transaktionsmittel. Die Geldmenge verändert nur das Preisniveau, nicht aber die relativen Preise zwischen den Gütern und bleibt ohne Auswirkungen auf die reale Wirtschaft. Geldpolitik ist zumindest langfristig wirkungslos. Die Ökonomen sprechen von der Neutralität des Geldes.

Die Neoklassik

Zu den Neoklassikern gehören: Hermann Heinrich Gossen (1854), Stanley Jevons (1835–1882), Carl Menger (1840–1921), Léon Walras (1834–1910), Francis Ysidro Edgeworth (1845–1926), Vilfredo Federico Pareto (1848–1923) und andere. Zentrales Element der Neoklassik ist die »marginalistische Revolution«, das heißt die Einführung des Grenzgedankens in die Ökonomie. Begriffe wie Grenznutzen, Grenzkosten und Grenzerlös wurden geprägt. Auch wurde von Edgeworth und Pareto unabhängig voneinander das Indifferenzkurvenkonzept in die Ökonomie eingeführt. Das Paradigma der Neoklassik kann durch zwei zentrale Leitideen beschrieben werden. Da hat man erstens das individualistische Vorgehen in der Analyse (*methodologischer Individualismus*), das heißt es wird das Individuum in den Mittelpunkt der Analyse gestellt. Um dem Problem der Analyse und Aggregation verschiedener Individuen aus dem Weg zu gehen, wird von einem repräsentativen Individuum, das seinen *Nutzen unter gegebenen Nebenbedingungen maximiert,* ausgegangen. Hierdurch wird das Problem einer mathematischen Formulierung und somit auch einer rigorosen Analyse zugänglich. So maximiert zum Beispiel der Haushalt seinen Konsumnutzen unter einer Einkommensbeschränkung und sieht sich Güterpreisen gegenüber, die er selbst nicht beeinflussen kann. Das Unternehmen wiederum maximiert seinen Gewinn und wird dabei durch eine gegebene Produktionstechnik sowie durch Preise der verkauften und eingekauften Güter beschränkt. Da hat man zweitens die Gleichgewichtsidee. Von einem individuellen Gleichgewicht spricht man, wenn sich ein Haushalt oder ein Unternehmen in seinem jeweiligen Nutzen- oder Gewinnmaximum befindet. Bei einem Marktgleichgewicht wiederum unterscheidet man zwischen einem partiellen und einem allgemeinen Gleichgewicht. Während in einem partiellen Gleichgewicht nur ein einzelner Markt oder einzelne

Märkte im Gleichgewicht sind, befinden sich im allgemeinen Gleichgewicht alle Märkte simultan im Gleichgewicht. Die notwendigen Bedingungen für ein solches allgemeines Gleichgewicht wurden schon durch Walras aufgestellt. Er zeigte, dass die Zahl der Gleichungen mit der Zahl der Preise, die zu bestimmen sind, übereinstimmen muss. Diese Bedingung ist notwendig, jedoch noch nicht hinreichend für die Existenz eines allgemeinen Marktgleichgewichts. Der erste Existenzbeweis wurde 1934 von einem wenig beachteten Mathematiker namens Wald geliefert. Ein vollständiger und allgemeiner Existenzbeweis stammt von → Kenneth Joseph Arrow und Gérard Debreu (1954). Hiermit war zum ersten Mal bewiesen worden, dass das Problem der Allokation knapper Ressourcen durch den Marktmechanismus lösbar ist. Die Ressourcenverteilung allein dem Markt zu überlassen, heißt also nicht, sie dem Chaos zu überlassen. Mehr noch, darüber hinaus konnte gezeigt werden, dass sich auf dem Markt ein Pareto-Optimum einstellt, das heißt ein Zustand, bei dem die Ziele aller Marktteilnehmer zu herrschenden Marktpreisen in bestmöglicher Art und Weise zufrieden gestellt sind. Damit ist es in einem solchen Pareto-Optimum nicht mehr möglich, die Lage eines Individuums zu verbessern, ohne gleichzeitig die Lage eines anderen Individuums zu verschlechtern. Die knappen Ressourcen einer Gesellschaft sind unter Berücksichtigung der Bedürfnisse – die Ökonomen sprechen von Präferenzen – und der herrschenden Produktionstechnologie einer optimalen Verwendung zugeführt worden. In diesem Sinne leistet eine Marktwirtschaft eine optimale Versorgungssicherheit der Bevölkerung. Die zentralen Annahmen in Neoklassischen Modellen sind: Vollkommen flexible Preise und Löhne.

Der Keynesianismus

Im Gegensatz zur Klassik/Neoklassik liegt dem Keynesianismus eine genauere Betrachtung der Nachfrageseite des volkswirtschaftlichen Kreislaufs zugrunde. Die Klassik/Neoklassik geht davon aus, dass das in einer Volkswirtschaft produzierte Angebot auch stets seine Nachfrage findet, denn durch die Produktion entsteht Einkommen, und dieses Einkommen wird wieder vollständig zum Kauf der produzierten Güter ausgegeben, ein Teil des Einkommens für Konsum- und der Rest für Investitionsgüter. Welcher Anteil des Einkommens für Konsumgüter ausgegeben und welcher Anteil gespart und somit für Investitionsgüter eingesetzt wird, dafür sorgt in der klassisch/neoklasssichen Welt allein der Zinssatz. Keynes hingegen problematisiert die Nachfrageseite und zeigt, dass insbesondere in reifen

Volkswirtschaften die Nachfrage häufig nicht ausreicht, das potenzielle Angebot nachzufragen, wodurch es nachfrageseitig zu längerfristigen Kreislaufstörungen kommen kann. Nicht das Angebot schafft sich seine Nachfrage, sondern die begrenzte Nachfrage bestimmt die Güterproduktion. Jetzt ist der Staat gefragt. Die keynesianische Theorie steht imWesentlichen auf drei Säulen, der Konsum- beziehungsweise Spartheorie, der Investitionstheorie und der Liquiditäts(präferenz)theorie. *Konsum-* beziehungsweise *Spartheorie*: Während die Klassiker davon ausgingen, dass allein die Höhe des Zinssatzes für ein Gleichgewicht zwischen Investitionen und Sparen sorgt, sah dies Keynes anders. Das Sparverhalten wird nicht primär vom Zinssatz beeinflusst, sondern gespart wird in erster Linie das, was vom Einkommen nach dem Konsum übrig bleibt. Wenn nichts übrig ist, dann kann auch nichts gespart werden. Das Sparen ist also in erster Linie eine Restgröße, und der Zinssatz kann somit auch nicht für den automatischen Ausgleich von Sparen und Investieren sorgen. Wenn also Sparen in erster Linie als Restgröße zu sehen ist, dann stellt sich die Frage, wie verhält es sich mit den primären Größen, Einkommen und Konsumausgaben. Hier kommt Keynes zu dem ganz einfachen Schluss, dass die Konsumausgaben mit wachsendem Einkommen zwar absolut zu- relativ jedoch abnehmen, das heißt mit wachsendem Einkommen geben die Individuen einen immer kleiner werdenden Anteil ihres Einkommen für Konsumzwecke aus, wodurch der Sparanteil, die *Sparquote*, steigt. Damit es nicht zu einer volkswirtschaftlichen Kreislaufstörung kommt, also mehr produziert als nachgefragt wird, muss das, was gespart wird, von den Unternehmen auch investiert werden. Wie sieht es aber mit dem volkswirtschaftlichen Investitionsverhalten aus? *Investitionstheorie*: Damit investiert wird, müssen sich Investitionen hinreichend lohnen. Keynes geht (ähnlich der Klassik) davon aus, dass Investitionen nur dann realisiert werden, wenn die zukünftigen Gewinnerwartungen eine hinreichende Rendite versprechen. Aufgrund der abnehmenden Grenzleistungsfähigkeit des Kapitals führt der mit wachsenden Investitionen ansteigende Kapitalstock zu immer kleiner werdenden Investitionsrenditen, denn die jeweils nächste Investition muss ja in die nächst schlechtere Verwendungsrichtung gelenkt werden. Das heißt je höher das Einkommen und somit die Sparquote und das Sparvolumen ist, und umso mehr also investiert wird, desto geringer ist die Rendite der jeweils letzten Investition und somit des Ersparten. Was passiert jedoch, wenn die Renditeerwartung so gering ist, dass sie einen Schwellenwert unterschreitet und sich eine längerfristige Geldanlage nicht mehr lohnt? Hier kommt die Liquiditäts(präferenz)theorie von Keynes ins Spiel. *Liquiditäts(präferenz)theorie*: Anders als in der Neoklassik kann das

Einkommen nach Keynes eben nicht nur für Konsum- oder Sparzwecke verwendet werden, sondern es gibt noch eine dritte Verwendungsmöglichkeit, nämlich das Geld jederzeit verfügbar (liquide) zu halten. Diese Liquidität ermöglicht es dann, wenn sich günstige Gelegenheiten bieten, das Geld renditeträchtig zu investieren (*Spekulationsmotiv*). Während Keynes das Sparen als Residualgröße und somit als weitgehend zinsunabhängig betrachtete, sah er zwischen der Höhe des Zinssatzes und der Liquidität für die Spekulation einen eindeutigen Zusammenhang. Je niedriger der Zinssatz ist, desto weniger attraktiv ist eine feste Kapitalanlage und desto interessanter ist es, liquide Mittel für eine mögliche günstige Gelegenheit zu halten, desto größer ist also die Spekulationskasse. Für den gesamtwirtschaftlichen Kreislauf hat diese vom Zins abhängige Liquiditätspräferenz jedoch eine gravierende Bedeutung, sie reißt ein Leck in den Produktions- und Einkommenskreislauf. Geld fließt aus dem Kreislauf und wird daher zunächst nicht nachfragewirksam. Das Angebot entspricht nicht mehr der Nachfrage. Es resultieren Kreislaufstörungen, die zu einem Kreislaufkollaps, das heißt zu einer Wirtschaftskrise führen können. Keynes kam zu dem Schluss: Je höher eine Wirtschaft entwickelt ist, desto höher also der volkswirtschaftliche Kapitalstock und das Volkseinkommen sind, umso eher werden sich Kreislaufprobleme ergeben. Denn ein hoher volkswirtschaftlicher Kapitalstock bedeutet eine kleine Investitionsrendite und somit ein niedriges Zinsniveau. Gleichzeit steigt in einer reifen Volkswirtschaft das Einkommen und es sinkt die Konsumquote bei wachsender Sparquote. Aufgrund des niedrigen Zinsniveaus verschwindet das nicht verkonsumierte Einkommen jedoch überwiegend in der Spekulationskasse und wird somit nicht nachfragewirksam. In einer solchen Situation würde selbst eine expansive Geldpolitik der Zentralbank mit einhergehender Zinssenkung nicht helfen, um die Wirtschaft aus der Krise zu führen, denn das zusätzliche Geld würde zum größten Teil ebenfalls sofort in der Spekulationskasse verschwinden. Keynes nannte dieses Phänomen *Liquiditätsfalle*. An dieser Stelle ist die Fiskalpolitik gefragt. Der Staat muss also die ausgefallene private Nachfrage durch staatliche Nachfrage ersetzen. Keynesianismus steht also für aktives Handeln des Staates. Keynesianismus steht aber auch für Umverteilung des Einkommens, da Geringverdiener eine höhere Konsumquote haben und ein geringerer Einkommensteil in der Spekulationskasse verschwindet. Die zentralen Annahmen keynesianischer Modelle sind: Starre Preise und Löhne.

Der Monetarismus

Der Monetarismus bildet einen wirksamen theoretischen und ideologischen Gegenschlag gegen den Keynesianismus, der durch seine Anwendung in der Nachkriegszeit eine schleichende Inflation nach sich zog. Die Grundlage des Monetarismus legte Milton Friedman. Nach einer Analyse der amerikanischen Geldpolitik kommt Friedman zu dem Schluss, dass die US-amerikanische Zentralbank mit ihrer Geldpolitik »... beständig zu spät und zu hart reagiert.« Nach Auffassung von Friedman ist es auch extrem schwierig, wenn nicht gar unmöglich, mit Hilfe der Geldpolitik die Konjunktur rechzeitig zu steuern, weil die Wirkung der Geldmengenpolitik erfahrungsgemäß immer erst mit einer Verzögerung von zwei bis drei Quartalen eintritt. Dann aber ist sie eventuell schon nicht mehr notwendig oder vielleicht sogar schädlich. Da die expansive Politik dann im Boom beziehugsweise die restriktive Politik erst in der Rezession zum Tragen kommt, was den Boom verstärken oder die Rezession verschärfen würde. Die beste Geldpolitik liegt nach Milton Friedman darin, keine Geldpolitik zu betreiben, sondern durch eine *gleichmäßige Geldmengenerhöhung* von 3 bis 5 Prozent die monetären Rahmenbedingungen für kontinuierliches Wachstum zu schaffen. In der monetaristischen Theorie nimmt der *Transmissionsprozess*, das heißt die Art und Weise, wie sich ein monetärer Impuls auf den realen Sektor überträgt, einen breiten Raum in der Diskussion ein und wird durchaus unterschiedlich gesehen. Während Milton Friedman den Einfluss einer Geldmengenänderung auf den nominellen Zinssatz sieht, argumentieren Karl Brunner (1916–1989) und Allan H. Meltzer (geboren 1928) über die relativen Preise. Aber eines ist allen Ansätzen gemeinsam: Für den Staat besteht kein Grund, in den Wirtschaftskreislauf einzugreifen, denn aktive Geldpolitik kommt immer zu spät und es gibt auch kein Leck im Wirtschaftskreislauf wie von der keynesianischen Theorie im Zusammenhang mit der Liquiditätsfalle behauptet. Der Staat muss also keine ausgefallene private Nachfrage ersetzen. Denn das Zurückhalten von Geld in der Liquiditäts- beziehungsweise Spekulationskasse ist nach monetaristischer Ansicht nicht die Endstation des Geldes, da das Geld auch bei niedrigem Zinssatz kurzfristig angelegt, das heißt an jemanden verliehen wird, der es für Transaktionszwecke benötigt. Durch die Vernetzung der Teilmärkte können Veränderungen in einem Markt eine ganze Reihe von Folgewirkungen und Vermögensumschichtungen auf vielen anderen Märkten auslösen, die den Wirkungsmechanismus in die Länge ziehen, aber letztlich würde das Geld doch wieder im Produktions- und Einkommenskreislauf nachfragewirksam werden. Aktive staatliche Politik ist somit überflüssig.

Die Neuklassik

Sie wird auch als *Theorie der rationalen Erwartungen* und aufgrund ihrer Verwandtschaft zum Monetarismus als *Monetarismus der zweiten Art* bezeichnet. Zu ihren Vertretern zählen Robert J. Barro, → Robert E. Lucas, Thomas J. Sargent und andere. Die Theorie der rationalen Erwartungen entstand in den siebziger Jahren des 20. Jahrhunderts. Ursächlich war die Unzufriedenheit mit den bisherigen Theorien, in welchen die Erwartungen der Menschen entweder gar nicht oder nur als exogene, also von außen vorgegebene Größen berücksichtigt wurden. Die Kritik besteht vor allem darin, dass es kaum begründbar ist, auf Märkten effizientes Verhalten zu unterstellen, während die gleichen Akteure bei der Bildung von Preiserwartungen systematisch ineffizient handeln. Die neuklassischen Theorien zeichnen sich also dadurch aus, dass sie die *Erwartungsbildung in die Modelle* mit einbeziehen, also endogenisieren. Die Erwartungsbildung wird im Modell selbst betrachtet und somit der Analyse zugänglich. Auch ließ sich das Problem der Stagflation, also des stagnierenden Wachstums bei gleichzeitigem Auftreten von Inflation, das zu diesem Zeitpunkt große Teile der westlichen Welt plagte, mit den bestehenden Theorien einschließlich des Monetarismus nicht hinreichend erklären, wohl aber mit Hilfe der Theorie der rationalen Erwartungen. Denn bislang glaubte man an die Stabilität der so genannten *Phillipskurve*. In ihrer Modifikation von Paul A. Samuelson und Robert M. Solow, weist sie auf einen negativen Zusammenhang (einen so genannten Trade-off) zwischen einer Veränderung des Preisniveaus (Inflation, Deflation) und der Arbeitslosenquote hin. Das heißt bei hoher Inflation ist die Arbeitslosenquote gering und umgekehrt bei niedriger Inflation liegt eine hohe Arbeitslosigkeit vor. Dieser scheinbar stabile Zusammenhang veranlasste Politiker Anfang der siebziger Jahren des 20. Jahrhunderts, etwa Helmut Schmidt, zu Äußerungen wie: »lieber 1 Prozent mehr Inflation als 1 Prozent mehr Arbeitslosigkeit«. Dieser Zusammenhang löste sich jedoch spätestens mit der ersten Ölkrise 1972 auf. In einer stagnierenden Wirtschaft stieg die Inflation. Dieser Sachverhalt ließ sich am besten mit rationalen Erwartungen erklären. Steigende Kosten (Ölpreise) zwingen die Unternehmen, ihre Preise zu erhöhen. Hierdurch steigt das Preisniveau, was die realen Löhne und realen Zinsen sinken lässt. Die gestiegenen Preise und die gesunkenen Faktorkosten müssten die Unternehmen jedoch zu einer vermehrten Produktion anregen und so die Konjunktur in Fahrt bringen. Bei rationalen Erwartungen wird der zu erwartende Preisanstieg von den Individuen hingegen sofort erkannt und in ihre Erwartungsbildung einbezogen (antizipiert). Gewerkschaften und Banken fordern daher einen Inflationsausgleich, was Produktion und Unterbeschäftigung auf ihrem Niveau verharren lässt. Hinsichtlich der Resultate gelangen die Neuklassiker im Prinzip zu den gleichen Ergebnissen wie die Klassiker/Neoklassiker, nämlich zu der langfristigen Wirkungslosigkeit von Fiskal- und Geldpolitik. Zudem gelang es ihnen, monetaristische Ergebnisse zum Teil theoretisch zu begründen, zum Teil zu modifizieren und zum Teil in ihren Ergebnissen zu verschärfen. So ist zum Beispiel eine Geldpolitik auch dann als wirkungslos anzusehen, wenn die Zentralbank die Geldmenge quadratisch oder noch schärfer anwachsen lässt, sofern die dem Anwachsen zugrunde liegende Regel von den Individuen antizipiert wird. Eine antizipierte Geldpolitik ist stets wirkungslos. Wirkung kann nur eine nicht antizipierte Politik nach sich ziehen. Zentrale Annahmen sind auch hier: Vollkommen flexible Preise und Löhne und damit eine funktionierende Marktwirtschaft.

Der Neokeynesianismus

Ein Defizit der Analyse von Keynes und des Keynesianer bestand in der fehlenden entscheidungslogischen Fundierung. An der Überwindung dieses Defizits arbeiteten in den sechziger und siebziger Jahren des vergangenen Jahrhunderts zahlreiche mathematisch orientierte Ökonomen. Zu ihnen gehören: Edmond Malinvaud, Jacques Dreze, Jean-Pascal Benassy, Jean-Michel Grandmont, Robert Clower, Robert Barro, Herschel Grossman und Takashi Negishi. Zunächst lagen ihre Interessen darin, zentrale Keynesianische Elemente, wie zum Beispiel die Konsumfunktion, aus individuell rationalem Verhalten abzuleiten. Dies gelang beispielsweise Robert Clower (1963), indem er die *Duale Entscheidungshypothese* in die Ökonomie einführte. Clower argumentierte wie folgt: Individuen bilden zunächst auf Grundlage der beobachtbaren Löhne, Zinsen und Marktpreise Angebots- und Nachfragepläne. Stellt nun ein Individuum fest, dass es auf einem der Märkte, beispielsweise dem Arbeitsmarkt, sein gewünschtes Arbeitsangebot nicht realisieren kann, da der gesuchte Job nicht vorhanden ist, dann wird es dies bei der Umsetzung seiner Konsumpläne berücksichtigen. Die Rationierung auf dem Arbeitsmarkt springt auf den Gütermarkt über. Aus den walrasianischen Angebots- und Nachfragefunktionen werden effektive Angebots- und Nachfragefunktionen, die nicht nur von Preisen, sondern auch von den jeweiligen Mengenbeschränkungen auf den Märkten abhängen. Das Marktverhalten der Individuen wird also nicht mehr nur durch Preissignale, sondern auch durch Mengenbeschränkungen koordiniert. Jacques Dreze (1975) und Jean Michel Benassy (1977) formulierten entsprechende effektive Angebots- und Nachfragefunktionen. Clower wies der Dualen Entscheidungshypothese größte Bedeutung für das Verständnis keynesianischer Analyse zu. Sinngemäß argumentierte er: Entweder müsse Keynes eine Duale Entscheidungshypothese im Sinn gehabt haben oder der größte Teil der General Theory sei theoretischer Unsinn. Nun stellte sich die Frage, wie das Gleichgewicht auf einem Markt mit effektiven Angebots- und Nachfragefunktionen aussehen würde. Frank Hahn (1978) und Takashi Negishi (1979) brachten hierzu die Regel der kürzeren Marktseite ins Spiel. Führt der Preis zu einem Überschuss des Angebots über die Nachfrage, dann wird die am Markt gehandelte Menge durch die kürzere Marktseite, in diesem Fall durch die Nachfrage bestimmt. Das überschüssige Angebot geht leer aus. Es ist rationiert beziehungsweise mengenbeschränkt. Diese Rationierung produziert einen *Spill-over-Effekt* auf andere Märkte. Darüber hinaus ist die Annahme, dass alle Individuen – und natürlich auch Unternehmen – Mengenbeschränkungen als gegeben behandeln, diese also nicht zum Beispiel durch Verhandlungen versuchen zu umgehen, zentral für die Existenz eines allgemeinen temporären Gleichgewichts mit Mengenrationierung. Nun ist es nahe liegend, verschiedene Marktungleichgewichte – im Sinne walrasianischer Angebots- und Nachfragewünsche – zu kombinieren. Beispielsweise mag auf dem Arbeitsmarkt ein Überschussangebot und in dessen Folge unfreiwillige Arbeitslosigkeit sowie auf dem Gütermarkt eine Überschussnachfrage vorliegen. Oder ein Überschussangebot auf dem Arbeitsmarkt kann mit einem Überschussangebot auf dem Gütermarkt kombiniert werden. Den ersten Fall bezeichnen die Ökonomen als klassisches und den zweiten Fall als keynesianisches Regime. Da die einzelnen Marktungleichgewichte aufgrund exogen gegebener Güter- und Faktorpreise zustande kommen, wurde diese Theorie auch als Fix-Preisrationierungstheorie oder Ungleichgewichtsanalyse bezeichnet.[1] Es gelang, ein allgemeines Gleichgewichtskonzept zu entwickeln, das die effektive Güternachfrage, eine unfreiwillige Arbeitslosigkeit und auch eine Kreditmarktrationierung als integrale Bestandteile enthalten kann. Dieses allgemeine Gleichgewichtskonzept weist eine entscheidende Schwäche auf, die dazu führte, dass die Forschung in die-

1) Ausführliche Analysen finden sich in: Barro, R. J. und Grossman H. I.: *Money, Employment and Inflation*, Cambridge University Press, Cambridge 1976; Benassy, J.-P.: *The Economics of Market Disequilibrium*, Academic Press, New York 1982; Malinvaud, E.: *The Theory of Unemployment Reconsidered*, Basil Blackwell, Oxford 1977.

sem Bereich in den neunziger Jahren praktisch eingestellt wurde. Die Annahme exogen gegebener ungleichgewichtiger Preise ist nicht vereinbar mit der Annahme effizienten Verhaltens der Individuen. Warum sollte es beispielsweise auf Dauer zu einem Überschussangebot auf dem Arbeitsmarkt und dem Gütermarkt kommen, wenn sich sowohl die Unternehmen als auch die Haushalte durch Preisreduktionen besser stellen könnten? Die Fix-Preis-Rationierungstheorie geht von Marktungleichgewichtskonstellationen aus, erklärt aber nicht, wie diese auf der Grundlage individuell rationalen Verhaltens entstehen. Robert Barro erschien dieser Aspekt derart verwerflich, dass er sich weigerte, Fragen zu seinem Buch *Money, Employment and Inflation* auch nur zu diskutieren. Exakt an der Stelle der endogenen Erklärung starrer realer Preise setzt der Neukeynesianismus an.

Der Neukeynesianismus

Während der Neokeynesianismus auf die Analyse eines allgemeinen Gleichgewichts mit Mengenbeschränkungen abstellt, ohne die Ungleichgewichte auf den einzelnen Märkten individuell rational zu erklären, versucht der Neukeynesianismus dieses Manko im Rahmen einer Partialanalyse zu überwinden. Die Starrheit von Relativpreisen soll durch Konzentration auf einzelne Märkte – Partialanalyse – aus individuell rationalem Verhalten erklärt werden. Ungleichgewichtige Reallöhne, Zinsen und Güterpreise können im Neukeynesianismus vielfältige Ursachen haben. Da gibt es zum Beispiel die effizienzlohntheoretischen Ansätze, die unter anderem auf asymmetrischer Information zwischen Arbeitgeber und Arbeitnehmer bezüglich der Arbeitsleistung der Arbeitnehmer aufbauen. Einen berühmt gewordenen Beitrag lieferten Shapiro und → Stiglitz (1984) mit dem so genannten »Shirking Modell«. Unternehmer können die Leistung ihrer Mitarbeiter nicht lückenlos überwachen. Um diese vom Bummeln (*Shirking*) abzuhalten, zahlen sie einen Lohn, der über dem marktüblichen (besser: markträumenden) Reallohn liegt. Dieser hohe Lohn lässt den Job der Mitarbeiter überdurchschnittlich wertvoll werden. Daher riskieren sie es nicht mehr, beim Bummeln erwischt zu werden und dann rauszufliegen. Die Arbeitnehmer leisten also mehr, während die Unternehmer weniger Mitarbeiter einstellen. Da bei diesem hohen Lohn die Unternehmensgewinne maximiert sind, besteht für die Unternehmer keine Veranlassung, den hohen Lohn zu senken und mehr Arbeitskräfte einzustellen. Arbeitslosigkeit ist die Folge. Ökonomisch gesehen ist unfreiwillige Arbeitslosigkeit also nichts Schlechtes, sondern Teil eines anreizeffizienten Arbeitsvertrages, der die Unternehmen das Gewinnmaximum realisieren lässt. Zudem erzeugt die unfreiwillige Arbeitslosigkeit eine wirksame Drohung gegen die Reduktion der Leistung durch »Bummeln«. Die unfreiwillige Arbeitslosigkeit stellt das Gegengewicht zum Informationsvorteil der Arbeitnehmer bezüglich ihrer Arbeitsleistung dar. Im Vergleich zur Neoklassik nimmt die Effizienzlohntheorie also eine spiegelverkehrte Sichtweise ein. Während die Neoklassik unterstellt, dass sich die Lohnhöhe an der Arbeitsproduktivität orientiert, steigt zum Beispiel die Arbeitsproduktivität dann steigt auch der Lohn, dreht die Effizienzlohntheorie die Kausalität um. Nicht die Arbeitsproduktivität determiniert den Lohn, sondern der Lohn die Arbeitsproduktivität. Zahlt also eine Unternehmung hohe Löhne, so resultiert daraus eine hohe Arbeitsproduktivität. Der Effizienzlohn sorgt ferner dafür, dass sich ein Unternehmen von vielen Bewerbern die leistungsfähigsten aussuchen kann und bewirkt eine geringere Fluktuation der Mitarbeiter, was ebenfalls die Produktivität erhöht sowie die Einstellungs- und Entlassungskosten reduziert. Eine weitere Begründung für den positiven Zusammenhang zwischen Lohn und Produktivität lieferte → George Akerlof zusammen mit Janet Yellen (1990). Sie argumentierten, die Mitarbeiter würden ihre Produktivität an einer Referenzgröße orientieren, zum Beispiel der Entlohnung von Arbeitskollegen im gleichen oder anderen Unternehmen. Fühlen sich die Mitarbeiter relativ zu dieser Referenzgröße fair entlohnt, steigern sie ihre Produktivität. Deshalb wird diese Begründung des Effizienzlohnzusammenhangs auch als Fair-Wage-Ansatz bezeichnet. Weitere neukeynesianische Theorien erklären die zu hohen Löhne mit der Existenz von Tarifverträgen. Hier erweist sich der Lohn deshalb als nach unten starr, weil die Unternehmen durch Tarifvertragsbindung an einer Lohnsatzsenkung gehindert werden.

Neukeynesiansiche Theorien erklären zudem die Starrheit von Güterpreisen und Zinsen. Die Starrheit der Güterpreise wird für gewöhnlich mit Preisanpassungskosten erklärt, die bei der Neuauszeichnung von Waren, den Druckkosten von Katalogen, Speisekarten et cetera entstehen. Diese Preisanpassungskosten sorgen dafür, dass die Preise eben nicht wie in den klassischen Theorien sofort, sondern eben nur verzögert reagieren. Die Starrheit der Zinsen (nach oben) ist die Reaktion der Banken auf die Gefahr eines ungünstigen (adversen) Selektionsmechanismus. Denn die Banken können zwar das durchschnittliche, nicht jedoch das individuelle Kreditausfallrisiko ihrer Kreditnehmer richtig einschätzen. Wenn nun die Zinssätze zu stark erhöht werden, dann findet eine Selbstselektion der Kreditnehmer in einer für die Banken ungünstigen Art und Weise statt. Nur noch Unternehmen mit renditeträchtigen und entsprechend risikoreichen Projekten werden dann Kredite nachfragen. Genau das kann aber das durchschnittliche Kreditausfallrisiko und die damit zusammenhängenden Kosten für die Banken erhöhen. Letztlich stellen sich die Banken bei höheren Zinsen somit schlechter als bei niedrigeren. Die Folge dieser niedrigen Zinsen ist im Allgemeinen eine über das Kreditangebot hinausgehende Kreditnachfrage, die jetzt nicht mit höheren Zinsen, sondern mit einer Rationierung beantwortet wird. Diese Überlegungen gehen auf → Stiglitz und Weiss (1978) zurück.[2] Neukeynesianische Theorien sind also dadurch gekennzeichnet, dass sie eine rationale Begründung für starre Preise liefern.

Zwischenbilanz

Nach Paul A. Samuelson und William D. Nordhaus würde eine Jury von unabhängigen und unparteiischen Ökonomen folgende Schlüsse ziehen:

»1. *Langfristiges Wirtschaftswachstum: Die Mehrzahl der Makroökonomen würde der Aussage zustimmen, dass es langfristig das potentielle Bruttoinlandsprodukt oder Kapazitätswachstum ist, das den Trend beim Lebensstandard, den Reallöhnen und Realeinkommen vorgibt. Außerdem hängt das potentielle Bruttoinlandsprodukt von Qualität und Quantität der Produktionsfaktoren wie Arbeit und Kapital sowie vom Stand der Technologie, dem Unternehmertum und den Managementfähigkeiten in einer Volkswirtschaft ab. Die daraus zu ziehende bedeutende wirtschaftspolitische Schlussfolgerung lautet, dass zur Einflussnahme auf das langfristige Wirtschaftswachstum wirtschaftspolitische Maßnahmen auf das Faktorwachstum, auf Effizienzverbesserungen sowie auf den technologischen Fortschritt Einfluss nehmen müssen.*[3]

2. *Kurzfristige Wirtschaftsleistung und Beschäftigung: Kurzfristig ergibt sich ein weniger klares Bild. Produktion und Beschäftigung werden kurzfristig durch die Wechselwirkung von Gesamtangebot und -nachfrage bestimmt. Allem Anschein nach können Bewegungen der Gesamtnachfrage (ob auf Grund von fiskal- und geldpolitischen Maßnahmen oder exogener Faktoren) zumindest einige Jahre hindurch die konjunkturellen Schwankungen von Produktion und Beschäftigung*

2) Edmund Phelps integrierte in seinem Buch *Structural Slumps* die unterschiedlichen partialanalytischen Erklärungsmodell für reale Preisstarrheiten in einen allgemeinen Gleichgewichtsrahmen, den er zur Abgrenzung gegenüber Klassischer und keynesianischer Analyse als strukturellen Ansatz bezeichnete. Interessanterweise sind viele Schlussfolgerungen eng verwandt mit keynesianischen Erkenntnissen.

3) Anmerkung: Langfristig kann der Staat nur gute Rahmenbedingungen schaffen und ansonsten der unsichtbaren Hand des Marktes vertrauen. Langfristig spricht daher einiges für das klassische Denken.

doch beeinflussen. Das führt uns zu der Schlussfolgerung, dass eine Geld- und Fiskalpolitik immerhin das Potential zur Stabilisierung des Konjunkturzyklus hat, wiewohl die politische und praktische Sinnhaftigkeit eines aktiven Konjunkturmanagements heftig umstritten ist.[4]

3. Arbeitslosigkeit und Inflation: Es scheint überwiegend so, als könnte die Inflation durch den Nachfragedruck auf den Arbeits- und Produktionsmärkten beeinflusst werden. Steigt die Arbeitslosenrate über das Niveau der natürlichen Arbeitslosigkeit hinaus, wird die Inflation abgemildert, während eine hohe Produktionsleistung und ein hoher Beschäftigungsstand die Inflation doch eher anzuheizen scheinen. Doch das Gefüge Inflation-Arbeitslosigkeit stellt sich uns zeitlich wie örtlich ziemlich instabil dar, so dass Inflationsmanagement eine überaus schwierige Aufgabe ist. Darüber hinaus scheint es keine permanente Wechselwirkung zu geben, weshalb sich ein Staat durch eine ungehindert hohe Inflationsrate keine permanent niedrige Arbeitslosigkeit erkaufen kann.«[5]

Die Supply-Side-Ökonomen

Auch *Ultraklassizisten* genannt – traten in den siebziger Jahren des letzten Jahrhunderts auf das Spielfeld. Zu ihren Vertretern zählten Arthur Laffer, Paul Craig Roberts und Norman Ture. Die Umsetzung ihrer Ideen fand man in der Wirtschaftspolitik der achtziger Jahre, so in den USA unter dem damaligen Präsidenten Ronald Reagan (Präsidentschaft von 1981 bis 1989) und in Großbritannien unter Premierministerin Margaret Thatcher (Premier von 1979 bis 1990). Da die Supply-Side-Ökonomen und Politiker eine große Bandbreite verschiedener Positionen einnehmen, ist ihre Identifikation nicht immer leicht. Diese der Neuklassik nahe stehende Schule lässt sich jedoch durch zwei zentrale Merkmale kennzeichnen. Erstens die Bedeutung des wirtschaftlichen Anreizes, eine Handlung vorzunehmen und zweitens die Befürwortung drastischer Steuersenkungen. Übertrieben deutlich kommen beide Merkmale in der so genannten *Laffer-Kurve* zum Tragen. 1974 skizzierte Arthur Laffer einigen Journalisten und Politikern einen Zusammenhang zwischen Steuereinnahmen und Steuersatz. Ein parabelförmiger Verlauf (Abbildung Spiel 1: Lafferkurve). Bei einem Steuersatz von Null sind auch die Steuereinnahmen Null. Das Gleiche gilt bei einem Steuersatz von 100 Prozent.

4) Anmerkung: Kurzfristig kann also eine keynesianische Politik durchaus wirkungsvoll sein.

5) Samuelson, P. A.: *Economics. An Introductory Analysis*, MacGraw Hill Book Company, 1948. Seit der 12. Auflage zusammen mit William D. Nordhaus. Deutsche Übersetzung von Regina und Helmut Berger: *Volkswirtschaftslehre*, Ueberreuter Verlag, 15. Auflage, Wien/Frankfurt 1998, S. 714.

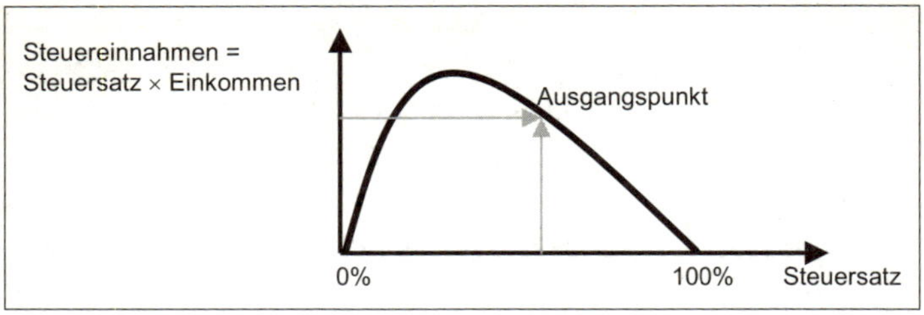

Erhöht man den Steuersatz ausgehend von 0 Prozent sukzessive, so steigen hiermit auch die Steuereinnahmen des Staates degressiv an, bis sie bei einem bestimmten – nicht näher festgelegten – Steuersatz ihr Maximum erreichen. Erhöht man den Steuersatz über diesen Wert hinaus, so lässt die Arbeitsmotivation der Individuen immer weiter nach. Das offizielle Bruttoinlandsprodukt (Einkommen) sinkt hierdurch so stark, dass trotz des höheren Steuersatzes die Steuereinnahmen sinken, bis die Steuereinnahmen bei einem Steuersatz von 100 Prozent wieder auf Null sinken. Laffer behauptete damals, man befände sich in den USA auf dem absteigenden Ast der Kurve (Ausgangspunkt). Eine drastische Senkung des (Grenz-)Steuersatzes würde die Kapital- und Arbeitserträge nach Steuern erhöhen, was die Individuen motiviert, mehr zu sparen und mehr zu arbeiten. Dies wiederum würde den volkswirtschaftlichen Kapitalstock und das Bruttoinlandsprodukt erhöhen. Die Steuerbasis steigt so stark, dass trotz des geringeren Steuersatzes die Steuereinnahmen des Staates insgesamt zunehmen. Ein sinkender Steuersatz würde also zu steigenden Steuereinnahmen führen. Diese phantastische Wirkung – die übrigens von den meisten Ökonomen bezweifelt wurde – konnte in den USA im Rahmen der reagenschen Politik nicht beobachtet werden. Generell war im Rahmen der reaganschen Wirtschaftspolitik, die auf niedrige Steuern setzte, keine große Erhöhung des potenziellen Bruttoinlandsprodukts zu verzeichnen. Was jedoch eintrat, das war eine Steigerung der Gesamtnachfrage. Die beobachteten Ergebnisse widersprechen somit der ultraklassizistischen These.

Schulen des ökonomischen Denkens

Schule bezeichnet die Anhängerschaft und Nachfolge eines bestimmten Gelehrten beziehungsweise einer bestimmten Denk- und Forschungsrichtung, häufig auch verbunden mit einer räumlichen Konzentration. Neben den im Vorfeld genannten Theorierichtungen, die auch fallweise als Schulen bezeichnet werden, sind die bekanntesten Schulen der VWL die Folgenden.

Historische Schule

Die Historische Schule vertritt im Gegensatz zur Österreichischen Schule die These, dass es keine allgemeingültigen und somit zeitlosen ökonomischen Gesetze gibt. Deshalb solle man sich auch nicht am Modell der Naturwissenschaften orientieren. Die ökonomische Wissenschaft sei eine rein empirisch-beschreibende Wissenschaft und keine theoretisch-deduktive. Die induktive Methode sei die einzig Richtige! Nur über das Sammeln von Fakten kann man letzten Endes zu einer zeitweise allgemeingültigen und somit zu einer zeitweise gültigen Theorie gelangen. Die Historische Schule wird unterteilt in eine »Ältere Historische Schule«, die von Bruno Hildebrand (1812–1878), Karl Knies (1821–1898) und Wilhelm Roscher (1817–1894) begründet wurde und in eine »Jüngere Historische Schule«. Vertreter der »Jüngeren Historischen Schule« sind insbesondere Gustav von Schmoller (1838–1917), der auch als Vorläufer der Institutionenökonomie angesehen wird, Lujo Brentano (1844–1931), Karl Wilhelm Bücher (1847–1930) und Adolph Wagner (1835–1917).

Österreichische Schule

Die Österreichische – auch Wiener Schule genannt – gehört zu den Schulen der Neoklassik. Sie entstand in den achtziger Jahren des 19. Jahrhunderts aus einem Methodenstreit zwischen Carl Menger (1840 Vertreter der Österreichischen Schule, und Gustav von Schmoller (1838 Vertreter der Historischen Schule. Gegenstand des Streits war die Frage, ob es unveränderbare ökonomische Gesetze gibt (vgl. auch die Pareto-Anekdote). Die Österreichische Schule vertritt hier im Gegensatz zur Historischen Schule die These, dass – ausgehend vom Prinzip der Nutzenmaximierung – sehr wohl allgemeingültige volkswirtschaftliche Gesetzte ableitbar sind. Allerdings lehnt sie sowohl mathematische Modelle als auch die empirische Methode ab, da sich ihrer Auffassung nach menschliches Verhalten einer mathematischen Formalisierung entzieht. Weitere wichtige Vertreter der Österreichischen Schule sind Eugen von Böhm-Bawerk (1851–1914), Friedrich Freiherr von Wieser (1851–1926), Ludwig von Mises (1881–1973), Friedrich August von Hayek (1899–1992) und Murray N. Rothbard (1926–1995).

Freiburger Schule

Die Freiburger Schule, Schule des Ordoliberalismus. Der Ordoliberalismus wird auch als deutsche Variante des Neoliberalismus bezeichnet. Die Aufgabe des Staates wird hier lediglich darin gesehen, geeignete Rahmenbedingungen für die Marktwirtschaft zu schaffen. Innerhalb dieser Rahmenbedingungen können, ja sollen sich die Marktkräfte frei entfalten. Die Ordnungspolitik des Staates muss also das Funktionieren des Marktes sicherstellen, nicht mehr und nicht weniger. So soll der Staat zum Beispiel die Bildung von Kartellen und Monopolen verhindern. Bei »einem Konflikt zwischen Freiheit und Ordnung kommt dem Gesichtspunkt der Ordnung unbedingter Vorrang zu«[1]. Die Geburtsstunde der Freiburger Schule lag in den Jahren 1932/33. Begründet wurde sie von Walter Euken (1891–1950), Franz Böhm (1895–1977) und Hans Großmann-Doerth (1894–1944). Weiter werden der Freiburger Schule zugerechnet: Constantin von Dietze (1891–1973), K. Paul Hensel (1907–1975), Adolf Lampe (1897–1948), Friedrich A. Lutz (1901–1975), Karl Friedrich Maier (1905–1993), Fritz W. Meyer (1907–1980) und Leonard Miksch (1901–1950).

Stockholmer Schule

Die Stockholmer oder Schwedische Schule verhalf dem Keynesianismus in Schweden zum Durchbruch. Keynesianische Modelle wurden zu einem wichtigen Instrument der schwedischen Budgetpolitik. Erforscht wurde vor allem der Einfluss von Erwartungen auf den Wirtschaftsprozess. Die Bezeichnung »Stockholmer Schule« geht übrigens auf Bertil Ohlin (1899–1979) zurück, der zu den Begründern dieser Schule gerechnet

1) Böhm, F.: *Die Ordnung der Wirtschaft als geschichtliche Aufgabe und rechtsschöpferische Leistung*, Stuttgart/Berlin 1937, S. 101f.

wird.[2] Weitere Vertreter der Stockholmer Schule waren: Erik Lindahl (1891–1960) und → Gunnar Myrdal (1898–1987).

Chicagoer Schule

Die Chicagoer Schule ist aus dem Monetarismus hervorgegangen, das heißt aus einer Variante der neoklassischen Wirtschaftstheorie, in der die Bedeutung der Geldmenge besonders hervorgehoben wird. Der Monetarismus kritisiert die im Rahmen des Keynesianismus durchgeführten interventionistischen Maßnahmen des Staates, die letzten Endes doch nichts anderes als Inflation hervorgebracht hätten. Die Anhänger der Chicagoer Schule plädieren ferner für das freie Spiel der Marktkräfte und die konsequente Anwendung des ökonomischen Denkens in allen Lebensbereichen. Sie plädieren für einen Rückzug der staatlichen Tätigkeit aus dem wirtschaftlichen Geschehen. Zu den wichtigsten Vertretern der Chicagoer Schule zählen: Frank Hyneman Knight (1885–1972), Jacob Viner (1892–1970), → Ronald Henry Coase (geboren 1910), George Joseph Stigler (1911–1991), → Milton Friedman (geboren 1912)und → Gary Stanley Becker (geboren 1930).

Frankfurter Schule

Schule der »Kritischen Sozialphilosophie« und »Kritischen Theorie«. Sie gehört nicht wirklich zu den ökonomischen Schulen. Ihre wichtigste Grundaussage lautet: »Die Vernunft, die einst eine aufklärerische Rolle gespielt habe, sei in der modernen Welt zu einer instrumentellen Vernunft verkommen. Unter zunehmendem Verlust der Individualität würden die Menschen zu Vollzugsorganen und Objekten einer wissenschaftlich-technischen Naturbeherrschung und einer zunehmend bürokratisierten Welt.«[3] Begründet wurde die Frankfurter Schule von: Max Horkheimer (1895–1973) und Theodor W. Adorno (1903–1969). Weitere Vertreter sind: Herbert Marcuse (1898–1979) und Jürgen Habermas (geboren 1929).

2) Vgl. Gönner, K.: *Begriff und Methode der Stockholmer Schule*, Tübingen (Dissertation) 1954, S. 20.

3) Vgl. Möller, P.: »Die Frankfurter Schule – Kritische Theorie«, im Internet abrufbar unter: (12.05.2006).

Lausanner Schule

Die Lausanner Schule gehört zur Neoklassischen Schule und stellt im Grunde nur eine Ausprägung derselben dar, die sich unter anderem mit dem Gleichgewicht von Märkten befasst. Sein Begründer war → Léon Walras (1834–1910). Weiterer Vertreter → Vilfredo Pareto (1848–1923).

Eine abschließende Übersicht

Die älteren Ökonomen sind chronologisch nach ihrem Geburtsdatum, die jüngeren nach dem Datum der Nobelpreisverleihung geordnet.

Ökonom	Lebenszeitraum/ Nobelpreis	Titel des Cartoons
Adam Smith	1723–1790	Adam Smith
Jeremy Bentham	1748–1832	Unverzichtbar
Thomas Robert Malthus	1766–1834	Der Vorschlag
Jean-B. Say	1767–1832	Nasenmützchen
David Ricardo	1772–1823	Das Leben ist komparativ
John St. Mill	1806–1873	Die Unterdrückung des Mannes
Hermann H. Gossen	1810–1858	Selbstversuch
Karl H. Marx	1818–1883	Das berühmte Manifest
Léon Walras	1834–1910	Der Auktionator
Alfred Marshall	1842–1924	Neues aus der Hirnforschung
Vilfredo Pareto	1848–1923	Villa Angora
Thorstein B. Veblen	1858–1929	Nasenmützchen
John M. Keynes	1883–1946	Eine kurzfristige Lösung
Joseph A. Schumpeter	1883–1950	Der dynamische Unternehmer
Nikolai D. Kondratjew	1892–1938	Wellentheorie
John von Neumann	1903–1957	Das Nullsummenspiel
Paul A. Samuelson	1915– /1970	Die Synthese
Sir John R. Hicks	1904–1983/1972	Der Aufstieg
Kenneth J. Arrow	1921– /1972	Der Aufstieg
Wassily Leontief	1906–1999/1973	Die Input-Output-Analyse
Friedrich A. von Hayek	1899–1992/1974	Neoklassiker
Gunnar K. Myrdal	1898–1987/1974	Neoklassiker
Milton Friedman	1912– /1976	Die Fahrt
Herbert A. Simon	1916– /1978	Die Analystenkonferenz
James Tobin	1918–2002/1981	Gentleman und Keynesianer
Franco Modigliani	1918–2003/1985	Wir basteln uns eine optimale Bilanz

Robert M. Solow	1924– /1987	Wachstum
Marice Allais	1911–2010/1988	Der Sturm
Ökonom	**Lebenszeitraum/ Nobelpreis**	**Titel des Cartoons**
Harry Max Markowitz	1927– /1990	Das Marktportfolio
Merton Howard Miller	1923–2000/1990	Das Marktportfolio
William F. Sharpe	1934– /1990	Das Marktportfolio
Ronald Coase	1910– /1991	Internalisierung externer Effekt
Gary S. Becker	1930– /1992	Ökonomie des Alltags
John Ch. Harsanyi	1920–2000/1994	Die Tjost
John F. Nash	1928– /1994	Die Tjost
Reinhard Selten	1930– /1994	Die Tjost
Robert E. Lucas	1937– /1995	Menschen haben rationale Erwartungen
James A. Mirrlees	1936– /1996	Die richtige Steuerbasis
William S. Vickrey	1924–1996/1996	Der verwirrte Auktionator
Amartya K. Sen	1933– /1998	Warum müssen Menschen hungern?
Robert A. Mundell	1932– /1999	Das Assignment-Problem
George Akerlof	1940– /2001	Das moderne Kaufhaus
Michael Spence	1943– /2001	Das moderne Kaufhaus
Joseph Stiglitz	1943– /2001	Das moderne Kaufhaus
Daniel Kahneman	1934– /2002	Der Mensch ist unvollkommen
Vernon L. Smith	1927– /2002	Der Mensch ist unvollkommen
Robert J. Aumann	1930– /2005	Das Chicken-Spiel
Thomas C. Schelling	1921– /2005	Das Chicken-Spiel
Paul Krugman	1953– /2008	Die Krise hat ein Gesicht
Elinor Ostrom	1933–2012/2009	Der letzte Löwenzahn
Ernst Fehr	1956 /	Fehr und Unfair

Bildnachweis

Der Abdruck der Ökonomen-Porträts (Seitenangabe in Klammern) erfolgt mit freundlicher Genehmigung von:

Bildarchiv Preußischer Kulturbesitz: David Ricardo (S. 35), John Stuart Mill (S. 41), Thomas Robert Malthus (S. 17), Vilfredo Pareto (S. 73), John Maynard Keynes (S. 81). The Warren J. Samuels Portrait Collection at Duke University (www.econ.duke.edu/Economists/): Adam Smith (S. 3), Jeremy Bentham (S. 13), Thomas Robert Malthus (S. 17), Jean-Baptiste Say (S. 23), David Ricardo (S. 35), John Stuart Mill (S. 41), Karl Heinrich Marx (S. 55). Portraits, die sich im öffentlichen Besitz befinden, da das Copyright beendet ist, bzw. sie anderweitig keinem Copyright unterliegen: Thorstein Bunde Veblen (S. 25), Léon Walras (S. 61), Alfred Marshall (S. 67). Bilder aus GNU-freier Dokumentationslizenz, entnommen aus Wikipedia: Josef Alois Schumpeter (S. 89). John von Neumann (S. 101). Bilder aus GNU-freier Dokumentationslizenz entnommen aus: www.nobelpreis.org: Paul A. Samuelson (S. 107), Kenneth J. Arrow (S. 115), Sir John R. Hicks (S. 118), Wassily Leontief (S. 127), Friedrich A. von Hayek (S. 133), Gunnar K. Myrdal (S. 137), Milton Friedman (S. 143), Herbert A. Simon (S. 149), James Tobin (S. 155), Franco Modigliani (S. 161), Robert M. Solow (S. 169), Maurice Allais (S. 175), Merton Howard Miller (S. 181), Harry Max Markowitz (S. 181), William F. Sharpe (S. 182), Ronald Coase (S. 193), Gary S. Becker (S. 199), John Ch. Harsanyi (S. 205), John F. Nash (S. 205), Reinhard Selten (S. 208), James A. Mirrlees (S. 219), William S. Vickrey (S. 225), Robert E. Lucas (S. 213), Amartya K. Sen (S. 231), Robert A. Mundell (S. 237), George Akerlof (S. 243), Michael Spence (S. 243), Joseph Stiglitz (S. 244), Daniel Kahneman (S. 251), Vernon L. Smith (S. 256), Robert J. Aumann (S. 263), Thomas C. Schelling (S. 263), Paul Krugman (S. 269), Elinor Ostrom (S. 279).

Namensverzeichnis